Clínicas gestálticas

Dados Internacionais de Catalogação na Publicação (CIP)
(Câmara Brasileira do Livro, SP, Brasil)

Müller-Granzotto, Marcos José
  Clínicas gestálticas : sentido ético, político e antropológico da teoria do self / Marcos José Müller-Granzotto, Rosane Lorena Müller--Granzotto. – São Paulo : Summus, 2012.

  Bibliografia
  ISBN 978-85-323-0800-9

  1. Fenomenologia 2. Gestalt-terapia 3. Psicanálise 4. Self I. Müller-Granzotto, Rosane Lorena. II. Título.

  12-06552
  CDD-616.89143
  NLM-WM 420

Índice para catálogo sistemático:
1. Clínicas gestálticas : Gestalt-terapia : Teoria do self como fenomenologia da experiência clínica : Ciências médicas 616.89143

Compre em lugar de fotocopiar.
Cada real que você dá por um livro recompensa seus autores
e os convida a produzir mais sobre o tema;
incentiva seus editores a encomendar, traduzir e publicar
outras obras sobre o assunto;
e paga aos livreiros por estocar e levar até você livros
para a sua informação e o seu entretenimento.
Cada real que você dá pela fotocópia não autorizada de um livro
financia o crime
e ajuda a matar a produção intelectual de seu país.

Clínicas gestálticas

Sentido ético, político e antropológico
da teoria do self

MARCOS JOSÉ MÜLLER-GRANZOTTO
ROSANE LORENA MÜLLER-GRANZOTTO

summus
editorial

CLÍNICAS GESTÁLTICAS
Sentido ético, político e antropológico da teoria do self
Copyright © 2012 by Marcos José Müller-Granzotto
e Rosane Lorena Müller-Granzotto
Direitos desta edição reservados por Summus Editorial

Editora executiva: **Soraia Bini Cury**
Editora assistente: **Salete Del Guerra**
Capa: **Denise Granzotto**
Projeto gráfico e diagramação: **Crayon Editorial**

2ª reimpressão, 2024

Summus Editorial
Departamento editorial
Rua Itapicuru, 613 – 7º andar
05006-000 – São Paulo – SP
Fone: (11) 3872-3322
http://www.summus.com.br
e-mail: summus@summus.com.br

Atendimento ao consumidor
Summus Editorial
Fone: (11) 3865-9890

Vendas por atacado
Fone: (11) 3873-8638
e-mail: vendas@summus.com.br

Impresso no Brasil

Sumário

INTRODUÇÃO: EXPERIÊNCIA CLÍNICA COMO UM SISTEMA SELF 7
O que é uma clínica gestáltica? 7
Nossos motivos em torno da teoria do self 9

1 TEORIA DO SELF COMO FENOMENOLOGIA DA EXPERIÊNCIA CLÍNICA 13
Gestalt-terapia: um projeto fenomenológico? 13
Gestalt-terapia: uma fenomenologia peculiar ou um projeto pragmatista? 17
Uma nova forma de ler a "transferência" clínica: contato 20
Intencionalidade do contato: *awareness* 27
O self como sistema de contatos 39

2 FUNÇÕES DE CAMPO NO SISTEMA SELF 45
As funções do self 45
Função id (ou isso da situação) 47
Função de ego como função de "ato" 52
Função personalidade 57

3 TEMPORALIDADE DO SISTEMA SELF 61
Da fenomenologia da *awareness* à fenomenologia do self 61
O recurso à teoria husserliana do tempo vivido 62
Releitura merleau-pontyana da teoria husserliana da temporalidade........... 71
O tempo como "tecido carnal" e a diagramação em forma de rede 77
Leitura gestáltica da fenomenologia do tempo: da *awareness* ao fluxo de contato . 98
Ilustração da dinâmica temporal do sistema self 102
Ambiguidade e simultaneidade das dinâmicas do sistema self 107
As dinâmicas do sistema self no contexto clínico 109

**4 ÉTICA, POLÍTICA E ANTROPOLOGIA DA
PRÁXIS CLÍNICA CONCEBIDA À LUZ DA TEORIA DO SELF** 111
Diferentes formas de práxis clínica 111

Presença e função da teoria do self na prática clínica gestáltica 121
A prática do desvio segundo a teoria do self 124
O desvio ético e o clínico como "analista da forma"...................... 128
O desvio político e o clínico como terapeuta........................... 131
O desvio antropológico e o clínico como cuidador das relações vinculares 134

5 AS CLÍNICAS GESTÁLTICAS...................................... 139
Formas clínicas como ajustamentos criadores........................... 139
A clínica ética e os ajustamentos psicóticos (de busca).................... 142
A clínica antropológica e os ajustamentos de inclusão..................... 166
As clínicas políticas e os ajustamentos neuróticos (de evitação).............. 176
As novas clínicas políticas 195
Clínica dos ajustamentos antissociais................................. 206
O significado político das novas clínicas gestálticas 216

6 RUDIMENTOS PARA UMA TEORIA DA GÊNESE SOCIAL DAS FUNÇÕES DO SELF E DOS AJUSTAMENTOS CRIATIVOS NO UNIVERSO INFANTOJUVENIL . 219
Teoria do desenvolvimento infantojuvenil na literatura gestáltica 219
Descompletude infantil, o semelhante e os ajustamentos
de preenchimento (alucinatórios).................................. 222
Sociabilidade incontinente, outrem e os ajustamentos de articulação (delirantes) ... 226
Sociabilidade sincrética e as primeiras vivências de contato com *awareness* 230
O outro social, o espelho e a formação da personalidade................... 234
Das formas linguageiras à função personalidade 235
Diferença entre identificação passiva (função personalidade) e identificação ativa. 239
A crise dos três anos: configuração dos ajustamentos políticos............... 246
A adolescência e os ajustamentos de inclusão ético-política e antropológica..... 256
Sentido ético, político e antropológico das intervenções nos
ajustamentos produzidos por sujeitos infantojuvenis 262

NOTAS... 267

REFERÊNCIAS BIBLIOGRÁFICAS.................................... 295

INTRODUÇÃO
EXPERIÊNCIA CLÍNICA COMO UM SISTEMA SELF

O QUE É UMA CLÍNICA GESTÁLTICA?

Nossa forma de fazer clínica procura resgatar o estilo crítico dos cínicos gregos que, ao operar a *parresia* (ou dito verdadeiro sobre aquilo que se oculta na vida civilizada), provocam um desvio (*parênklises*) na forma como a cidade vê a si própria, apontando para a presença daquilo que, mais tarde, o epicurista Lucrécio denominou de elemento desviante (*clinamen*). Transposta para o campo das relações de confidencialidade – aconteçam elas na rede de atenção básica e nos serviços substitutivos em saúde mental do Sistema Único de Saúde (SUS) em nosso país, nos programas do Sistema Único de Assistência Social (SUAS) brasileiro, ou, ainda, nos hospitais e ambulatórios, nas escolas e nas organizações, nos consultórios particulares ou a céu aberto (como nas práticas de acompanhamento terapêutico) –, a clínica é o exercício do dizer tudo, ou do deixar-se dizer mais além ou mais aquém do que já é sabido, como se assim pudéssemos transcender as posições escolásticas que adotamos sobre nós mesmos e sobre os outros. Trata-se de uma autorização ou acolhida àquilo que no discurso e na ação causa desvio, desviando-se do caminho (conforme a etimologia da palavra "desejo",[1] ou desviando o próprio desejo; porquanto o exercício do desvio não está orientado por nenhum dogma, meta ou finalidade. Fazer clínica, nestes termos, é encontrar e acolher, no discurso e na ação do(s) interlocutor(es), o estranho ou inesperado que possa(m) produzir.

Logo, a clínica distingue-se da prática dogmática de aplicação de um saber (ou *phármakon*), como é o caso da clínica médica (*klinikós*) e de todos os discursos científicos. Também se distingue das práticas de sugestão alavancadas por metas ou ideais, como costuma acontecer nas psicoterapias. Não que não nos interessemos pelas práticas dogmáticas, muito úteis nas situações de sofrimento, ou pelas práticas terapêuticas, que podem mobilizar a emancipação das pessoas por meio da adesão a certos ideais (políticos, estéticos, religiosos etc.). Porém, seja mais ou menos adiante dessas modalidades de intervenção, interessa-nos resgatar a pluralidade de pontos de vista com base nos quais determinada vulnerabilidade[2] pode ser compreendida e modificada, pois acreditamos que em toda situação de contato, inclusive nas situações de vulnerabilidade, podemos encontrar sempre mais de uma forma de ver e, por consequência, de nos posicionar e intervir. O desvio de uma dimensão a outra amplia as possibilidades de o clínico ser surpreendido por aquilo que nenhuma teoria poderia antecipar, precisamente, os ajustamentos inéditos que o usuário ou consulente[3] produz ante as diferentes variáveis socioambientais em que está engajado ou a que está submetido. De sorte que a clínica, como prática do desvio, é para nós uma maneira de favorecer o surgimento do inesperado mediante o exercício do deslocamento de uma dimensão a outra.

E é nesse sentido que, para respaldar criticamente nossa prática clínica, recorremos à teoria do self (considerada um marco diferencial e não um dogma ou um ideal). Essa teoria autoriza o reconhecimento de pelo menos três maneiras distintas de interrogar a experiência: a ética (que sempre leva em conta uma gênese), a antropológica (que sempre considera os recursos sociais atuais) e a política (voltada às formas de poder que definem o desejo ou virtualidade). Cada maneira de interrogar serve de base para a outra, ao mesmo tempo que impede que cada uma seja considerada absoluta, o que significa não haver entre elas síntese fechada e transparente. Ao contrário, entre as diferentes formas de interpelar a experiência deve poder haver diferenciação, o que, paradoxalmente, sempre implica uma espécie de indivisão sem síntese, qual *Gestalt*, razão por que denominamos nossa prática de *acolhimento ao desviante de clínica gestáltica*.

NOSSOS MOTIVOS EM TORNO DA TEORIA DO SELF

PASSADAS QUASE SETE DÉCADAS de sua criação, a teoria do self de PHG (1951) segue sua trajetória de ilustre desconhecida, ao menos para grande parte dos praticantes da Gestalt-terapia brasileira. E não faltam, aos formadores em nosso vernáculo, boas justificativas para essa solene omissão: uma teoria vertida ao português somente no ano de 1997, uma teoria que vincula temáticas de difícil compreensão (extraídas da teoria husserliana da intencionalidade, da teoria reichiana da repressão e da segunda tópica freudiana), uma teoria em desuso na maior parte dos centros de formação em Gestalt-terapia na América Latina, entre muitas outras possíveis e frequentes alegações. O trabalho de alguns diligentes reformadores[4] da teoria do self em terras brasileiras não foi suficiente para reverter essa situação. Preocupados com a qualidade teórica da Gestalt-terapia praticada entre nós, eles procuraram traduzir essa teoria segundo uma terminologia mais simples, no entanto desvinculada das matrizes que efetivamente ocuparam Paul Goodman, seu confesso autor e redator[5]. A possibilidade de pensar, à luz da teoria do self, o vínculo entre o clínico e o consulente, bem como as diferentes formas de ajustamento que esse vínculo viabiliza, permaneceu inexplorada.

É verdade que Fritz Perls – a quem Paul Goodman deve boa parte das melhores intuições que orientaram essa peculiar fenomenologia da prática analítica que é a teoria do self –, tão logo se mudou de Nova York para a Califórnia, abandonou a elaboração conceitual proposta por Goodman. Como bem mostrou Jean-Marie Robine (2006, p. 37), nos anos 1960 Perls estava preocupado com a recepção de sua clínica pelo público norte-americano, e por isso declinou da perspectiva de campo, que orientou a escrita do *Gestalt-terapia* (1951), em favor de um referencial intrapsíquico, como aquele presente na psicologia do ego, com o qual os americanos estavam mais familiarizados. As consequências dessa decisão de Perls são bem conhecidas e explicam, em certa medida, o esforço dos gestaltistas das gerações seguintes, sobretudo na década de 1980, nos Estados Unidos e na Europa, no sentido de reabilitar a teoria do self. Afinal, a ausência dessa teoria ensejou, principalmente na América Latina, a redução da Gestalt-terapia a um conjunto de técnicas cuja função seria promover uma filosofia de vida inspirada nos ideais libertários do movimento de contracultura norte-americano dos anos 1960[6]. Ou, ainda, a ausência da teoria de base da Gestalt-terapia serviu de pretexto para a inclusão de teorias de todo tipo[7], sem a devida crítica que, desde o início, caracterizou o modo como os fundadores da Gestalt-terapia dialogaram com os saberes de sua época.

A ausência de um referencial reflexivo rigoroso – como a teoria do self – contribuiu, inclusive, para a estagnação da clínica gestáltica em torno de um conjunto de sintomas neuróticos estereotipados, discriminados antes segundo um ideal de liberdade individual (baseado na cultura norte-americana) do que da analítica das formas (*Gestalten*) de fato criadas nos diferentes contextos sociais e antropológicos[8]. Por não dispor de uma referência reflexiva que permitisse aos clínicos acompanhar as transformações comportamentais decorrentes, por exemplo, do declínio dos significantes políticos do poder (ideal, verdade, governo, lei, pai, enfim, "introjetos"), a clínica gestáltica se tornou, em alguns casos, uma prática obsoleta. Não apenas isso, ela ainda não conseguiu se firmar como um modo de intervenção em comportamentos que, apesar de anunciados na teoria do self, nunca foram compreendidos segundo os recursos presentes nessa teoria, como é o caso das psicoses e dos quadros de aflição ou sofrimento ético-político e antropológico.

Não tão teoricamente indisciplinados como os partidários de uma Gestalt-terapia "libertária" nem tão teoricamente independentes como os teóricos reformadores, buscamos inspiração no trabalho de Jean-Marie Robine[9], na França, e de Gordon Wheller[10], nos Estados Unidos, visando estabelecer uma espécie de retorno à teoria do self tal como ela foi pensada em 1951. Isso implica uma nova descrição dessa teoria com base nas referências admitidas, mas não evidenciadas, com as quais especialmente Paul Goodman (2011, p. 189) estabeleceu uma releitura das metapsicologias freudianas e parafreudianas fundada na fenomenologia do tempo de Husserl, da teoria do hábito (motor e linguageiro) de Merleau-Ponty e sua convergência com o criticismo social pragmatista de John Dewey. Não se trata de um "purismo" conceitual, e sim de uma aposta nas possibilidades clínicas inerentes às formulações teóricas de Paul Goodman, até o presente momento incoativas. Afinal, como bem lembrou Laura Perls (1991, p. 10), "sem sua [de Goodman] contribuição não existiria nenhuma teoria coerente de Gestalt-terapia que merecesse uma séria consideração". Apoiados na obra *Gestalt--terapia* (1951), nosso esforço até aqui consistiu em pesquisar quais conceitos integram a teoria do self e que tratamento eles receberam a fim de caracterizar, mais além da fenomenologia, do pragmatismo, da psicologia da Gestalt, das psicanálises freudiana e parafreudianas, uma clínica especificamente gestáltica, consagrada à analítica das formas que se configuram nos diversos campos intersubjetivos (PHG, 1951, p. 46). Nossa pesquisa teve início em 2000 e desde lá tivemos a honra de discuti-la em diversas ocasiões: em congressos internacionais em Maceió (2004), Córdoba (2007), Madri (2009), Piriápolis (2011) e Puebla (2012); em congressos nacionais em Gramado (2003), Uberlândia (2005), Rio de Janeiro (2007), Vitória (2009) e São Paulo (2011); em vários encontros regionais e, sobretudo, na atividade pública e itinerante de discussão de ideias que desenvolvemos desde 2002 intitulada "Seminários de Fenomenologia e Gestalt" (Florianópolis, Brasília, Joinville, Belém, Rio de Janeiro, Caxias do Sul, Fortaleza, Recife, Juazeiro do Norte, Campo Grande, Salvador e Porto Alegre, no Brasil; e Madri, Albacete e Castellón, na Espanha). A versão completa dessa pesquisa sobre o sentido fenomenológico da teoria do self está publicada no livro *Fenomenologia e Gestalt-terapia* (Müller-Granzotto e Müller-Granzotto, 2007, vertido ao espanhol em 2009) e os três primeiros capítulos que ora apresentamos são uma síntese dela[11]. Nos termos dessa síntese e de outros três estudos – um sobre a orientação ética, política e antropológica da teoria do self em sua aplicação clínica, outro sobre as formas clínicas da Gestalt-terapia, e o terceiro sobre a gênese das funções e modos de ajustamento que caracterizam um sistema self no contexto da vida infantojuvenil –, almejamos, com esta obra, estabelecer os conceitos-base com base nos quais haveremos de pensar nossas práticas clínicas e que aqui nos aventuramos a subscrever sob o título de "Clínicas gestálticas", conforme orientação extraída da própria teoria do self, em passagem em que seus autores (1951, p. 235) vinculam as clínicas gestálticas às funções do self: "como distúrbio da função de *self*, a neurose encontra-se a meio caminho entre o distúrbio do *self* espontâneo, que é a aflição, e o distúrbio das funções de *id*, que é a psicose".

Manifestamos aqui nosso profundo agradecimento ao Departamento de Filosofia da Universidade Federal de Santa Catarina (UFSC), em Florianópolis, por haver acolhido nossas pesquisas, as quais, à sua vez, encontraram nos colaboradores do Instituto Müller-Granzotto de Psicologia Clínica Gestáltica o esteio crítico necessário para que pudessem cumprir sua tarefa ética de estabelecer um marco diferencial que nos advertisse sobre os riscos inerentes ao ofício de acolhimento às diferenças formuladas por nossos alunos, interlocutores e consulentes, nas diferentes configurações clínicas que pudemos construir ao longo destes anos.

CAPÍTULO 1
TEORIA DO SELF COMO FENOMENOLOGIA DA EXPERIÊNCIA CLÍNICA

GESTALT-TERAPIA: UM PROJETO FENOMENOLÓGICO?

No prefácio à obra *Gestalt-terapia*, seus autores – Perls, Hefferline e Goodman, doravante mencionados pela sigla PHG – dão a conhecer o propósito deste empreendimento escrito na fronteira entre a prática clínica e a reflexão teórica, cujo desfecho é justamente a teoria do self. Nas palavras de PHG (1951, p. 32), trata-se de "formular a base de uma psicoterapia consistente e prática [...], por meio da assimilação de tudo quanto seja de valor que as ciências psicológicas de nosso tempo têm a oferecer". Mas se é assim, prosseguem eles (PHG, 1951, p. 33): "por que, [...] como o título sugere, damos preferência ao termo '*Gestalt*' quando levamos em consideração igualmente a psicanálise freudiana e parafreudiana, a teoria reichiana da couraça, a semântica e a filosofia?". E é na resposta a essa pergunta que, pela primeira vez no texto de *Gestalt-terapia*, comparece o significante "fenomenologia" para marcar a disciplina que tornaria compreensível a releitura que PHG fizeram da prática analítica como uma nova "totalidade" denominada de *Gestalt*. Ora, em que sentido as *Gestalten* são totalidades? Em que medida elas se aplicam à experiência clínica? Por que tal aplicação caracterizaria uma fenomenologia? Qual relação haveria entre essa fenomenologia e a teoria do self?

Não consiste em nenhuma novidade que o primeiro emprego técnico da noção de *Gestalt* tenha acontecido no seio das discussões filosóficas do final do século XIX, cuja finalidade era determinar as possíveis relações entre o "todo" e suas "partes". Contudo, foi na tradição fenomenológica que essa noção passou a designar uma totalidade específica que, à diferença das totalidades não fenomenológicas (que dependem de um agente exterior que as formule ou constitua), caracteriza "correlações espontâneas" entre partes atuais e inatuais copresentes em uma mesma vivência. E, talvez, o melhor exemplo fornecido pelos fenomenólogos para designar esse tipo de totalidade seja a vivência do tempo. Considerada matriz para pensar todas as outras, a vivência do tempo é uma "correlação espontânea"[1] entre nossa materialidade atual e a inatualidade do passado e do futuro. Embora possamos, não precisamos nos representar para nós mesmos (por meio de um juízo) o passado e o futuro que uma vivência presente mobiliza. Em certas ocasiões – tal como descrito na antológica experiência da *"madeleine* embebida em chá", cujo aroma exalado reviveu para a personagem Charles Swann (Proust, 1913, p. 48-51) a infância na fictícia *Combray*, sem que ele a precisasse evocar –, não necessitamos reunir por um ato intelectual uma série de perfis retidos, pois estes têm uma espécie de unidade natural e primordial. Tudo se passa como se o próprio passado retornasse feito emoção viva. Noutras, é o futuro que nos desaloja de nossas ocupações presentes. Dessa forma, sem necessidade de deliberação específica, em algumas situações nos experimentamos como uma unidade histórica, nunca inteiramente realizada, e a essa experiência chamamos de uma *Gestalt*.

Se quisermos ser precisos sobre a origem dessa compreensão fenomenológica a respeito das *Gestalten*, seremos levados à obra de Franz Brentano (1874)[2]. É nela que pela primeira vez se menciona o significante *Gestalt* para significar a formação espontânea dessa correlação a que chamamos de vivência do tempo. Mas foi Edmund Husserl (1900-1a) quem se ocupou de pensar a dinâmica específica das *Gestalten*, à qual denominou de "intencionalidade operativa", e que se distingue da "intencionalidade de ato" (relativa à nossa capacidade mental para representar, na forma de um objeto do conhecimento, as múltiplas relações que constituem a unidade de nossas vivências operativas). Conforme o historiador da fenomenologia Herbert Spieberg (1960), a noção de intencionalidade operativa fez fortuna na pena dos alunos de Husserl em Göttingen (até 1907) e em Frankfurt (até 1924), tendo recebido deles as mais diversas formulações. Algumas delas serviram de base para a consolidação da *Gestalttheorie*, que chegou em 1926 até o neurofisiologista Kurt Goldstein (1967) pelas mãos de Adhémar Gelb e de outros assistentes de Wolfgang Köhler e de Max Wertheimer, entre eles Lore Posner, futura esposa de Fritz Perls. Nos termos de uma teoria que trata da autorregulação do organismo no meio ambiente, Goldstein (1933) incorporou a ideia de uma intencionalidade não mental, que ele compreendeu vigorar nas mais simples formas de organização da natureza, o que o levou a falar de uma "intencionalidade organísmica". Fritz Perls (1969, p. 77), apesar do pouco crédito que dava a Goldstein quando o assistia no Hospital Geral de Soldados Lesionados em Frankfurt, anos mais tarde foi convencido por sua esposa, que passara a adotar o nome de Laura Perls, das vantagens de usar a noção de "intencionalidade organísmica" para designar o inconsciente das pulsões (que, dessa maneira, se distinguiria do inconsciente do recalque e da forma causal como Freud o concebia)[3]. E para que não se confundisse "intencionalidade organísmica" com "intenção mental", o que nos levaria a um psicologismo, Fritz Perls (1942, p. 69) frisou o caráter espontâneo daquela noção designando-a com uma expressão que aprendeu na convivência com a língua inglesa na África do Sul: *awareness*. É por esse motivo que, no prefácio da obra *Gestalt-terapia* (1951, p. 33), Fritz Perls, Laura Perls, Ralph Hefferline e outros colaboradores – agora associados ao rigor filosófico, à irreverência que Paul Goodman trouxe de seus estudos de doutorado, feito na

Alemanha, e à sua intensa atividade literária nos Estados Unidos – respondem à questão "Por que damos preferência ao termo *Gestalt*?" mencionando a tarefa que deveriam cumprir, qual seja, a de elaborar uma "fenomenologia da *awareness*". Em nosso entendimento, descrever a psicoterapia como uma *Gestalt* é estabelecer a fenomenologia dos processos intencionais operativos inerentes à prática clínica, é compreender os processos de *awareness* que formam a prática clínica. Ou, nas palavras dos próprios autores (PHG, 1951, p. 33):

> [...] ocorreu que neste processo tivemos de deslocar o foco da psiquiatria do fetiche do desconhecido, da adoração do "inconsciente" [do recalque, segundo a interpretação que damos para as aspas com as quais os autores marcaram o termo "inconsciente"], para os problemas e a fenomenologia da *awareness*: que fatores operam na *awareness*, e como faculdades que podem operar com êxito só no estado de *awareness* perdem essa propriedade?

Se tivermos em mente que a fenomenologia da *awareness* é a explicitação da psicoterapia como uma *Gestalt*, como um todo espontâneo de correlação entre o clínico e seu consulente, compreenderemos que a teoria do self não é senão a apresentação sistemática dessa fenomenologia da *awareness*. Ou, o que é a mesma coisa, que a teoria do self é a apresentação temporal (como veremos mais adiante) das funções e das dinâmicas específicas desse todo espontâneo de correlação que se configura no campo clínico como um tipo de enlace ambíguo entre o clínico e o seu consulente. E como, no campo clínico, essas correlações se formam? Por que às vezes funcionam, noutras não? Como nelas podemos ocupar um lugar, de clínico ou consulente? A teoria do self deve poder fornecer a base para responder a essas questões.

GESTALT-TERAPIA: UMA FENOMENOLOGIA PECULIAR OU UM PROJETO PRAGMATISTA?

Assim concebida, a teoria do self caracteriza uma fenomenologia muito peculiar. Afinal, ela tem como tarefa descrever as *Gestalten* no plano da experiência empírica, aí divergindo, consequentemente, da fenomenologia apregoada por Edmund Husserl, autor em que Paul Goodman (*apud* Stoehr, 1994, p. 103) afirma haver se inspirado, segundo um trecho da carta que enviou a Wolfgang Köhler para explicar as intenções programáticas da obra *Gestalt-terapia*: "Quanto à forma de expressar estas ideias, eu modernamente me associo, digamos, às *Ideen* de Husserl ou, pelo aspecto oposto, às ideias de Dewey" (tradução dos autores)[4].

Para Husserl, a plena compreensão de uma *Gestalt* depende de um trabalho de redução, de um trabalho de passagem do nível empírico – praticado na linguagem cotidiana e científica – para um nível apenas conceitual, desincumbido de pensar situações singulares, tais como as que caracterizam, por exemplo, uma vivência clínica. Ainda assim, Husserl (1913) admitia que os esclarecimentos fornecidos por uma investigação conceitual não fariam mais que exprimir, de maneira indubitável, uma compreensão já presente em nossa inserção ingênua no mundo das coisas e de nossos semelhantes, a compreensão de que em todas as nossas experiências reencontramos esse poder espontâneo de correlação entre o que está dado e o que é inatual: *Gestalten*. De todo modo, para Husserl essa compreensão mundana das *Gestalten* não teria força para se impor como uma verdade. As *Gestalten* no mundo da vida seriam apenas intuições ambíguas, jamais unidades clarividentes, verdadeiros objetos do conhecimento. Ao que Goodman (2011) respondeu – inspirado na pragmática do também americano John Dewey (1922) e na fenomenologia do corpo de Merleau-Ponty (1945)[5] – dizendo que, tratando-se da experiência clínica, na qual a ambiguidade da relação do clínico e do consulente é mais importante do que qualquer verdade, as intuições são mais reveladoras do que os pensamentos e conhecimentos. Por isso, para perceber um ao outro (o que não significa de forma alguma coincidir), clínico e consulente não precisam praticar a redução ao campo da idealidade. A fenomenologia da experiência clínica acontece no plano da própria experiência. Ela é antes uma ética do que uma ciência. E as *Gestalten*, na clínica, são antes manifestações do estranho do que objetos do conhecimento.

Aliás, para Paul Goodman, essa prevalência da acolhida ética ao que antecede os objetos do conhecimento é algo bem conhecido dos próprios cientistas. Goodman recorre aqui a John Dewey (1922), para quem, apesar de não se poder negar que muitos setores da ciência contemporânea deixam-se afetar por teorias do conhecimento que só se interessam por objetos puros, desvinculados de nossas experiências não cognitivas, os próprios cientistas compreendem que a condução das investigações científicas está alicerçada em elementos não cognitivos: motivações pragmáticas relativas ao combate de uma epidemia, à melhoria da qualidade de uma semente para o plantio e assim por diante[6], o que, de alguma forma, corrobora a intuição fenomenológica sobre a prevalência de uma potencialidade pré-objetiva, que estaria a orientar nossas ações e nossos pensamentos no mundo da vida. Apesar disso, a delimitação desses valores não implicaria a suspensão do discurso da ciência. Ao contrário, é no âmbito da própria investigação científica que as motivações pré-científicas haveriam de aparecer. Eis então que, inspirados em Dewey, PHG (1951) operam uma fenomenologia transcendental escrita não exatamente em termos científicos, mas apoiada no mundo da vida que esses termos tentam transformar. De acordo com Paul Goodman (2011, p. 198), em texto redigido nos primeiros anos da década de 1950, é

> notável como, levadas ao extremo, a abordagem tecnológica da linguagem [proposta pelos pragmatistas] converge exatamente, em conteúdo e retóri-

ca, com o humanismo antitecnológico dos fenomenólogos: na comparação de Merleau-Ponty, "a fala é como um ser, como um universo. Ela nunca é limitada senão por uma linguagem nova".

E talvez esteja aqui, nessa primazia concedida à experiência mundana, a principal característica fenomenológica e, ao mesmo tempo, pragmatista da teoria do self. Isso porque, independentemente do fato de as *Gestalten* não serem pensadas em um plano apenas conceitual – como quereria Husserl –, elas continuam designando, como se requer em um tratamento fenomenológico, correlações espontâneas; no caso da teoria do self, correlações envolvendo o clínico e o consulente. Tal como para os fenomenólogos, os quais não consideram as *Gestalten* propriedades de uma substância (extensa ou pensante), mas fenômenos de campo, correlações espontâneas entre atos intersubjetivos e inatualidades públicas (às quais Husserl denomina de essências)[7], para os fundadores da Gestalt-terapia a experiência clínica (que a teoria do self deve descrever) não é uma ocorrência de uma mente privada ou um fato isolado que o clínico pudesse observar a distância. Ela é um fenômeno de campo, a correlação pública entre o consulente e o clínico (em que cada um é para o outro o inatingível, o inatual ou, se quiserem, uma essência). De onde se depreende que – ao contrário do que se poderia pensar segundo o seu emprego cotidiano na língua inglesa, ou de seu aparecimento no discurso da psicologia – o significante self não designa o psiquismo individual. Designa, sim, uma experiência intersubjetiva ou, se preferirem, uma subjetividade alargada, enfim, um fenômeno de campo, bem como as ambiguidades inerentes às funções e aos processos característicos desse campo. Self não é o consulente ou o clínico, mas a indivisão da experiência que faz que se misturem, sem jamais poderem coincidir.

UMA NOVA FORMA DE LER A "TRANSFERÊNCIA" CLÍNICA: CONTATO

O QUE SE QUER dizer quando, nos termos da teoria do self, se afirma que a experiência clínica é uma *Gestalt*, um todo espontâneo de correlação entre o clínico e o consulente? O que devemos entender exatamente por correlação? Quem nessa correlação seria o agente, se ainda faz sentido reclamar por um sujeito?

Em verdade, a definição de clínica como uma sorte de correlação é uma estratégia fenomenológica para pensar outra definição, que Fritz Perls trouxe da psicanálise e deu singularidade à prática analítica: a noção de transferência (Freud, 1912b). Já na obra *Ego, fome e agressão* (1942), Perls se ocupava dos teóricos da psicanálise que, à época de Freud, discutiam o significado clínico da transferência e da contratransferência. Incluem-se aí, em especial, os nomes de Paul Federn (1949) e S. Ferenczi (1909), o qual confessadamente exortava a utilização da contratransferência como um recurso clínico. Mediante a noção de análise recíproca, por exemplo, Ferenczi aceitou a proposta de uma paciente para que se invertessem os papéis (analista/analisando) por determinado tempo de cada sessão. Fritz Perls, a sua vez, reconhecia que a noção de transferência procurava esclarecer a relação de campo que se estabelecia entre o analista e seu analisando mais além ou mais aquém das conveniências sociais que ambos dividiam. Tratava-se de uma forma de descrever aquela comunicação de "inconsciente para inconsciente" que Freud (1912b, p. 154) julgava acontecer depois de estabelecida a retificação subjetiva do "consulente" que, doravante, passaria a ser chamado de "analisando", como já mencionamos em nota à nossa Introdução. Envolvido em seu próprio processo, o agora analisando se deixaria levar por aquilo que a ele se manifestasse de modo espontâneo. E o que a ele espontaneamente se manifestava, segundo Freud (1914g), era muito mais do que a "recordação" de uma cena. Tratava-se da "repetição" involuntária dessa cena, desse fantasma com o qual o analisando se defendia de um conflito pulsional e do recalque por tal conflito exigido. E é nesse ponto, justamente, que se operaria a transferência: de maneira involuntária, o analisando repetiria, na relação com o analista, a cena recalcada, transferindo ao analista os respectivos afetos envolvidos. O trabalho do analista, nesse ponto, seria permitir que o analisando "elaborasse" essa repetição a fim de dar aos afetos envolvidos outro destino, um destino mais aceitável e produtivo do ponto de vista social. E, ainda que não seja do nosso interesse discutir a justeza da equivalência que os freudianos de modo geral estabeleceram para as noções de "repetição" e "transferência", não podemos ignorar os questionamentos que Lacan, em seu curso sobre "Os quatro conceitos fundamentais da psicanálise" (1964, p. 36), dirigiu aos psicanalistas da International Psychoanalysis Association (IPA), uma vez que não atentaram para a diferença que Freud fazia entre a pulsão e o fantasma. Para Lacan, o que se repete em análise não é a cena, mas a pulsão, que a essa altura de sua obra ele denomina de *"objet petit a"*[8]. O questionamento de Lacan, em certa medida, vai ao encontro das críticas que, muito antes, Fritz Perls dirigiu aos seus colegas freudianos, no sentido de pontuar que, em análise, os afetos que enovelam o analista e o analisando não têm relação obrigatória com uma suposta cena que retornaria do passado. Se é verdade que os afetos vêm do passado, isso não significa que tragam dele o conteúdo que lhes dá sentido, até porque, em análise, o sentido que se atribui a um afeto, mesmo quando se menciona o passado, é sempre construído no presente. Dessa maneira, a repetição de um afeto está antes atrelada à atualidade da relação do analista com o analisando, a qual sempre representa uma nova chance para os afetos encontrarem uma destinação na realidade, do que a uma suposição abstrata sobre a ocorrência de uma cena traumática. Eis, então, um primeiro motivo para Fritz Perls declinar do emprego da noção de transferência.

Porém não é apenas isso. Tal como era empregado pelos freudianos dos anos 1940, a noção de transferência fazia crer que muito pouco o analista teria a fazer pelo analisando que não interpretar para este a suposta cena que ambos estariam a repetir. Todavia, conforme o entendimento de Fritz Perls, se a repetição está apoiada na atualidade da relação, procurando para si uma nova resolução, o trabalho analítico não pode consistir em reencontrar algo, e sim em criar uma novidade. É por esse motivo que Fritz Perls passou a trabalhar em análise como um partícipe das vivências efetivamente operadas no consultório. Não se trata, aqui, de uma contratransferência, mas de um fazer conjunto. Ou, como mais tarde dirão Erving e Miriam Polster (1973), comentando a afirmação de Fritz Perls de que o "terapeuta é seu próprio instrumento":

> [...] quando o terapeuta entra em si mesmo, não está apenas tornando disponível ao paciente algo que já existe, mas está também auxiliando a ocorrência de novas experiências, baseadas em si mesmo e no paciente. Isto é, ele se torna não só alguém que responde e que dá *feedback*, mas também um participante artístico na criação de uma nova vida. Ele é mais que um catalisador que permanece imutável enquanto afeta a transformação química. O terapeuta muda; ele se torna mais aberto à amplitude de experiências que pode conhecer em primeira mão, descobrindo com o paciente como é envolver-se dos muitos modos abertos a eles.

Ao compreender que o termo "transferência" não podia mais definir sua prática clínica, com base na terminologia utilizada por Kurt Goldstein (1933), Perls elegeu um novo significante para designar a experiência clínica: "contato". A correlação entre o consulente e o clínico, a comunicação de inconsciente para inconsciente não é senão um episódio de contato. Nele, por um lado, repete-se algo incompreensível, que é o passado, bem como ele retorna como uma orientação já adquirida e indecifrável (que se deixa perceber apenas por seus efeitos afetivos). Todavia, por outro lado, no contato dá-se a construção de um inesperado, de uma novidade, cuja autoria nunca é muito clara se pertence ao clínico ou ao consulente. Ou melhor, ela pertence ao terceiro, a outrem – a *isso* que sobrou de nossa experiência passada e na atualidade retorna como estranho. Ou, ainda, poderíamos dizer que se trata de uma manifestação da ambiguidade que vivemos no seio da palavra-princípio EU-TU, de acordo com o entendimento que PHG têm da obra de Martin Buber (1923). De toda forma, contato é esse inusitado "sujeito" entre o clínico e o consulente a descortinar um horizonte de desejo segundo as cifras de passado. Conforme a leitura fenomenológica que Paul Goodman fez desse significante, "contato" é a própria realização da correlação entre o clínico e o consulente. É aqui um fenômeno de campo, um "sujeito" que não se reduz a nenhuma das partes dessa relação nem com elas coincide. Desviar-se em direção a esse "sujeito" que é o contato: eis o que faz de alguém um clínico. Autorizar em si mesmo os efeitos desse "sujeito", dessa correlação vivida no campo clínico: eis o que torna alguém um consulente. Mas, se na experiência houver contato, se ela for realmente um sistema self, o clínico e o consulente alternam-se nesses lugares de forma constante.

E já se disse o bastante aqui para compreender que o contato não tem relação alguma com a experiência tátil, tal como esta é entendida pela física tradicional, pela fisiologia e, com base nelas, pelo uso cotidiano. Para os fundadores da Gestalt-terapia, contatar não é atritar ou fazer aderir duas superfícies materiais. Tampouco tem relação com a constituição de uma imagem (seja ela cerebral ou psíquica) referente às estimulações mecânicas das terminações nervosas localizadas, por exemplo, na pele. Todas essas definições partem do pressuposto de que somos receptores individuais de estimulações que, por sua vez, só adquirem valor ou sentido quando "representadas" psíquica ou fisiologicamente na imanência de nós mesmos. Porém, como mostraram os experimentos de Goldstein (1933) com soldados vítimas de lesões cerebrais contraídas na Primeira Guerra Mundial, não parece assim tão evidente que o contato se limite a uma "representação imanente" de uma estimulação qualquer. Um soldado cujo braço esquerdo fora amputado, em decorrência da explosão de uma ogiva, continuou sentindo coceiras na mão de que já não dispunha. Mais do que isso, ele continuou operando como se tivesse o braço amputado. Se lhe fosse oferecida uma bandeja no refeitório, ele empregava o braço direito como se ainda pudesse contar com o apoio do esquerdo. Contra a fisiologia clássica, para a qual somente pode haver representação cerebral de estimulação localizada "em presença" da respectiva terminação nervosa, Goldstein disse que a sensação é algo mais que um circuito neurológico. Aos psicólogos para os quais o soldado apenas cometeu um "erro" de representação, uma alucinação, Goldstein advertiu que a cauterização do coto faz cessar imediatamente o fenômeno do membro fantasma, o que significa dizer que a sensação fantasma não se reduz apenas a uma alucinação. O que então se passa?

Há de se reconhecer, tal como fizera Merleau-Ponty (1945, p. 96-7) segundo os experimentos de Goldstein, que:

> Esse fenômeno, que as explicações fisiológicas e psicológicas igualmente desfiguram, é compreensível ao contrário na perspectiva do ser no mundo. Aquilo que em nós recusa a mutilação e a deficiência é um Eu engajado em um certo mundo físico e inter-humano, que continua a estender-se para seu mundo a despeito de deficiências ou amputações, e que, nessa medida, não as reconhece *de jure*.

Do ponto de vista desse "eu engajado", acredita Merleau-Ponty (1945, p. 97) que:

> A recusa da deficiência é apenas o avesso de nossa inerência a um mundo, a negação implícita daquilo que se opõe ao movimento natural que nos lança às nossas tarefas, às nossas preocupações, à nossa situação, aos nossos horizontes familiares. Ter um braço fantasma é permanecer aberto a todas as ações das quais apenas o braço é capaz, é conservar o campo prático que se tinha antes da mutilação.

Dizendo de outra maneira, mesmo à revelia de suas condições materiais presentes, o doente é atravessado por um "saber" operativo que o liga ao mundo e aos seus semelhantes sem necessidade de mediação reflexiva. É verdade que, uma vez representada sua condição atual, uma vez que ele se apropria dela (com base na cirurgia e das mediações reflexivas), o saber operativo tende a se pulverizar (mas nunca sem deixar de produzir seus efeitos). Isso, enfim, revela o paradoxo que define nossa sensibilidade: somos dotados de um saber pré-objetivo que se apaga diante de nossas representações mentais, mas nem por isso deixa de vigorar. É por essa razão que vai dizer Merleau-Ponty (1945, p. 97-8):

> Nosso corpo comporta como que duas camadas distintas, a do corpo habitual e a do corpo atual. Na primeira, figuram os gestos de manuseio que desaparecem da segunda, e a questão de saber como posso sentir-me provido de um membro que de fato não tenho mais redunda em saber como o corpo habitual pode aparecer como fiador do corpo atual.

A fiança que incessantemente recebemos dos hábitos – sem que precisemos evocá-los ou representá-los por outros meios – desvenda uma existência pré-pessoal que nos acompanha *pari passu*, uma intimidade estrangeira, a qual, se repararmos bem, não é diferente da prévia disponibilidade de nosso corpo para nós mesmos. Para Merleau-Ponty (1945, p. 98), é "preciso que meu corpo seja apreendido não apenas em uma experiência instantânea, singular, plena, mas ainda sob um aspecto de generalidade e como um ser impessoal". Meu corpo é um organismo atravessado por marcas invisíveis e autônomas que se repetem sem o consórcio de meus atos reflexivos, embora só perante tais atos elas possam se transformar em "significados", o que não é garantia de que sejam por eles totalmente esclarecidas.

E é exatamente essa generalidade, em que experimentamos a nós mesmos, ao semelhante e ao mundo como um ser impessoal, que traduz o sentido profundo daquilo que PHG chamam de contato. O contato é menos um fenômeno físico ou fisiológico do que a expressão (o que equivale a dizer, a repetição) de um fundo habitual, ele mesmo genérico e impessoal, em uma ação inédita que acontece no consultório, e em relação à qual aquele fundo mais não é que um horizonte indeterminado. Ainda por outras palavras, o contato é menos uma representação reflexiva do que a manifestação, em uma criação deliberadamente estabelecida pelo clínico e pelo consulente, de nossas ligações impessoais com o mundo e com os semelhantes, antes mesmo que nós tivéssemos refletido sobre tais ligações. O que não faz do contato o vínculo "imaginário" entre o clínico e o consulente: as relações imaginárias, em que elaboramos o encontro coincidente entre eu e o semelhante, a fusão existencial de nossas vidas, nossa relação de complementação sexual ou amorosa, tais relações demandam sempre uma "representação" judicativa, um ato intelectual que os venha propor. O contato não é uma representação, tampouco é uma sorte de coincidência ou fusão pré-objetiva entre minha vida e a de meu semelhante. Ao contrário, é uma correlação que, apesar de se apoiar em nossas ações individuais (sejam elas juízos ou não), introduz um excesso jamais apreendido por aquelas ações que, assim, são vividas por nós como uma dimensão de falta (de sentido). Daqui advém que, em situações clínicas de contato, ao mesmo tempo que ficamos curiosos, embevecidos com a novidade, temos a impressão de estarmos um pouco perdidos, quase descentrados. Em um trecho de *The Empire City,* Paul Goodman (1951 *apud* Polster e Polster, 1973, p. 6) descreve magistralmente essa experiência:

> Em pouco tempo ele estava respirando suavemente a não geografia de estar perdido. Ele provou o elixir de estar perdido, quando qualquer coisa que aconteça é necessariamente surpresa. Não conseguia mais achar nenhum sentido em suas próprias coisas essenciais (isso nunca o havia deixado feliz); podia senti-las escapando; no entanto, não se agarrou desesperadamente a elas. Em vez disso, tocou seu corpo e olhou ao redor e sentiu: "Aqui estou e agora" e não entrou em pânico.

INTENCIONALIDADE DO CONTATO: *AWARENESS*

Apesar de não considerar necessário o tratamento das *Gestalten* em um nível filosófico ou idealizado, PHG se ocupam de fazer, a seu modo, uma descrição fenomenológica do contato. Não porque quisessem fazer filosofia fenomenológica ou acreditassem que a fenomenologia comportaria alguma espécie de verdade sobre a existência. Para eles a fenomenologia seria tão somente uma estratégia teórica para organizar, em um conjunto de ferramentas fictícias que tivessem aplicabilidade clínica, os saberes e as práticas até então conhecidos, os quais, dessa forma, permaneceriam disponíveis como "marcos diferenciais" entre o antigo e o inédito, visando favorecer o reconhecimento daquilo que, até então, os saberes e as práticas já sedimentados não poderiam antecipar. A fenomenologia, por conseguinte, não cumpriria a função de explicar o que surgisse. Ela apenas diferenciaria o aparecimento daquilo que escapasse às formulações conhecidas. A ela caberia demarcar alguns pontos de vista segundo os quais as repetições e as mudanças seriam visíveis. Eis então que PHG nos apresentam, no *Gestalt-terapia*, "marcos diferenciais" segundo os quais podemos entender a experiência de contato no campo clínico. Mais especificamente, apresentam uma ficção sobre a existência de "funções" e "dinâmicas" específicas da experiência de contato, em que cada função corresponderia a um ponto de vista diferente sobre o que se passaria no campo clínico, de tal maneira que cada um desses pontos de vista permitiria a percepção de modos diversos de relação (ou dinâmicas variadas) entre as partes envolvidas. Para que essa leitura de campo funcionasse, entretanto, PHG tinham de primeiramente suspender as categorias psicológicas (mente, corpo, ego psicofísico) que poderiam dar a entender que o contato aconteceria na imanência psíquica de cada indivíduo, como, por exemplo, do clínico e do consulente. Ora, o contato é uma vivência intersubjetiva. Ela não acontece nem dentro nem fora das partes envolvidas (sejam elas indivíduos ou não). Ela acontece, sim, na fronteira (de contato) entre o que é atual e o que é inatual para as partes envolvidas. Mais exatamente, acontece na fronteira entre o passado e o futuro daquilo que dizemos e fazemos. Suponhamos um episódio de interrupção na comunicação do clínico com seu consulente. O fato de este não entender a pergunta não se deve apenas à forma trôpega com a qual o clínico, porventura, o tenha interpelado. O "titubear" do clínico, assim como a "surdez" do consulente, pode denotar que a esses corpos e a essas palavras se apresentou muito mais do que um significado. A eles pode haver se apresentado, como horizonte dos significantes escolhidos pelo clínico, a possibilidade de falar de novo sobre o ocorrido na sessão anterior; ocorrido que nenhum dos dois sabe ao certo qual foi nem aonde os irá levar. Nesse exemplo, assim, o contato não se estabeleceu entre o clínico e seu consulente, mas entre as ações de ambos e um passado que se insinuou no diálogo ainda por vir. O nome que Fritz Perls deu a esse processo temporal de passagem entre o atual e o inatual, ocorrência cotidiana na clínica, foi justamente o de *awareness*.

A noção de "*awareness* sensomotora" já era empregada por ele em seu livro *Ego, fome e agressão* (1942, p. 69), no qual ela também cumpria a tarefa de revisar a metapsicologia freudiana. Assim como a noção de contato substituiria a noção freudiana de transferência, a noção de *awareness* introduziria, em vez de uma abordagem "econômica" das pulsões, outra mais focada na "dinâmica pulsional", o que pouparia Fritz Perls de ter de se ocupar das discussões quase metafísicas acerca de qual seria o conteúdo específico das pulsões. Limitada a designar uma orientação temporal, a noção de pulsão – a partir de então denominada de *awareness* – deixaria de ser a busca por um substituto da experiência original de satisfação, ou a própria tentativa (sempre malograda) de repetição dessa experiência: pulsão de vida e pulsão de morte, respectivamente. A pulsão, como *awareness*, significaria uma "tendência" ambígua, presente em qualquer experiência que estabelecêssemos no consultório e em nossa vida na natureza (social), ora em proveito do crescimento (momento em que ela faria as vezes de pulsão de vida), ora em proveito da conservação (momento em que equivaleria à pulsão de morte). Em *Gestalt-terapia*, PHG retomam essa noção, agora como a equivalente dos processos intencionais descritos pela fenomenologia. Isso significa dizer que, em 1951, por ocasião da escrita dessa obra, seus autores definitivamente verteram a psicanálise para uma língua fenomenológica. Em certa medida, em *Ego, fome e agressão*, Perls já havia começado esse trabalho, tendo em vista que as noções de conservação e crescimento, incorporadas de Goldstein para substituir as pulsões de morte e de vida, foram pensadas segundo a teoria fenomenológica da intencionalidade[9]. No entanto, agora, a ligação entre as noções psicanalíticas e fenomenológicas foi tornada explícita. Como correlativo daquelas noções, PHG elegeram os dois principais grupos de processos intencionais operativos descritos por Husserl para explicar a vivência da passagem no tempo: por um lado, a) o processo de "retenção" involuntária das formas resultantes da dissolução dos eventos passados (formas estas que constituem o fundo de hábitos disponível); e b) o processo de "síntese passiva" (por meio do qual se estabelece, espontaneamente, a repetição das formas retidas ante as possibilidades de ação oferecidas pela experiência atual). Por outro lado, c) o processo de protensão dessas possibilidades em um horizonte virtual de objetos inatuais[10]; e d) a síntese de transição entre esses objetos e uma nova realidade material. A partir de então, a pulsão de morte passa a significar, para os autores: a) assimilação (retenção) de hábitos; e b) síntese passiva (ou repetição espontânea) desses hábitos ante as novas possibilidades oferecidas pelo meio social e natural. E a pulsão de vida passa a significar: c) a criação (protensão) de objetos virtuais (da ordem do desejo) segundo as possibilidades atuais; e d) a destruição (ou transição) desses objetos junto às novas configurações materiais.

É importante que se perceba aqui como a noção de *awareness* – substituto[11] gestáltico da noção de intencionalidade – conservou a ambiguidade fundamental presente tanto na forma psicanalítica de conceber as pulsões quanto na forma fenomenológica de descrever os processos intencionais inerentes à formação de uma *Gestalt* primordial, que é a vivência do tempo. É nesse sentido que, depois de 1951, a noção de *awareness* sensomotora (formulada por Fritz Perls em 1942) foi desdobrada em duas:

- Há, por um lado, a "*awareness* sensorial" (1951, p. 42) ou "primária" (1951, p. 223), que é uma dinâmica de conservação (a qual inclui a assimilação e a repetição) daquilo que surge no presente como passado.
- Por outro, há a "*awareness* deliberada" (1951, p. 49) ou, como empregam mais frequentemente, a "resposta motórica" ou "comportamento motor" (1951, p. 42), que responde pela dinâmica de crescimento (a qual inclui a criação e a destruição de uma virtualidade em direção à novidade).

As duas formas de apresentação da *awareness* traduzem as dimensões temporais do contato: da mesma maneira que a intencionalidade operativa (que inclui a retenção e a síntese passiva) descrita pela fenomenologia, a *awareness* sensorial diz respeito aos processos de assimilação e repetição do passado, os quais PHG preferirão chamar respectivamente de "assimilação do contato" e de "sentir em resposta à demanda do mundo", o primeiro como correspondente da retenção e o segundo como equivalente da síntese passiva. Já a *awareness* deliberada ou resposta motórica, que traduz as noções de protensão e síntese de transição da fenomenologia, tem relação com a vivência do futuro ou, como preferem PHG, com a "formação de *Gestalten*" e a "destruição de *Gestalten*". O que, enfim, esclarece-nos acerca de como se relacionam os significantes da única definição de *awareness* fornecida pela obra *Gestalt-terapia* (1951, p. 33), transcrita a seguir:

Awareness "caracteriza-se pelo *contato*, pelo *sentir* (sensação/ percepção), pelo *excitamento* e pela *formação de Gestalten*". Conforme nossa leitura fenomenológica do trecho, *awareness* é o operar com aquilo que foi "assimilado na experiência do contato", na forma de um "sentir que provoca o excitamento" (configurando--se assim a dimensão passada ou sensorial da *awareness*); tudo isso em proveito da formação e da destruição de uma "*Gestalt*" (atividades estas que correspondem à dimensão futura ou motora da *awareness*). Falemos um pouco mais sobre essas questões.

A – *AWARENESS* SENSORIAL

Como já dissemos, a *awareness* sensorial, dimensão passada do contato, caracteriza-se basicamente: a) pela retenção da forma dos comportamentos anteriores; e b) pela repetição dessa forma na condição de um hábito, seja ele motor ou verbal. Pensemos agora em cada uma dessas dimensões, começando pela noção de retenção da forma dos comportamentos anteriores. E, para não sermos traídos pela "cultura espacializante" da psicologia, temos de lembrar que a noção fenomenológica de retenção não tem parentesco com a noção psicológica de memória, pois não corresponde à inscrição de um traço mnemônico em algum sistema psíquico ou anatomofisiológico. A retenção não acontece *em um lugar* ou, em outros termos, ela não tem lugar em nossa atualidade. Ela diz respeito, fundamentalmente, àquilo que fura a consistência ôntica da realidade, introduzindo o passado que se perdeu (e eis por que pôde ser relacionada, por PHG, à pulsão de morte). Dessa compreensão advém a de que, ao não ser uma entidade no tempo e no espaço físico, o retido não pertence a alguém, nem ao clínico nem ao consulente. O retido é um hábito impessoal, a copresença de um aprendizado que divido com meus semelhantes e, ademais, não se deixa apreender por ele mesmo, apenas por seus efeitos junto às nossas ações, o que significa dizer que se deixa apreender sempre *depois*, o que faz dele uma sorte de antecipação espontânea sobre as nossas compreensões. Ou, então, o retido é o fundo em nossa experiência perceptiva, o horizonte não localizado desde o qual a figura encontra sua posição, o que nos obriga a reconhecer uma função para o que não tem localização definida. A esse processo espontâneo de retenção daquilo que se tornou impessoal e indefinido, PHG vão denominar de "assimilação do contato anterior".

Ora, a noção de retenção (ou assimilação do contato anterior) é a base a partir da qual podemos nos ocupar da segunda dimensão da *awareness* sensorial, que é a repetição, descrita por PHG como a experiência do "sentir em resposta ao mundo". Falemos um pouco sobre a noção de sentir, à qual, em acordo com um emprego consagrado pela tradição romântica, especialmente por Herder[12], PHG também denominam de "paixão" (1951, p. 181). Em virtude da orientação fenomenológica que assumiram, quando falam do sentir como uma unidade de sensação e percepção, os autores do *Gestalt-terapia* não se referem aos processos fisiológicos ou psíquicos de recepção e registro de estímulos, sejam eles exteroceptivos, interoceptivos ou proprioceptivos. Tal como para Husserl, em PHG o sentir não é a faculdade (sensível) de uma substância, de um ente, de um ego psicofísico, seja tal substância o clínico ou o consulente. Sentir tem relação com o fato de sermos atravessados por uma história impessoal, à qual Merleau-Ponty chamava de corpo habitual. É tal história que escolhe – ao ser provocada por uma demanda que parta da realidade objetiva – os objetos, nos quais vislumbra possibilidades de emancipação ou retomada. Dessa forma, para PHG a sensibilidade é bem mais que nossa reação passiva a um estímulo, já que o que reage a ele não nos pertence exclusivamente. Trata-se antes de uma história impessoal (que nem mesmo sabemos se é nossa) que elege em nosso corpo o modo de responder aos estímulos.

É óbvio, isso não significa negar que eu seja capaz de fazer escolhas por meio de juízos volitivos. Posso muito bem *decidir* tomar a via da esquerda, quando, para darmos um exemplo cotidiano, em meu "coração" algo me diz que, para chegar até a floricultura, talvez fosse melhor tomar o caminho da direita. Essa decisão, entrementes, não pertence ao campo da percepção sensível, pois essa percepção não carece da caução de um juízo, da chancela de uma decisão. Uma vez imerso na via esquerda, que decidi tomar, as faces pelas quais cruzo não arrebatam minha atenção. Sigo concentrado no alvo que quero alcançar, ou talvez ocupado com a frustração de não haver seguido meu "coração", até que, de repente, do meio daquele oceano de fisionomias anônimas, vislumbro alguém familiar, que ainda não sei ao certo quem é. Se me perguntasse, enquanto procurava identificar o nome daquela fisionomia, por que ela se apresentou a mim, por que eu a vi, por que ela não permaneceu anônima como as demais, logo compreenderia que alguém que não se reduz aos pensamentos e às imagens sobre os quais posso decidir olhava por mim. Ou, mais propriamente, esse alguém exercia meu olhar, a ponto de escolher, segundo os critérios que tampouco compreendo de forma integral – porém parecem ter relação com a provocação exercida pelo meio ambiente na atualidade da situação –, o que ou a quem ver, o que ou a quem perceber, enfim, sentir. Esse alguém anônimo, tão anônimo quanto minha musculatura ótica no ato de olhar, é uma história impessoal, a qual só posso "saber" depois – e sua atividade, a que sou passivo, é minha sensibilidade. Essa compreensão nos permite entender melhor a afirmação de PHG (1951, p. 33) de que o "*sentir* determina a natureza da *awareness*, quer ela seja distante (p. ex., acústica), próxima (p. ex., tátil) ou dentro da pele (proprioceptiva)". O sentir, que não é senão o corpo habitual, a história de generalidade que divido com minha comunidade, escolhe a quem e ao que perceber, com qual elemento se correlacionar, antes mesmo que eu tivesse tempo para pensar sobre isso.

E, se é verdade que é com base no assimilado que "em mim se faz sentir" que, de modo tácito, escolhas sensíveis são estabelecidas (em resposta às demandas do meio), também é verdade que o percebido, ele próprio, não se reduz àquele sentir. Ao contrário, reage ao "meu sentir" e o interroga (outra vez). Os corpos vistos reagem ao olhar que os atinge a partir de mim; e eu mesmo (como uma consciência de representações) começo a me perguntar de onde partiu esse interesse sobre o qual não tenho governo. Se é verdade que tenho o direito (*a posteriori*) de conjecturar que aquilo que "em mim se fez sentir" é uma reação a um estímulo, também é verdade que "isso" (*id*) que "em mim se fez sentir" motiva a curiosidade, gera desejo, desperta o excitamento entre aqueles para os quais se dirigiu (sejam eles ou não os demandantes, os desencadeadores do estímulo original). Logo, como desdobramento das escolhas estabelecidas por um sentir impessoal, advém uma resposta espontânea das coisas escolhidas, resposta esta a que PHG denominam de "excitamento". O excitamento é o efeito de curiosidade que a repetição de um hábito gera no meio.

E, por ele estar assim vinculado aos hábitos impessoais, nós não sabemos nunca de onde parte o excitamento espontâneo (embora possamos conjecturar o que o desencadeia), muito menos para onde ele se dirige. Apesar de estar "apoiado" (*anlenhung*) em um estímulo empírico, ele não tem uma fonte específica – sua fonte é o anonimato de uma história esquecida, que é o hábito. Tampouco ele tem um alvo determinado, pois os alvos têm que ver com as direções abertas pelas coisas percebidas, nem mesmo uma forma específica de aniquilamento: os excitamentos espontâneos não podem ser aniquilados, eles só podem ser realizados, isto é, transcendidos para outros campos, para as possibilidades abertas pelas próximas coisas descortinadas no sentir. Consequentemente, os excitamentos espontâneos são forças constantes. E essas características em muito lembram aquelas com as quais, nos *Três ensaios sobre a sexualidade*, Freud (1905d) definiu a pulsão. Para os autores (PHG, 1951, p. 33), por isso, a noção de excitamento espontâneo "inclui a noção freudiana de *catexis*, [...], e nos dá a base para uma teoria simples da ansiedade", a respeito da qual discutimos no capítulo em que abordamos os ajustamentos neuróticos (ou de evitação) em nosso livro *Fenomenologia e Gestalt-terapia* (Müller-Granzotto e Müller-Granzotto, 2007).

B – *AWARENESS* DELIBERADA OU RESPOSTA MOTÓRICA

Já a *awareness* deliberada ou resposta motórica tem relação com as ações (sempre individuais, contudo destinadas a alguém ou elaboradas a partir de outrem) por meio das quais (de maneira também espontânea, ou seja, não pensada nem representada) nós instituímos uma totalidade presuntiva ou *Gestalt*. Tal totalidade não é senão o desejo com o qual tentamos sintetizar, de modo sempre iminente (ou virtual), os hábitos (a que somos passivos) e as possibilidades que o meio nos oferece (e que podemos escolher)[13].

Até aqui, a noção de *awareness* sensorial nos ajudou a compreender que o contato é um escoamento temporal, o que não significa considerar que se trate de algo inteiramente aleatório. Se é verdade que, em cada uma de minhas experiências, há uma história impessoal que se revela por si mesma, provocando excitamento, também é verdade que, a cada nova oportunidade, assumo essa história como se fosse minha e, a partir dela, procuro experimentar-me como uma totalidade, a minha própria totalidade. No caso da clínica, a cada nova sessão, aquilo que se realiza é muito mais do que uma passagem para uma nova ordem de significantes ou afetos. Por intermédio de atos individuais, pelos quais decido de modo operativo, sem necessidade de reflexão, estabeleço, na passagem de uma sessão à outra, a experiência de montagem e desmontagem de uma unidade, que é a unidade de mim mesmo como algo sempre por descobrir. Eis aqui a *awareness* deliberada. Minha ação introduz – mais além do mistério que a mim mesmo se revelou como *awareness* sensorial, ou seja, como excitamento em torno de um hábito – a esperança de encontrar aquilo que faz de mim eu próprio. Essa nova totalidade, todavia, eu nunca a encontro de fato. Ela está sempre por fazer, como se suas partes continuassem indeterminadas. Ela continua em falta, tornando-se assim o meu desejo, o que me faz voltar à sessão e às outras atividades em que tenho a possibilidade de realizá-lo.

Aqui é preciso fazer um parêntesis. O fato de ser a minha ação aquela que desencadeia a *awareness* deliberada – a qual consiste nesta busca por meu todo presuntivo – não significa que em todas as ações haja *awareness* deliberada. Afinal, há vivências de contato, de efetiva transcendência de uma história passada em direção ao futuro, em que não se dá aquela experiência de "compreensão" de si como uma totalidade, ainda que indefinida, estranha, transcendente. Ou, simplesmente, há vivências de contato em que verificamos ações que não abrem um horizonte de desejo. Esse é o caso, por exemplo, dos processos fisiológicos básicos, como a meiose e a mitose. Tais processos, sem dúvida, estão investidos de uma historicidade, entretanto ela não carece de se apreender como um todo. Eis por que digo que não percebo, espontaneamente, minha própria divisão celular, não a *vejo* acontecer na passagem das horas, como vejo, por exemplo, passar a fisionomia de um conhecido, ou os sentimentos que nutro por ele. Para perceber minhas replicações cromossômicas, tenho de *representar* a unidade desse processo em um modelo objetivo, o famoso código genético. Portanto, não se pode dizer que esses processos configurem uma vivência de *awareness* deliberada, apesar de se tratar de um processo de contato. Conforme PHG (1951, p. 33), o "*contato*, como tal, é possível sem *awareness*, mas para a *awareness* o contato é indispensável" (grifo dos autores). De modo diverso das vivências de contato características de minha fisiologia primária, no contato com a *awareness* deliberada vivo um todo presuntivo, possível, em que se anuncia uma personalidade objetiva que ainda não sou, que nunca serei por inteiro. Vivo um todo presuntivo que não é senão o *representante* de uma *representação futura*, a que ainda não estabeleci.

Ora, essa ideia de que a *awareness* deliberada ocasiona a constituição de um representante de minha própria representação futura nos remete à forma como a fenomenologia husserliana (1900-1b) interpretou a tese formulada por Franz Brentano (1874) de que, aquém de nossos atos de representação, poderíamos contar com representantes intuitivos daquilo que, tardiamente, aqueles atos haveriam de representar. Tais representantes das representações futuras (*Vorstellungrepräsentanz*) mais não seriam que ações cujas partes ou conteúdos estariam indeterminados (*awareness* sensorial), porém ainda assim se configurariam como uma unidade presuntiva (*awareness* deliberada), a qual, mais tarde, nossos juízos tentariam determinar. A essa unidade presuntiva formulada de modo espontâneo por nossas ações, Brentano (1874) chamou de "*Gestalt*", como já dissemos, sendo esse o fundamento pelo qual, em sua descrição da *awareness* – entendida como dinâmica específica do contato –, PHG referem-se à "formação de *Gestalten*" como o terceiro termo constitutivo da *awareness*, especificamente da *awareness* deliberada. A vivência de minha unidade histórica na transcendência é formação de *Gestalt*.

Enfim, para sintetizar o que vimos até aqui sobre a *awareness*: por um lado, ela é a copresença (retida) de uma história impessoal que – uma vez estimulada – quer se repetir, provocando excitamento junto às possibilidades abertas pelos dados na atualidade de nossa experiência; por outro, ela é a unificação presuntiva dessa história por obra de uma ação individual. À primeira chamamos de *awareness* sensorial; à segunda, *awareness* deliberada. Ambas designam a dupla orientação temporal do contato, fazendo dele a própria vivência do tempo. Nos termos de PHG (1951, p. 48) se formulam assim essas noções:

> Contato é "achar e fazer" a solução vindoura:
> A preocupação é sentida por um problema atual, e o excitamento cresce em direção à solução vindoura, mas ainda desconhecida. O assimilar da novi-

dade se dá no momento atual à medida que este se transforma no futuro. Seu resultado nunca é um mero agregamento de situações inacabadas do organismo, mas uma configuração que contém material novo do ambiente. É, portanto, diferente do que poderia ser relembrado (ou conjecturado), assim como a obra de um artista torna-se nova e impredizível para ele à medida que manuseia o meio material.

C – O "DAR-SE CONTA": *AWARENESS* REFLEXIVA

Todavia, podemo-nos perguntar se a *awareness* não seria o dar-se conta, o ter consciência do que se sente ou se faz. E a resposta para essa pergunta seria sim e não. Não obstante a difundida definição de *awareness* como uma apercepção reflexiva, tal definição é só um terceiro aspecto da noção efetivamente empregada por PHG. Há, no texto do *Gestalt-terapia* (1951, p. 44), uma explícita referência a uma terceira modalidade de *awareness*, a *"awareness* reflexiva ou consciente". A passagem em que ela se localiza justifica, inclusive, a tradução, em alguns casos, do termo *awareness* por "dar-se conta", ou "tomar consciência", e assim por diante. Em verdade, seguindo a orientação fenomenológica adotada pelos autores, vamos logo deparar com a diferença existente entre: a) a intencionalidade operativa, associada ao modo como se dá a vivência do tempo e segundo a qual PHG conceberam a *awareness* sensorial (relativa à vivência do passado) e a *awareness* deliberada (relativa à vivência do futuro); e b) a intencionalidade reflexiva (ou de ato), que é aquela na forma da qual nos "representamos" tudo que antes vivemos operativamente[14]. A *awareness* reflexiva é justamente o correlativo gestáltico para essa intencionalidade intelectual. Ela aparece no consultório, em geral, após uma vivência de contato. À perdição do contato, o consulente pode responder com uma elaboração teórica, a qual pode estabilizar a angústia diante do inusitado, ou inibir aquilo que prometia ser inédito. De qualquer forma, o importante é assinalar que a *awareness* reflexiva é sempre posterior às vivências operativas. O dar-se conta não coincide com o sentir nem com o agir. Por isso, na clínica gestáltica, não há como alguém se dar conta do que sente ou faz, a menos que tenha sentido ou feito antes. E isso explica o primado que os clínicos gestálticos dão às vivências desencadeadoras de situações de contato. Ou, então, explica a primazia que os clínicos gestálticos dão ao ato, a ponto de entender a linguagem antes como uma ação do que como uma transmissão de saber.

QUADRO 1 – COMPARATIVO ENTRE A TEORIA HUSSERLIANA DA INTENCIONALIDADE E A TEORIA GESTÁLTICA DA *AWARENESS*.

	Intencionalidade operativa (intuitiva)					Intencionalidade de ato (reflexiva)
Husserl	Retenção	Síntese passiva		Protensão	Síntese de transição	Síntese reflexiva
		Intuição	Doação			
PHG	Assimilação	Sentir	Excitamento	Formação de *Gestalt*	Destruição de *Gestalt*	Dar-se conta
		Repetição				
	Awareness sensorial			*Awareness* deliberada (resposta motórica)		*Awareness* reflexiva

O SELF COMO SISTEMA DE CONTATOS

DE ACORDO COM O que vimos, um dos aspectos da *awareness* (entendido como dinâmica específica do contato) é a vivência presuntiva – e nunca realizada – de minha própria unidade histórica, que posso assumir como minha ou de meu consulente. A cada vivência de contato, experimento a mim mesmo como isso que se lança à frente como síntese ainda por fazer, coincidência ainda por alcançar, desejo. E é dessa ideia de unidade presuntiva que PHG inferem a noção de uma subjetividade alargada que não é diferente do fluxo de contato. Os autores inspiram-se aqui no modo como William James, em sua proposta teórica, redescreve as relações entre os corpos, o ambiente e a temporalidade passada (dos problemas) e futura (das soluções), caracterizando-as como um sistema complexo e ambíguo, cujas fronteiras não se deixam saber exatamente e ao qual denominou de self (James,

1904). "Chamaremos de '*self*' o sistema de contatos em qualquer momento. [...] O *self* é a fronteira-de-contato [órgão da *awareness*] em funcionamento; sua atividade é formar figuras e fundos" (PHG, 1951, p. 49). Ainda para PHG (1951, p. 178): "O *self* é o sistema de contatos presentes e o agente de crescimento". Ou, então, continuando o raciocínio, eles dizem (1951, p. 178):

> Chamamos *self* ao sistema complexo de contatos necessário ao ajustamento no campo imbricado. O *self* pode ser considerado como estando na fronteira do organismo, mas a própria fronteira não está isolada do ambiente; entra em contato com este; e pertence a ambos, ao ambiente e ao organismo.

Por isso, prosseguem (PHG, 1951, p. 179) dizendo que "não se deve pensar o *self* como uma instituição fixada; ele existe onde quer que haja de fato uma interação de fronteira, e sempre que esta existir". O self, por conseguinte, é sempre a produção de um potencial que nunca pode ser alcançado como possibilidade atual, mas, ao mesmo tempo, se anuncia nessa atualidade como um horizonte de orientação para onde, enfim, a própria atualidade se escoa. Ele não é uma entidade, um subsistente ôntico, e sim o conjunto de funções e dinâmicas por cujo meio o campo organismo/meio, ao mesmo passo que se "conserva" como uma dimensão histórica genérica, "cresce" (como organismo) e se transforma (como meio) nos horizontes de futuro (virtual) que se abrem (para sua própria historicidade). Assim compreendido, o self é uma espécie de espontaneidade que somos nós mesmos, sempre engajados em uma situação – que é o campo organismo/meio – na qual nos experimentamos únicos (e, nesse sentido, finitos) de diversas formas: como seres anônimos (nas funções vegetativas, no sono, na sinestesia, no hábito, nos sonhos etc.), como indivíduos (na sensomotricidade, nas formas de consciência que a habitam, na fala etc.) e como "realidades" objetivas (nas identificações imaginárias, nas formações linguísticas já sedimentadas como aquisição cultural, nas instituições, nos ideais etc.).

Na avaliação de PHG (1951, p. 178, nota 1), essa compreensão do self "deveria ser óbvia, mas as abstrações tornaram-se tão entranhadas que é útil assinalar os tipos comuns de erros". Ninguém duvida que "ficar em pé, andar, deitar-se são interações com a gravidade e apoios. A respiração é do ar. Ter uma pele ou invólucro interno ou externo é uma interação com a temperatura". Da mesma forma, ninguém protestaria contra a afirmação de que "toda percepção e todo pensamento são mais do que uma mera resposta, e dirigem-se ao ambiente assim como provêm dele", ou de que "os 'objetos' da visão e da audição existem por meio do interesse, do confronto, da discriminação e da preocupação prática". Ademais, é óbvio que a "comunicação, a imitação, o cuidado, a dependência, etc. são a natureza social orgânica de determinados animais" (*ibidem*). Tanto a vida vegetativa e sensomotora quanto as formas de socialização que, de maneira presuntiva, procuramos fixar como nossas exprimem um tipo de consórcio entre nosso organismo e o meio na realização histórica de nós mesmos. Porém, a partir do momento em que a historicidade anônima (que se faz sentir em nós como hábito verbal) foi fixada como pensamento, e no instante em que tais pensamentos (que se constituem para nós como o outro social detentor da verdade) disponibilizaram tal historicidade como um conjunto de eventos determinados e, logo, abstraídos uns dos outros, rompeu-se aquela indivisão que caracterizava nossa vida operativa ou ingênua. Há agora não apenas a espontaneidade da experiência que tentamos sempre unificar como se fosse nossa. Há também a verdade do outro social[15]. E, a partir dela, cria-se em nós uma "realidade ilusória", segundo a qual, por exemplo, nossa existência organísmica e nossa inserção organísmica no mundo seriam duas realidades diferentes, separadas. O efeito dos pensamentos – a fixação dos acontecimentos como unidades de sentido separadas umas das outras – sobrepôs-se à nossa experiência espontânea. Sobrepôs-se inclusive à própria experiência da linguagem que, não obstante não se distinguir da perceptiva e, dessa forma, do meio ambiente, tornou-se ela própria refém de uma linguagem secreta, silenciosa, que a precederia – e à qual chamamos de pensamentos puros ou, simplesmente, verdades do outro social.

Contra essas ilusões e em favor daquela comunidade originária que em momento algum abandonamos, PHG propõem a noção de self, por meio da qual designam a experiência da unidade que, em cada contato, experimentamos relativamente a todas as outras experiências de contato. Assim, "contatar é, em geral, o crescimento do organismo. Pelo contato queremos dizer a obtenção de comida e sua ingestão, amar e fazer amor, agredir, entrar em conflito, comunicar, perceber, aprender, locomover-se...". O self, por sua vez, "é o sistema complexo de contatos necessário ao ajustamento no campo imbricado. O *self* pode ser considerado como estando na fronteira do organismo, mas a própria fronteira não está isolada do ambiente". Portanto, "não se deve pensar o *self* como uma instituição fixada; ele existe onde quer que haja de fato uma interação de fronteira, e sempre que essa existir. Parafraseando Aristóteles: quando se aperta o polegar, o *self* existe no polegar dolorido" (PHG, 1951, p. 179). Como sistema de contatos – que integra sempre funções perceptivo-proprioceptivas, funções motoras musculares e necessidades orgânicas –, o self não é uma "estrutura" fixa. Ou, então, não é a regularidade de uma combinatória para a qual não pode haver mudança. Ao contrário, como processo o self é uma integração não ociosa: ele é o "ajustamento criativo" da historicidade do campo organismo/meio. Trata-se de um sistema intencional (ou sistema *awareness*): com base em um fundo de hábitos que surgem como passado a orientar, afetivamente, o que se passa como figura no presente, abre-se, por obra desta, um horizonte de futuro, um destino virtual para os afetos surgidos. Nessa direção, "em situações de contato, o *self* é a força que forma a *Gestalt* no campo; ou melhor, o *self* é o processo de figura/fundo em situações de contato" (PHG, 1951, p. 180). Em decorrência disso, PHG (1951, p. 180) vão dizer ainda que o self é, sobremodo, "a realização do potencial", que sou eu mesmo como historicidade disponível a cada novo contato, a cada novo evento de fronteira no campo organismo/meio, originando-se daí a apresentação que fazem do self como uma espécie de espontaneidade engajada.

Em rigor, espontaneidade e engajamento são, para os autores (PHG, 1951, p. 181), as duas principais características do self: "O *self* é espontâneo – nem ativo, nem passivo – (como fundamento da ação e da paixão) – e engajado na situação[...]." E a definição de espontaneidade que fornecem (1951, p. 182) é a do "sentimento de estar atuando no organismo/ambiente que está acontecendo, sendo não somente seu artesão ou seu artefato, mas crescendo dentro dele". PHG recorrem a uma distinção linguística para falar dessa dupla valência da espontaneidade. Trata-se da distinção que é feita muito especialmente na língua grega, entre o emprego de verbos na voz ativa (que indica que a ação foi praticada por um sujeito), na voz passiva (que aponta que o sujeito recebeu uma ação) e na voz média (em que o sujeito experimenta a si mesmo na ação). Enquanto o emprego de verbos nas vozes ativa e passiva implica uma separação possível entre o sujeito da ação e a ação descrita pelos verbos (tendo em vista que tal ação poderia admitir outro sujeito, sem, entretanto, transformar-se noutra ação), o emprego de verbos na voz média não permite essa separação. Afinal, esse emprego designa ações que são, ao mesmo tempo, a maneira específica segundo a qual um sujeito se constitui como tal. Não se trata de uma ação do sujeito sobre si mesmo, mas da gênese desse sujeito na ação. Para PHG (1951, p. 182), espontaneidade é o caráter médio de nossos processos sensomotores e linguageiros:

> O espontâneo é tanto ativo quanto passivo, tanto desejoso de fazer algo quanto disposto a que lhe façam algo; ou melhor, está numa posição equidistante dos extremos (nem passivo, nem ativo), uma imparcialidade criativa; um

desinteresse não no sentido de não estar excitado ou não ser criativo – porque a espontaneidade é iminentemente isso – mas no sentido de uma unidade anterior (e posterior) à criatividade e à passividade, contendo ambas.

O engajamento, por sua vez, tem relação com a constatação de que não temos sensação de nós próprios ou de outras coisas a não ser em determinada situação. É sempre no campo organismo/meio que, espontaneamente, eu me experimento como self, o que não significa que eu me experimente sempre da mesma maneira. Na respiração, eu sou eu mesmo, muito embora eu mal me distinga da atmosfera que inspiro e expiro. O que é diferente desse eu que decide, por alguns segundos, suspender a respiração. Ou, ainda, desse outro que, tendo experimentado a impossibilidade de existir independentemente do ar que respira, *representa-se* como um ser-no-mundo. Eis aqui, nessas três formas elementares de vivência de mim mesmo como funcionamento médio da experiência, a direção segundo a qual PHG descrevem as operações básicas ou funções do self, como veremos no próximo capítulo, a saber: as funções *id* (ou *isso* da situação), *ego* (ou função de ato) e personalidade (que é nossa alienação ao outro social).

CAPÍTULO 2
FUNÇÕES DE CAMPO NO SISTEMA SELF

AS FUNÇÕES DO SELF

DE ACORDO COM O que dissemos no capítulo anterior, não obstante o modo peculiar pelo qual se apropriaram da fenomenologia, PHG conservaram de Husserl a sistemática, que consiste em "reduzir" a análise do sistema de contatos (também denominado de self) primeiramente às suas estruturas ou funções essenciais e, depois, às suas dinâmicas basilares. No que consiste essa análise? O que a exige?

Como sistema de contatos, self é a forma engajada e espontânea segundo a qual, no ambiente clínico, por exemplo, um fundo histórico impessoal procura se repetir nas ações que o clínico e o consulente produzem com o propósito de viabilizar, para cada qual, um horizonte de desejos, ainda que estes nunca coincidam entre si. A cada sessão, temos um self diferente, uma nova tentativa de repetição do que se conservou até ali e uma nova busca de autorização de si: do clínico como alguém capaz de acompanhar a autorização de outrem; do consulente como o protagonista de sua própria vida. Mesmo assim, em cada uma das sessões podemos reconhecer, nos termos de uma analítica fenomenológica (tarefa da psicologia formal fenomenológica), funções que se repetem. Tais funções, em verdade, são invenções do gestalt-terapeuta. Ele as propõe como recursos auxiliares para a tarefa de reconhecimento técnico dos processos intencionais que possam estar acontecendo ou não durante a sessão, o que supostamente lhe abre possibilidades de inserção e, por conseguinte, de realização de seu desejo, de seu desejo de clínico: acompanhar a autorização de outrem. E é nesse sentido que os fundadores da Gestalt-terapia (PHG, 1951, p. 184) dirão que o "tema de uma psicologia formal" – disciplina fenomenológica que foi proposta por Husserl, mas na pena de PHG se tornou uma fenomenologia aplicada, qual empresa pragmatista – "seria a classificação, descrição e análise exaustivas das estruturas possíveis do *self*".

Do ponto de vista clínico – o que significa dizer, do ponto de vista que leva em conta a possibilidade de constituição de um todo presuntivo chamado "meu-outro-eu-mesmo" –, podemos descrever pelo menos três funções diferentes operando no processo de contato que se estabelece no decorrer de uma sessão. Trata-se, em verdade, de uma apresentação psicológica (id, ego e personalidade) dos três processos intencionais (*awareness* sensorial, *awareness* deliberada e *awareness* reflexiva) que compõem os ajustamentos criativos produzidos em regime de contato. Nas palavras de PHG (1951, p. 154): "Enquanto aspectos do *self* num ato simples espontâneo, o *Id*, o *Ego* e a Personalidade são as etapas principais do ajustamento criativo"[1].

Tal como as três dimensões do sistema *awareness*, essas três funções clínicas não são três partes do sistema self nem três etapas cronológicas que se poderiam observar em uma sucessão no tempo objetivo. Ao contrário, elas são apenas três perspectivas diferentes que eu posso ter de uma mesma experiência, que é o sistema self em funcionamento – no nosso caso, uma sessão terapêutica. Isso significa que, em cada experiência vivida (ou seja, em toda experiência em que há um fluxo de *awareness*), as três funções se apresentam concomitantemente. A visada de uma ou de outra é uma escolha teórica de quem está a descrever a experiência. Se, na sessão, o consulente diz: "Sou eu que estou respirando neste momento", trata-se aí de um só ajustamento criativo que formaliza, simultaneamente: a) uma personalidade, uma réplica verbal de um "conteúdo objetivo" (marcado pelo pronome reto "eu") que "representa" a unidade de uma experiência que antecedeu a frase em questão e com a qual o consulente se identifica; b) uma função de ego, que é a ação mesma do dizer e só é possível se o consulente retoma, por meio de seu aparelho fonador e de suas possibilidades de articulação motora, uma forma linguageira adquirida no passado; e c) uma função id, que é a própria forma linguageira, a qual não é ainda um conteúdo objetivo com que o consulente possa se identificar (função personalidade). A forma linguageira é apenas o índice impessoal da ligação mundana do consulente com o clínico e com os falantes da língua portuguesa, a qual no momento da sessão, tenta se repetir, impulsionando a função de ato a criar um novo dizer por intermédio das possibilidades abertas pela atualidade física da situação. Tratamos agora de cada uma das funções.

FUNÇÃO ID (OU ISSO DA SITUAÇÃO)

AO ABORDAR A FUNÇÃO id, PHG (1951, p. 184) expõem a seguinte compreensão dessa função do sistema self:

> [...] o fundo determinado que se dissolve em suas possibilidades, incluindo as excitações orgânicas e as situações passadas inacabadas que se tornam conscientes, o ambiente percebido de maneira vaga e os sentimentos incipientes que conectam o organismo e o ambiente.

Contudo, como podemos interpretar essa passagem de *Gestalt-terapia*? Comecemos por entender o que significa "fundo determinado que se dissolve em suas possibilidades". Algo só está determinado quando captado por um gradiente, por um sistema interpretativo, enfim, pelo outro social detentor da verdade, que é o sistema de pensamentos e valores que compartilhamos no laço social e com que podemos nos identificar (função personalidade). Dessa maneira, um fundo determinado é o passado linguisticamente determinado, com o qual, conforme já mencionamos, nós podemos ou não nos identificar (função personalidade). Ora, quando esse fundo determinado se dissolve, quando as possibilidades semânticas desse fundo se diluem, sobra apenas a forma linguageira. De fato, nós esquecemos a maior parte daquilo que nós mesmos, em algum momento de nossas vidas, significamos (por meio de representações linguageiras). Mas esse esquecimento não é capaz de aplacar a forma linguageira por cujo meio os significados, agora esquecidos, foram originalmente formulados. Mais do que isso, frequentemente nós empregamos expressões que não fazemos a menor ideia de como foram incorporadas ao nosso vocabulário. Somos flagrados emitindo termos que não sabemos ao certo o que querem dizer nem quando foram adquiridos. Esse é o caso das expressões idiomáticas, mas também dos lapsos de linguagem e do próprio sonho. A ocorrência desses hábitos linguageiros traz à baila a presença de algo que já não existe, ao menos não de maneira claramente determinada. Em uma conversação, por exemplo, o surgimento dos hábitos linguageiros remete os interlocutores a algo estranho, em certa medida inominável e praticamente perdido, motivando-lhes a um pedido de esclarecimento, a uma explicação, ou a um preenchimento. Por outras palavras, como o advento de uma significação linguageira desencadeia nos interlocutores o "desejo" de esclarecimento, consideramos as significações linguageiras excitamentos, fonte ou "causa" figurada de desejos. E a retenção espontânea dessas formas linguageiras ou "hábitos verbais" em um fundo coletivo ou impessoal, bem como o retorno delas como um excitamento, constitui um dos aspectos da função id a que a passagem do texto de PHG sobre a qual nos debruçamos faz referência.

Isso não quer dizer, ainda de acordo com essa mesma passagem, que a função id esteja restrita aos hábitos verbais, pois ela inclui também as formas oriundas da dissolução da consistência orgânica de nossa fisiologia e de nossa experiência perceptiva.

Ou, dizendo de outra maneira, a função id inclui os hábitos motores e perceptivos, os quais, aliás, assim como os verbais, não dependem dos conteúdos (físicos ou semânticos) a que possam estar associados. Ainda que a bicicleta na qual eu tenha aprendido a pedalar tenha se decomposto por inteiro, ainda que a paisagem onde aprendi a distinguir o fruto "verde" do "maduro" tenha sido inundada pelo lago de uma hidroelétrica, a capacidade de pedalar ou o "tino" para apanhar o fruto que me interessa, ambos permanecem como hábitos que eu mal percebo repetir e, ademais, não são exclusividade minha. Trata-se de "formas" que, apesar de subsistir em novas realidades materiais, em novos contextos sociais, não se limitam a essas novas realidades. Elas exprimem uma realidade original que, entretanto, não se faz mais presente, a ponto de não sabermos ao certo se aconteceram ou não, se aconteceram conosco ou com outrem, introduzindo na realidade da situação uma sorte de "ambiguidade". Mesmo que o hábito motor só exista por meio de um ato motor atual, a ação global mostra-se indecidível, em parte inédita, em parte consagrada a um passado que não se deixa reconhecer precisamente. Talvez seja por isso que os autores se refiram à função id como se ela também fosse uma espécie de percepção vaga, uma espécie de corpo agigantado, sem limite ou definição objetiva (isto é, sem conteúdo no espaço e no tempo da física). Para eles (PHG, 1951, p. 187), o "Id então surge como sendo passivo, disperso e irracional; seus conteúdos são alucinatórios e o corpo se agiganta enormemente".

Logo, mais além dos conteúdos semanticamente determinados com os quais nos representamos o passado, mais além da própria existência material e social de nossa atualidade, a função id é a sobrevivência anônima e não localizada (no espaço e no tempo da física) de hábitos sensomotores e linguageiros que, de maneira autônoma, instalam-se como fundo de nossos comportamentos, desencadeando neles um efeito de excitamento. E aqui é muito importante não confundirmos tais hábitos com as representações sociais, com os conteúdos semânticos (ou pensamentos) por intermédio dos quais "conjecturamos", apoiados em um sistema qualquer, como o modelo físico do tempo e do espaço, ou uma teoria sobre a anatomofisiologia da memória, a "existência empírica" (ou natural) de nosso passado ou de nosso futuro. Tais representações não são mais que as verdades do outro social, mediante as quais podemos dar consistência imaginária (significância) ao que não a tem, a saber, o hábito. Da mesma forma, não podemos confundir a função id com uma espécie de conteúdo inconsciente, tal como inadvertidamente se interpreta a noção de id proposta por Freud. Comparado ao *Isso* (id) freudiano, a função id tem mais relação com aqueles traços inacessíveis (que, depois, Lacan vai chamar de *alíngua*), os quais não se deixaram inscrever como representações inconscientes e, no sonho, aparecem como aquilo que não comporta interpretação (como a imagem da fórmula da trimetilamina no "sonho de Irma", relatado por Freud)[2]. Isso significa que, do ponto de vista dos conteúdos, daquilo que pode ser representado, id é o que não se escreve. Essa sua característica nos permite compará-lo ao que, anos mais tarde, Lacan (1972, p. 127) chamou de "registro do real", "aquilo que não para de não se escrever".

A não inscrição da função id como um conteúdo não quer dizer que ela não possa ser percebida, por exemplo, em uma sessão clínica. Afinal, as formas habituais adquiridas – sejam elas sensíveis, motoras ou linguageiras – imprimem às nossas experiências cotidianas uma espécie de orientação intencional que se deixa observar como excesso ou repetição que não conseguimos deter ou controlar. Eis aqui o excitamento, sobre o qual falamos antes quando discutimos a "repetição" característica da *awareness* sensorial. Ele não é uma entidade empírica, não é um conteúdo (uma necessidade fisiológica, como a sede, a fome, o sono etc.), mas a curiosidade ou orientação que se impõe à nossa realidade material e social, desencadeando nela uma série de efeitos observáveis como excesso, quais sejam eles, "os sentimentos incipientes que conectam o organismo e o ambiente" (PHG, 1951, p. 184).

Os sentimentos incipientes não são excitamentos, e sim o efeito observável deles. São manifestações afetivas que ainda não foram enquadradas por representações sociais aceitáveis (como a comoção por causa da perda, a alegria pela vitória, a decepção em função da derrota). Nesse sentido, eles são afetos que "sobram", que ultrapassam as explicações, ou ainda não se acomodaram a elas. São modos de "satisfação", descargas provocadas por aquilo que em nós e no semelhante não está sob controle, precisamente, o excitamento desencadeado pela repetição de uma forma cujo conteúdo está perdido ou, simplesmente, hábito. Eis por que, no contexto clínico, a observação de um sentimento incipiente – ou a falta dele – é um forte indício de que um excitamento está ou não disponível e, assim, de que uma repetição está em curso. A ansiedade, a angústia e a aflição são exemplos de sentimentos incipientes de grande relevância para os clínicos. Estes sabem que a presença desses quase-sentimentos (a que preferimos chamar de afetos) indica que um excitamento está a exigir um ajustamento criativo, a mobilização da "espontaneidade" do sistema self (*awareness* deliberada). Por outras palavras, os clínicos sabem que a presença desses afetos anuncia que um ajustamento criativo está acontecendo: ajustamento neurótico ou de "evitação" de um excitamento, no caso da ansiedade; ajustamento psicótico ou de "busca" de suplências para excitamentos aleatórios ou ausentes, no caso da angústia; ajustamento de "inclusão" em um contexto social, no caso da aflição, para citar alguns entre aqueles dos quais vamos nos ocupar nos capítulos seguintes e que definem, segundo nossa compreensão, as formas clínicas da Gestalt-terapia[3]. Fazer analítica da forma (do ajustamento) é, em alguma medida, fazer algo com o excitamento que se anunciou afetivamente.

Tais considerações nos permitem enfim formular que, por um lado, a função id é a "retenção" de algo que não se inscreveu como conteúdo, porém apenas como hábito: forma impessoal e genérica, presença anônima do mundo em mim e para mim. De outro lado, o id é a "repetição" desse hábito, sua reedição como orientação tácita ou excitamento, o qual sempre deixa uma marca, um efeito afetivo em minha vida atual (os sentimentos incipientes). Em ambos os casos, a função id significa a "impossibilidade" de eu me desligar do mundo, a manifestação "invisível" do mundo em mim, a "generalidade" de minha inserção na vida dos semelhantes e das coisas, a "ambiguidade" permanente de minha existência. Mas, também, significa o "excitamento" que orienta minha ação e meu dizer na atualidade, bem como a maneira "afetiva" por meio da qual tal excitamento se mostra. Em síntese, trata-se daquilo que PHG (1951, p. 235) denominaram de "concretude de nossa experiência", a qual, uma vez comprometida, pode exigir um tipo especial de ajustamento que os autores denominam de psicótico (e nós propomos traduzir como ajustamento de busca) e sobre o qual trataremos no Capítulo 5 desta obra e, de maneira profundamente detalhada, no livro *Psicose e sofrimento* (Müller-Granzotto e Müller-Granzotto, 2012).

FUNÇÃO DE EGO COMO FUNÇÃO DE "ATO"

A FUNÇÃO DE EGO, para PHG (1951, p. 49), diz respeito ao "sistema de identificações e alienações" que desempenhamos com nossa musculatura com base em um fundo histórico (função id) e em proveito de novas configurações materiais presumíveis, as quais correspondem à dimensão do desejo. Ainda segundo eles (1951, p. 154), o "Ego é a identificação progressiva com as possibilidades e a alienação destas, a limitação e a intensificação do contato em andamento, incluindo o comportamento motor, a agressão, a orientação e a manipulação". Dessa perspectiva, a função de ego é a protagonista da *awareness* deliberada nos processos de contato. Ela é o "sujeito" da ação e, por conseguinte, o princípio da individuação no campo clínico. Dizendo de outra forma, são as ações da função de ego que introduzem o indivíduo nesse sistema self, que é a correlação clínico-consulente. Essa é a razão pela qual repousa sobre essa função o maior interesse clínico da Gestalt-terapia.

De fato, como veremos nos capítulos seguintes, todos os ajustamentos criativos produzidos na clínica são produções de uma função de ego (mesmo quando o ego parece estar dividido, como no caso dos ajustamentos de evitação). Disso decorre que a analítica da forma (ou excitamento) implícita aos ajustamentos criativos coincide com a descrição da atividade da função de ego que for figura no campo clínico. De acordo com a proposição da "terapia como análise gestáltica" formulada por PHG (1951, p. 46), a

> terapia consiste, assim, em analisar a estrutura interna da experiência concreta [que, conforme vimos, diz respeito à função id, especificamente ao excitamento mobilizado pela repetição de um hábito], qualquer que seja o grau de contato desta; não tanto o *que* está sendo experienciado, relembrado, feito, dito, etc., mas a maneira *como* o que está sendo relembrado é relembrado, ou como o que é dito é dito, com que expressão facial, tom de voz, sintaxes, postura, afeto, omissão, consideração ou falta de consideração para com a outra pessoa etc. (Grifo dos autores)

Ora, a função de ego é o agente desse *"como"*, motivo pelo qual, então, PHG (1951, p. 49) observam que o "método terapêutico" que propõem é o de "treinar o ego, as diferentes identificações e alienações, por meio de experimentos com uma *awareness* deliberada das nossas variadas funções", fazendo-o até o momento em que "se reviva espontaneamente a sensação [ou totalidade presuntiva] de que 'Sou eu que estou pensando, percebendo, sentindo e fazendo isto'". Ainda para os autores, é nesse momento que "o paciente pode assumir, por conta própria, o controle".

É importante não confundirmos a noção de função de ego proposta pelos autores com a noção de ego tal como a lemos na psicologia do ego de Anna Freud (1946), Löwenstein, Kriss e Hartmann (1956) nos Estados Unidos. Para essa compreensão norte-americana, o ego não seria mais que o conjunto de mediações sociais por intermédio das quais regularíamos a realização de nossas pulsões e a satisfação de nossas necessidades. Para PHG, ego quer dizer outra coisa. Eles retomam a noção de "ego insubstancial" introduzida por Perls na obra *Ego, fome e agressão* (1942), com a qual esse autor tentava caracterizar, baseado em Goldstein, a presença de uma intencionalidade sensorial e motora já nos primeiros dias de vida do infante. Observando as resistências orais de crianças recém-nascidas submetidas à alimentação forçada, Perls reconheceu a tese goldsteiniana de que o "organismo" é capaz de "deliberar" quais ingestões podem ser assimiladas ou não. Essas deliberações, obviamente, não demandam representações adquiridas no laço social. Elas são atos, são decisões sensoriais e motoras que se ampliam à medida que a criança vai sendo inserida em relações mundanas mais complexas, sobretudo sociais. Em virtude disso, apoiados em uma sugestão de Diogo Boccardi, membro do corpo clínico do Instituto Müller--Granzotto de Psicologia Clínica Gestáltica, propomos a expressão "função de ato" para traduzir a expressão *ego-function*, cunhada por PHG para designar o domínio das ações e identificações produzidas em um sistema self. Acreditamos que a expressão "função de ato" cumpre melhor a tarefa de designar a maneira fenomenológica como PHG conceberam a dimensão criadora do self em funcionamento. Tal significa dizer que essa expressão designa o universo de atos intersubjetivos implementados por nossa motricidade no meio em que estivermos inseridos. Por intermédio dessa tradução queremos frisar que, como uma das funções presentes em um sistema self, a *ego-function* não corresponde a nenhum tipo de interioridade ou imanência psíquica. Trata-se tão somente da individualidade dos atos que a cada momento podem ser desempenhados por uma célula, por um corpo de órgãos ou por uma comunidade, enfim, por qualquer presença material na atualidade da situação. Ademais, acreditamos que a expressão "função de ato" tem a vantagem de evitar o inconveniente que é tomar a noção de e*go-function* como se ela fosse uma referência a uma das inúmeras formulações que as psicanálises freudianas e parafreudianas deram ao termo "ego".

Enfim, cada ato, cada deliberação da função de ato é, por um lado, a inscrição de uma figura em um campo genérico de tensão (caracterizado, por exemplo, pelo infante e sua nutriz, ou pelo clínico e seu consulente, ou seja, por isso que na fronteira de contato nós chamamos de outro social). Ou, ainda, ela é a emergência de uma individuação (muscular e linguística) no contexto amplo de generalidade (mundana e cultural). Mas, por outro lado, cada deliberação é a sinalização da existência de uma orientação, de uma intencionalidade que, entretanto, não se revela integralmente e resta sempre por descobrir. É como se aquele gesto do bebê tivesse uma causa, um motivo, um autor que, por ser incógnito, abre espaço para uma procura, para a curiosidade, para a emergência de um novo gesto.

E eis que a função de ato esclarece em que sentido a individualidade é menos uma ocorrência inata do que uma unidade que só se articula presuntivamente. Nesse aspecto, essa função antecipa algumas características que serão pontuadas por Lacan em sua formulação tardia do "registro simbólico", o qual, em certa medida, estabelece uma releitura da noção freudiana de ego. Na década de 1970, Lacan (1972, p. 126) pensava o "registro simbólico" como a emergência de uma contingência, daquilo que, em certo momento da experiência analítica, "para de não se escrever". Trata-se, por um viés, daquilo que surge como corpo de gozo, marca bordando a inexorabilidade do real[4] (e que nós poderíamos perfeitamente relacionar ao excitamento desencadeado pela função id) e, por outro, do esforço para fazer desse corpo, dessa manifestação contingente, a causa daquilo que se presume ser um sujeito, um indivíduo. Todavia, é preciso ter cuidado aqui: assim como para Lacan o simbólico não se confunde com a existência empírica de um corpo (*res extensa*), mas é a função que esse corpo cumpre quando nos faz esperar uma causa (daí por que vale como um significante), para PHG a função de ato não corresponde a um organismo, ou a um ego psicológico (que fosse constituído *a priori* e pudesse ser tomado como o continente das ações e das palavras observáveis na fronteira de contato). A função de ato – como já se disse – é a "presunção" de um autor, a "presunção" de uma unidade que dê sentido aos comportamentos musculares e verbais que, por si sós, são a expressão bruta de uma tensão até então inominável (que é a função id). Assim definida, a função de ato equivale àquele movimento de "formação" de um todo presumível, que é a "*Gestalt*", implícito à noção de *awareness* deliberada, conforme vimos anteriormente.

Outro equívoco a evitar é tomar a noção de ego proposta pelos fundadores da Gestalt-terapia como equivalente àquilo que classicamente se denominou de consciência psicológica. A função de ato não é uma substância pensante (*res cogitans*) ou psicológica[5]. E a atividade judicativo-representacional, que a psicologia atribui a essa substância, para a Gestalt-terapia é apenas mais uma entre muitas outras atividades desempenhadas pela função de ato[6]. A peculiaridade da atividade judicativo-representacional é que, nela, a função de ato: a) interrompe momentaneamente seu fluir, pelas possibilidades de contato abertas pelos dados na fronteira entre o passado e o futuro; b) ou é por elas interrompido. Mediante essa interrupção, a função de ato experimenta, por um lado, sua separação em relação ao meio dado e, por outro, testemunha a espontaneidade desse meio e do fundo que nele se manifesta. De todo modo, essa interrupção – à qual os autores denominam de "*autoconsciência do Ego*" (PHG, 1951, p. 185), ou de "*awareness* reflexiva" (PHG, 1951, p. 44) – não está desvinculada do campo organismo/meio, menos ainda é independente do fundo de excitamentos que orientam as ações da função de ato. No entanto, quando a função de ato se aliena em suas próprias produções ou nas produções de outras funções de ato que possam estar sendo desempenhadas no campo, como se tais produções independessem da ação específica na qual a função de ato está polarizada no momento de enfrentá-las, emerge então, na fronteira de contato, a figura do outro social. A própria tese de uma substância pensante ou psicológica é uma forma do outro social. Na experiência clínica, é frequente o consulente – quando não o próprio clínico – operar "em nome" de uma verdade do outro social (do marido, da esposa, dos filhos, da empresa, das amizades etc.), evitando (conduta clássica de ajustamento criador, isto é, a neurose) assim os riscos atinentes à ação de construção de uma experiência inédita, seja ela uma nova verdade ou não. Eis em que sentido a responsabilização do consulente por seus atos – estratégia também frequente na clínica gestáltica – não tem um sentido moral (não se trata de uma vigilância ou punição, mas de ampliação da autonomia de uma função de ato, independentemente da orientação que ela tomar).

FUNÇÃO PERSONALIDADE

A FUNÇÃO PERSONALIDADE, à sua vez, corresponde à nossa capacidade para representar nossas próprias vivências de contato. Não apenas isso: trata-se de nosso poder para reconhecer, nessas representações, nossa identidade objetiva, nossa figura estabilizada, da qual, então, passamos a fruir. Nessa direção, dizem PHG (1951, p. 184) que a função personalidade "é a figura criada na qual o *self* se transforma e assimila ao organismo, unindo-a com os resultados de um crescimento anterior". Ou, então, ela "é o sistema de atitudes adotadas nas relações interpessoais; é a admissão do que somos, que serve de fundamento pelo qual poderíamos explicar nosso comportamento, se nos pedissem uma explicação". É por isso que, para os fundadores da Gestalt-terapia (PHG, 1951, p. 188), "a Personalidade é essencialmente a réplica verbal do *self*". Por intermédio das representações instituídas pela função personalidade, o self estabiliza, como um valor imaginário, aquela unidade presuntiva no rumo do qual a função de ato projetou nossos excitamentos. Assim, a função personalidade é comparável ao "registro imaginário" proposto por Lacan para designar o narcisismo e o autoerotismo descritos por Freud. Tais processos nunca são eventos subjetivos, privados, mas formas de laço social mediante as quais alcançamos uma representação de nossa unidade possível. Aliás, também para a Gestalt-terapia, por se tratar de um valor imaginário, instituído por via de atos intersubjetivos, a representação da unidade objetiva de mim mesmo nunca se limita a designar minha individualidade operativa, egológica. Ao contrário, as figuras objetivas com que me identifico sempre valem intersubjetivamente, razão pela qual elas caracterizam uma sorte de generalidade, apenas que "verbalmente" determinada. E aqui é importante não confundirmos tal generalidade com aquela que caracteriza a função id, pois, enquanto esta é da ordem da "forma", ou seja, de nossa integração habitual com o meio, a função personalidade é uma generalidade social, constituída a partir dos conteúdos, sobremodo linguísticos, que o self estabelece por intermédio da função de ato.

De todo modo, é no âmbito das representações instituídas pela função personalidade que o sistema self adquire o *status* "humano". É na forma da função personalidade que se desenvolvem a vida moral, os valores éticos, as instituições e os diversos modos de conhecimento, como o filosófico, o científico, ou o religioso. É na forma da função personalidade que o self passa a fruir de sua própria consistência imaginária. Todavia, essa consistência é constantemente perfurada pelo vazio do hábito e ultrapassada pelas criações da função de ato. O self, por conseguinte, não dispõe dela eternamente, o que esclarece em que sentido a função personalidade é também a capacidade do sistema self para replicar, reescrever a si mesmo. Dessa perspectiva, a função personalidade é comparável àquilo que Lacan denominou de uma "necessidade" ligada ao "registro imaginário", entendendo-se por isso o saber que, uma vez estabelecido, "não para de se escrever" (Lacan, 1972, p. 199). Somente assim ele pode se prolongar como um núcleo significativo, como uma aparência de verdade relativa à unidade do sistema self.

No campo da clínica, a função personalidade responde, em primeiro lugar, pelos lugares sociais de "clínico" e "consulente" com que nos identificamos e a partir dos quais estabelecemos os limites para operarmos com nossos desejos. Tais limites incluem, tanto para o clínico como para o consulente, temáticas como: honorários, horários, atrasos, disponibilidade para ligações telefônicas, sigilo, notas para o fisco etc. Essas temáticas não correspondem à finalidade da clínica, contudo são condições que formalizam, no laço social dos dois principais envolvidos, o compromisso mútuo de zelar pela autonomia de cada um na realização daqueles desejos. Em segundo lugar, a função personalidade cumpre, para o interesse clínico, uma função política, que é assegurar a legitimidade social dessa prática. Isso significa dizer que, por meio de aparições públicas, publicações e sobretudo, de uma inserção em uma comunidade de referência (por exemplo, associação, escola, universidade, ou entidade de classe), o clínico deve poder dar mostras – aos pares, ao poder público e aos potenciais beneficiários de suas intervenções – de que as práticas que ele exerce estão submetidas a algum tipo de crítica e, assim, de troca social.

Mas há uma ocorrência da função personalidade na clínica que vai muito além do "contrato" clínico e de sua sustentação política ante a comunidade. Trata-se dos papéis ou lugares sociais que o consulente traz à baila em sua relação com o clínico e dos quais este se serve para efetivamente operar a analítica da forma de seus ajustamentos. Os valores, as verdades e as identidades que os consulentes põem em discussão nas sessões não valem apenas como instâncias sociais. Eles cumprem, no interior da sessão, importantes papéis, especialmente o de estabelecer uma forma de controle perante as ameaças que a própria situação clínica introduz. O clínico deve poder compreender a qual lugar ele é conduzido quando o consulente evoca determinada personalidade. Em palavras simples, as personalidades que os consulentes trazem são um rico material de análise para o clínico.

É verdade que muitas dessas personalidades não são sequer personalidades (uma vez que não há, de fato, identificação do consulente a elas), mas certas verdades às quais os consulentes estão sujeitados, a ponto de não poder agir de maneira autônoma. Há, para esses casos, uma forma específica de intervenção gestáltica que, de acordo com PHG (1951, p. 235), estamos chamando de clínica da inclusão em situações de sofrimento ético-político e antropológico. O problema maior talvez seja quando o clínico está sujeitado a certas personalidades. Essa condição impede-o de exercer sua tarefa ética, que é derivar, junto com o consulente, em direção ao inesperado. Afinal, o clínico está esperando algo, que é a confirmação daquela personalidade. Pior ainda se o clínico estiver sujeitado a uma tese pela qual ele não escolheu, mas se impôs a ele seja por pressão do meio social, seja por conta de seu próprio sintoma. O clínico aí estaria submetido às verdades do outro social. Essas temáticas voltarão mais à frente nesta obra, quando formos discutir sobre as clínicas. Por ora, fiquemos com essas noções e, sobretudo, inquietações.

CAPÍTULO 3
TEMPORALIDADE DO SISTEMA SELF

DA FENOMENOLOGIA DA *AWARENESS* À FENOMENOLOGIA DO SELF

Assim como fizeram com relação à experiência do contato tomada de modo individual, PHG compreenderam a necessidade de uma elucidação temporal da dinâmica específica do sistema de contatos que é o self. Dessa forma, os autores não só cumpririam o rigor analítico exigido pela fenomenologia, que sempre vai do fenômeno considerado topologicamente ao seu modo de manifestação temporal, como também ampliariam, para o domínio do sistema self, aquilo que já haviam reconhecido para o microuniverso de cada experiência de contato, isto é, que a vivência de correlação – da qual o self é tão somente uma leitura possível – caracteriza-se por um fluxo em que visamos a uma unificação sempre presuntiva e, por isso, passageira, de nossa vida de generalidade. Se antes, para esclarecer a dinâmica específica do contato, eles haviam proposto uma "fenomenologia da *awareness*", agora, para compreender o encadeamento das sessões ou, o que é a mesma coisa, um fluxo de vivências de contato, precisarão propor uma fenomenologia do self. Eis por que retomaram as noções de "sentir" e "excitamento" (relativas à *awareness* sensorial) e as de "formação" e "destruição" de *Gestalt* (relativas à *awareness* deliberada) – as quais correspondem às microdinâmicas de cada experiência de contato –, atribuindo-lhes uma característica ainda mais formal que as habilitasse a descrever a integração das duas formas operativas da *awareness*, ou seja, descrever a passagem de uma vivência de contato a outra, ou, ainda em outros termos, descrever o sistema self "em funcionamento". Como sucedâneo das noções de assimilação, de sentir e excitamento, de formação de *Gestalt*, e de destruição de *Gestalt*, introduziram, respectivamente, os termos: pós-contato, pré-contato, contatando e contato final. Mas o que esses termos designam? Em que sentido caracterizam a dinâmica apenas temporal do self como um sistema de contatos?

O RECURSO À TEORIA HUSSERLIANA DO TEMPO VIVIDO

Logo nas primeiras páginas da terceira parte do segundo volume de *Gestalt-terapia*, PHG (1951, p. 180-1) tornam explícito o caráter eminentemente fenomenológico da descrição dinâmica que se propõem fazer do self. Trata-se de entendê-lo como a "realização do potencial", o que significa dizer que:

> [...] o presente é uma passagem do passado em direção ao futuro, e esses tempos são as etapas de um ato do *self* à medida que entra em contato com a realidade (é provável que a experiência metafísica do tempo seja primordialmente uma leitura do funcionamento do *self*).

A afirmação lacônica, mas crucial, que reconhece na "experiência metafísica do tempo" o "sentido profundo do funcionamento do *self*", não deixa dúvidas sobre a orientação fenomenológica das descrições que eles pretendem estabelecer. Afinal, a experiência metafísica do tempo é justamente o tema do qual se ocupa Husserl em suas *Lições para uma fenomenologia da consciência interna* [ou íntima] *do tempo* (1893), tema este que reaparece articulado com a noção de redução transcendental na obra *Ideias relativas a uma fenomenologia pura e a uma filosofia fenomenológica* (1913) – a qual, por sua vez, serviu de base para Goodman propor a redação definitiva da teoria do self, aspecto a respeito do qual nós já tecemos algumas observações no primeiro capítulo deste livro.

E sobre o que versam, então, essas lições? Que leitura fazem delas os fundadores da Gestalt-terapia?

LIÇÕES SOBRE A FENOMENOLOGIA DA CONSCIÊNCIA INTERNA DO TEMPO
Proferidas entre 1893 e 1917, as lições de Husserl versam sobre a mais "íntima" das vivências intencionais pensadas por Brentano, precisamente, a duração da percepção, uma vez que, à diferença da percepção (em que a consciência e o objeto se distinguem), na experiência da duração o tempo e a consciência são idênticos. Para Husserl (1893, § 3º, p. 13), contudo, ao afirmar que o tempo e a consciência são idênticos, e que a duração é uma vivência intencional imanente à consciência "no presente", Brentano equivocou-se. Isso porque, se a duração (da percepção) fosse imanente ao presente, como poderíamos perceber a sucessão e a mudança?

Como bem esclarece Moutinho (2004, p. 30), se "nossa percepção da melodia como sucessão temporal é apenas uma 'crença' na realidade da melodia", ou, tal como afirma Brentano, se ela não passa de uma "crença produzida pela imaginação, que cria a aparência de um *continuum*, já que reproduz, como simulacro, a sensação viva, associando continuamente tal fantasma ao dado vivo", então não há "realidade" na sucessão. Trata-se, quando muito, de uma experiência fantasmática, irreal, tais quais nossas ideias pensadas no presente, razão pela qual Husserl (1893, § 6º, p. 18) reprovará a tese de que a duração seja imanente à consciência. Pois, se "todos os momentos estão agora aí, eles estão encerrados na mesma consciência de objeto, eles são portanto simultâneos. E, entretanto, a sucessividade do tempo exclui a simultaneidade". Pensar que o som A que acabo de escutar continua em B como um momento presente vivido é, para Husserl (1893, p. 18), "um contrassenso manifesto", sendo isso o que levará Husserl (1893, § 6º, p. 22) a afirmar que "a duração da percepção pressupõe a percepção da duração". Porém como posso perceber a duração?

Para Husserl (1893, § 6º, p. 23), a percepção da duração é implícita à percepção da unidade material dos objetos, tendo em vista que "os objetos não são apenas unidades no tempo, mas contêm neles mesmos a extensão temporal". Nesse sentido, antes de nossa consciência de atos intencionar – em algo dado – um objeto material, ela constitui o objeto temporal (*Zeitobjekt*) de que esse dado (*Datum*) é uma impressão original (*Urimpression*). Mais exatamente, ela representa para si mesma o fluxo de impressões, no interior do qual aquele dado figura (Husserl, 1893, § 11, p. 29). Para fazê-lo, ela leva em conta isso que Husserl (1893, § 10, p. 28) considerou ser um "fato notável (*Merkwürdige*)", ou seja, que "cada fase ulterior do escoamento é ela mesma uma continuidade em crescimento contínuo, uma continuidade de passados". Tudo se passa como se houvesse uma "série de instantes presentes" (*Reihe der Jetzpunkte*), em que cada instante não desaparece com o advento do próximo, menos ainda se reduz a este. Ao contrário, cada instante antigo continua vívido como aquilo que escoa na direção dos próximos, abaixo dos quais se doa como perfil do que ele próprio fora como instante, modificando-se a cada novo instante como indício da continuidade daquilo que ele já não é. Isso porque cada instante é um ponto-fonte (*Quellpunkt*) de um "modo de escoamento" (*Ablaufsmodus*) contínuo, que se projeta sobre cada instante ulterior, o que torna cada instante ulterior a "retenção para cada novo ponto anterior", de sorte a formar um *continuum* (*Kontinuum*) de retenção e retenção de retenção. E é por conta desse *continuum*, enfim, que a consciência pode, em cada instante, desempenhar a "produção" (*Erseugnung*) do objeto que dura, dado que este não é mais que a síntese intelectual dos perfis que, com base no passado (e não no presente como pensava Brentano), doam-se como perfis retidos. Husserl elabora um esquema para ilustrar sua teoria da unidade da percepção dos instantes temporais (Husserl, 1893, § 10, p. 28), que transcrevemos a seguir.

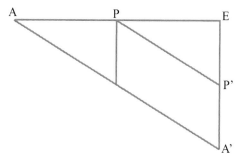

FIGURA 1

A linha horizontal representa o tempo objetivo, no qual estão posicionados, em um sentido progressivo, os diversos instantes (pontos A, P e E) que compõem um objeto. De cada um deles parte uma linha transversal, que é o "modo de escoamento" de cada instante anterior. Trata-se de impressões originárias (*Urimpressionen*) que fluem por meio de modificações, perfazendo uma trajetória que não pode ser reduzida a uma parte de uma série. Abaixo de cada um daqueles pontos, Husserl traça uma linha vertical representando o *continuum* dos instantes vistos com base em cada um deles. Desse *continuum* fazem parte não só as impressões originárias (E, no caso do "agora" E), como também todas as retenções (P' e A', no caso do "agora" E). E, se a duração da percepção está assegurada pela percepção da duração, isso se dá porque, para cada percepção, o tempo se doa ele mesmo.

Essa maneira de formalizar a experiência de constituição dos objetos temporais (como a duração) permite a Husserl (1893, § 10, p. 27) pensar a própria ideia de tempo como passagem. Amparada no *continuum* de instantes retidos, a consciência pode, a cada instante, distinguir entre o que é atual, passado, ou porvir. Identificando e diferenciando, em cada "instante", os múltiplos perfis retidos, a consciência estabelece uma linha de sucessão em que "representa" para si o antes, o agora e o depois. É nesse sentido que o filósofo propõe um segundo diagrama, no qual se ocupa de acrescentar, à noção de retenção, a noção de protensão dos instantes a seguir, como podemos ver nas linhas pontilhadas.

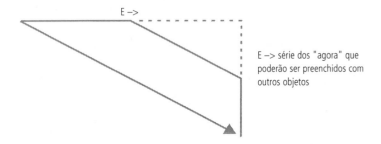

FIGURA 2

A questão, então, é saber como é possível que eu compreenda em cada "agora" as retenções e protensões, sem com isso nivelá-las em um só sentido, como se se tratasse de um fenômeno apenas presente. Como é possível que eu as compreenda sem estancar ou antecipar, respectivamente, suas marchas em direção ao passado e ao porvir? Não teríamos aqui de dar razão a Brentano? A solução para essa questão, Husserl a encontra salientando que os perfis retidos ou protendidos não são para a consciência sensações renascentes, nem resíduos ou projeções "realmente" imanentes ao "agora". Ao contrário, eles são a *copresença* de algo que permanece apenas "em intenção", são "um modo de visar", o que faz deles uma verdadeira intencionalidade. Porém, não a mesma intencionalidade por cujo meio a consciência intencional constitui os objetos temporais. Para constituir um objeto temporal, a consciência institui atos de identificação e diferenciação, os quais envolvem, por um lado, as impressões iniciais de determinado "agora" e, por outro, os respectivos perfis retidos e protendidos. Já a intencionalidade que define os perfis retidos e protendidos é isenta de atos de identificação e diferenciação (Husserl, 1893, Apêndice IX, p. 118). Ela é uma intencionalidade de tipo especial (*eine Intentionalität eigener Art*) que, na verdade, é dividida em duas por Husserl. Uma é a "intencionalidade transversal" (*Querintentionalität*), representada na Figura 2 pelas linhas transversais. Outra é a "intencionalidade longitudinal" (*Längsintentionalität*), indicada pelas linhas verticais (Husserl, 1893, § 38, p. 82). Mediante a primeira, a consciência sustenta o fluxo das impressões iniciais por que passou, mantendo-o vivo, ainda que de maneira progressivamente modificada e, por essa razão, destinada ao esquecimento[1]. Configura-se como uma intencionalidade auxiliar, mas nem por isso menos importante. Afinal de contas, é por meio dela que a consciência irá deflagrar, para cada nova impressão inicial, os horizontes que, depois, a "intencionalidade longitudinal" (Husserl, 1893, § 39, p. 80) compartimentará em estratos retencionais. De fato, é a "intencionalidade longitudinal" que possibilita a identificação e a diferenciação entre os diferentes perfis de um objeto ou entre os diversos momentos vividos pela consciência. E, embora as intencionalidades transversal e longitudinal não sejam suficientes para determinar um objeto temporal, é por intermédio delas que Husserl (1893, § 11, p. 31) conseguiu fazer o "agora" deixar de ser o que era (para o pensamento científico e para a opinião vulgar, a saber, um ponto encerrado em certo lugar, no interior de uma série sucessória) e passar a valer como um campo temporal (*Zeitfeld*) – ou seja, como um "campo de presença" (Husserl, § 18, p. 44), como *Präsenz* – que revela em si o *continuum* que é a consciência, essa unidade de imbricação entre os muitos fluxos que não abandonamos senão na morte[2].

E é assim que, para pôr em relevo a ideia de um campo de presença, Husserl (1893, nota 31, p. 230) propõe um terceiro diagrama, que lhe valerá a ocasião de aprofundar seu entendimento sobre o que seja essa intencionalidade de tipo especial (*eine Intentionalität eigener Art*) a que se refere em outro momento de seu texto (1893, Apêndice IX, p. 118). Husserl já não falará de intencionalidade transversal e longitudinal, apenas de uma intencionalidade operativa (*Fungierende Intentionalität*), apesar de as outras duas estarem presentes na concepção gráfica desta. O que antes era considerado transversal (o escoamento propriamente dito), no novo diagrama estará representado pela linha vertical; e o que nos diagramas anteriores era considerado longitudinal (a copresença dos diferentes escoamentos ao momento atual), agora será representado de forma oblíqua.

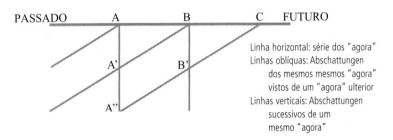

FIGURA 3

A peculiaridade deste diagrama (que muito interessará a Merleau-Ponty) consiste no fato de ele privilegiar a representação da "passagem" de um instante a outro, tendo em vista que os diferentes estratos de perfis estão retidos no instante original, o que dá a entender que um campo de presença estende-se muito além do instante em que efetivamente se está. De certa maneira, os perfis retidos não estão em cada instante, e sim cada instante é que tem a possibilidade de espalhar-se até os instantes anteriores. O que aponta para a possibilidade de, antes mesmo das sínteses de diferenciação e de identificação estabelecidas na imanência de cada instante, a consciência experimentar uma espécie de síntese a distância, qual "síntese passiva", no linguajar husserliano (1893, Apêndice III, p. 107). Por outras palavras: se é verdade que, em torno de cada vivência material, forma-se para a consciência um "campo de presença" temporal (Husserl, 1893, § 18, p. 44), em que o passado e o futuro não estão ausentes, mas comparecem como horizontes virtuais, essa copresença dos horizontes temporais não parece requerer um poder de reunião, pois é espontânea, como se a ela a consciência fosse passiva. Ou, então, trata-se de uma síntese passiva porquanto ela não requer o trabalho (judicativo) de representação de minha própria unidade ou da unidade das coisas e pessoas a meu redor.

Essa síntese, da mesma forma, não permanece eternamente. Tão logo um novo dado material surja demandando a participação de meus horizontes de passado e futuro, ela se desmancha em proveito da configuração de outra, o que dá forma a uma nova síntese, à qual Husserl (1924, p. 256-7) denomina de "síntese de transição" (*Uebergangssynthesis*). É essa síntese que assegura à minha própria história uma autoaparição fluida, já que, a cada nova aparição, é a mesma história que retorna, mas em uma configuração diferente. Nas palavras de Husserl (1893, Apêndice III, p. 107-8), trata-se de uma síntese

> pré-fenomenal, pré-imanente, [que] constitui-se intencionalmente como forma da consciência constituinte do tempo, e em si própria. O fluxo da consciência imanente constitutiva do tempo não é apenas, mas ele é de uma maneira tão notável e, no entanto, compreensível, que nele se dá necessariamente uma autoaparição do fluxo, a partir da qual o próprio fluxo deve poder ser captado no seu fluir.

FENOMENOLOGIA DO TEMPO EM PHG: A PRIMAZIA AO OPERATIVO

Quando se ocupam de descrever o "*self* como realização do potencial" (PHG, 1951, p. 180), é a essa noção de síntese espontânea – como passagem à qual somos passivos – que os fundadores da Gestalt-terapia se referem. Nesse sentido, dizem eles (1951, p. 180-1):

> O que é importante observar é que a realidade com a qual se entra em contato não é uma condição objetiva imutável que é apropriada, mas uma potencialidade que no contato se torna concreta. O passado é o que não muda e é essencialmente imutável. Desse modo, as abstrações e a realidade

abstrata imutável são construções da experiência passada fixada. Condições reais essencialmente externas são experienciadas não como sendo imutáveis, mas como sendo continuamente renovadas da mesma maneira. Ao concentrar-se a *awareness* na situação concreta, essa preteridade da situação se dá como sendo o estado do organismo e do ambiente; mas de imediato, no instante mesmo da concentração, o conhecido imutável está se dissolvendo em muitas possibilidades e é visto como uma potencialidade. À medida que a concentração prossegue, essas possibilidades são retransformadas em uma nova figura que emerge do fundo da potencialidade: o *self* se percebe identificando-se com alguma das possibilidades e alienando outras. O futuro, o porvir, é o caráter direcionado desse processo a partir das muitas possibilidades em direção a uma nova figura única.

Conforme demonstramos noutro trabalho (Müller-Granzotto e Müller-Granzotto, 2007, p. 229), nós podemos reconhecer, nessa passagem, uma série de distinções conceituais importadas do discurso fenomenológico. Assim como Husserl – que ao descrever a dinâmica da consciência transcendental diferenciava o nível reflexivo do nível operativo –, PHG distinguem nossas construções abstratas da experiência passada daquilo que tais construções propriamente representam, isto é, a experiência de formação de figuras segundo um fundo histórico. Essa experiência, de acordo com eles, não carece de uma deliberação reflexiva. Ela se dá de forma espontânea, como uma "*awareness* na situação concreta", que, ao mesmo tempo que se ocupa de fixar um dado segundo um fundo de preteridade no campo organismo/meio, vê essa preteridade renovar-se como possibilidade futura, em busca de um novo dado. O self, então, se vê arrebatado por essas possibilidades – com as quais se identifica ou nas quais se aliena – em proveito de um acontecimento que ele mesmo não controla e que é o surgimento de uma nova figura, o que faz dele a unidade de um fluxo temporal que se renova a cada situação concreta e em benefício da situação seguinte, junto à qual a situação antiga é assimilada.

Ora, o acento que PHG dão à vivência espontânea do fluxo temporal constitui uma leitura muito peculiar das *Lições para uma fenomenologia da consciência interna do tempo* (1893), de Husserl. Em certa medida, é como se PHG tornassem explícito que, do ponto de vista clínico, nossa experiência de percepção da duração nos dispensaria de ter de subordiná-la a um poder sintético intelectual. Achar e fazer a solução vindoura, bem como passar de uma situação a outra, nem sempre diz respeito a deliberações reflexivas. No que, evidentemente, PHG não são os únicos, tampouco originais. Paul Goodman, em texto escrito no início dos anos 1950, recorre a Merleau-Ponty para pensar a práxis comunicativa como uma empresa temporal. Segundo Goodman (2011, p. 208), quando nos ocupamos de definir a comunicação, sempre o fazemos reportando-nos à noção de "pensamento", como se toda práxis comunicativa estivesse fundada em um "sistema de abstrações internalizado". Mas, continua Goodman, "eu mais propriamente concordo com Merleau-Ponty que a comunicação começa com os corpos das pessoas", o que significa dizer que "não são mentes que se comunicam, são pessoas. O uso das palavras é ele mesmo um ato criativo", o qual, por sua vez, é "um todo temporal". De onde se segue nossa suspeita de que, se quisermos compreender com mais profundidade a apropriação gestáltica estabelecida por Goodman em relação à teoria husserliana da temporalidade operativa, devemos antes nos ocupar deste crítico maior da filosofia do tempo de Husserl, que se chama Merleau-Ponty.

RELEITURA MERLEAU-PONTYANA DA TEORIA HUSSERLIANA DA TEMPORALIDADE

Na avaliação de Merleau-Ponty, com a definição do "agora" como "campo de presença" (com seus horizontes intencionais de passado e futuro), Husserl logrou apresentar uma leitura do tempo em estado nascente, do tempo como fenômeno primitivo de "passagem", que eu não me represento, mas vivo. "É em meu 'campo de presença' no sentido amplo – neste momento em que passo a trabalhar tendo, atrás dele, o horizonte da jornada transcorrida e, diante dele, o horizonte da tarde ou da noite – que tomo contato com o tempo, que aprendo a conhecer o curso do tempo" (Merleau-Ponty, 1945, p. 475). Isso não quer dizer que Merleau-Ponty estivesse de pleno acordo com a descrição husserliana do tempo. Ainda que Husserl admitisse o caráter pré-objetivo da intencionalidade que engendra os horizontes de passado e futuro, para ele a compreensão de um presente que se tornou passado ou de um futuro que se tornou presente é sempre relativa aos atos da consciência intencional tética. O fato de as retenções e protensões serem um tipo especial de intencionalidade não implica que estejam absolutamente desvinculadas da intencionalidade de ato, menos ainda que poderiam substituí-la na tarefa de constituição dos objetos temporais. Há entre esses dois tipos de intencionalidade uma cumplicidade que faz que não haja objeto temporal sem uma ou outra. Para visar ao objeto temporal que caracteriza determinado "agora", a intencionalidade de ato necessita diferenciar a impressão inicial dos perfis passados e futuros que lhe são relativos e só uma intencionalidade de tipo especial (transversal e longitudinal) pode fornecer. Por outro lado, contudo, para que os perfis passados e futuros possam integrar um objeto temporal, eles precisam ser identificados ou diferenciados em uma impressão inicial, coisa que só a intencionalidade de ato pode fazer.

Merleau-Ponty (1945, p. 478), à sua vez, admite a importância das sínteses de identificação e diferenciação, "mas apenas na recordação expressa e na evocação voluntária do passado distante, quer dizer, nos modos derivados da consciência do passado". Em nossa experiência involuntária do passado – como na consagrada experiência proustiana da "*madeleine* embebida em chá", a que já nos referimos em nosso primeiro capítulo –, não há necessidade de um ato intelectual que costure uma sequência de perfis retidos, tendo em vista que há para esses perfis uma unidade como que natural e primordial. Ou seja, entre os muitos perfis passados que se manifestam em nosso campo de presença atual, entre eles e o próprio passado transcendente, há uma "síntese passiva" (ou de transição) que nos autoriza a dizer ser o próprio passado, mediante os perfis retidos, que se manifesta em nosso campo de presença atual (Merleau-Ponty, 1945, p. 479). Se a cada instante minhas impressões modificam-se e ainda assim consigo reconhecer meu passado (apesar de um "encolhimento" cujo limite é o esquecimento), se minha experiência atual não é em si o futuro, mas projeta-o como iminente (apesar da novidade que me surpreende), isso não se deve aos meus atos voluntários de representação do transcorrido e do possível. O tempo ele-mesmo, o próprio fluxo de minhas impressões, encarrega-se de constituir em cada momento o sentido temporal de meu escoamento.

> Falando-se de uma síntese passiva, pretendeu-se dizer que o múltiplo é penetrado por nós e que, todavia, não somos nós que efetuamos sua síntese. Ora, a temporalização, por sua natureza mesma, satisfaz a estas duas condições: com efeito, é visível que eu não sou o autor do tempo, assim como não sou autor dos batimentos de meu coração, não sou eu quem toma a iniciativa da temporalização; eu não escolhi nascer e, uma vez nascido, o tempo funde-se através de mim, o que quer que eu faça. (Merleau-Ponty, 1945, p. 488)

No tempo, não sou eu que realizo as sínteses, são elas que se realizam em mim. Merleau-Ponty privilegia aqui o caráter pré-objetivo da intencionalidade que define os horizontes de passado e de porvir, em detrimento da intencionalidade de ato que Husserl considera indispensável para a compreensão do sentido temporal dos fenômenos.

Para ressaltar seu distanciamento das análises husserlianas, Merleau-Ponty retorna ao terceiro dos muitos gráficos do tempo elaborados por Husserl[3]. O esquema escolhido pelo filósofo francês não aparece no corpo das *Lições para uma consciência interna do tempo* (1893), e sim em um suplemento denominado de *Textos complementares*, provavelmente elaborado em 1905. Como mencionamos antes, em relação ao esquema das *Lições*, o esquema dos *Textos complementares* faz uma inversão entre o significado das linhas transversais e o das linhas verticais, fazendo que aquilo que no primeiro esquema é transversal no segundo seja vertical, e vice-versa. Talvez por essa razão, Merleau-Ponty evite falar de intencionalidade transversal e vertical, preferindo o termo sugerido por Husserl, "intencionalidade operante" (*Fungierende Intentionalität*), para com ele designar tanto a modificação progressiva de uma impressão inicial como os horizontes (ou fases) de nossos campos de presença. Porém, a estratégia de Ponty consiste em mostrar que é perfeitamente possível lermos o esquema husserliano do tempo prescindindo daquilo que nele indicaria a necessidade de uma intencionalidade de ato. Ao longo das linhas verticais e transversais (intencionalidade operante), não é o tempo que vem até nós, somos nós que nos "transcendemos" nele. Por conseguinte, o compreendemos por inteiro, antes mesmo de reuni-lo em uma síntese de identificação e diferenciação. Aliás, a "diferenciação" não é para Merleau-Ponty um ato, mas algo implícito ao movimento de "transcendência" realizado por nossa intencionalidade operante. Ora, para melhor ilustrar esse movimento de transcendência (que é a intencionalidade operante), Ponty sugere que o esquema husserliano seja completado, acrescentando-se, às linhas que representam os perfis passados, uma continuação simétrica que retrate as protensões[4].

O tempo não é uma linha (como sugere a interpretação "espacial" do tempo), mas uma rede de intencionalidades, diz Merleau--Ponty (1945, p. 477). Para sermos mais exatos, o tempo é a comunicação interna entre as diversas modificações de uma mesma impressão (A, A', A"), assim como entre os diversos perfis de um único campo de presença (para o campo B: A', c' etc.), daí

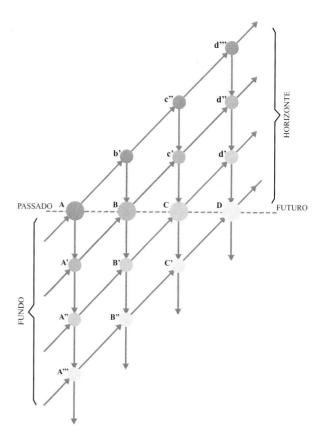

FIGURA 4

por que, para compreender seu próprio escoamento e o escoamento dos fenômenos, a consciência não precisa representar para si esses fluxos. A cada presente que surge é o próprio futuro que vem ao presente e o próprio presente que vai ao passado, pois, "enquanto B se torna C, ele também se torna B', e no mesmo momento A, que se tornando B também tinha se tornado A', cai em A''" (Merleau-Ponty, 1945, p. 480). Ou seja, em cada um de nossos campos de presença (linhas oblíquas), podemos (re)encontrar o tempo inteiro, pois cada um de nossos "agora" mais não é do que um ponto de passagem para os demais momentos.

> O que existe não é um presente, depois um outro presente que sucede o primeiro no ser, e nem mesmo um presente com perspectivas de passado e de porvir seguido por um outro presente em que essas perspectivas seriam subvertidas, de forma que seria necessário um espectador idêntico para operar a síntese das perspectivas sucessivas: existe um só tempo que se confirma a si mesmo, que não pode trazer nada à existência sem já tê-lo fundado como presente e como passado por vir, e que se estabelece por um só movimento. (Merleau-Ponty, 1945, p. 481)

É a esse movimento de passagem que Merleau-Ponty (1945, p. 481) se refere quando menciona as noções de síntese passiva e síntese de transição. "Não é preciso uma síntese que, do exterior, reúna os *tempora* em um único tempo, porque cada um dos *tempora* já compreendia, além de si mesmo, a série aberta dos outros *tempora*...". Entre cada impressão inicial e sua retenção nos diversos campos de presença, e entre as diferentes retenções e protensões de um mesmo campo de presença, há apenas passagem, não havendo por isso necessidade de uma intencionalidade de ato que faça a cada momento o inventário de nossa existência temporal.

Daqui não advém que Merleau-Ponty acreditasse que o passado e o futuro estivessem "realmente" contidos no campo de presença atual. Assim como para Husserl, também para ele o passado e o futuro estão apenas "retidos" ou "protendidos" em meu campo de presença, portanto presentes "em intenção", jamais como um dado "real". "Reter é ter, mas a distância" (Merleau-Ponty, 1945, p. 484). Em cada um de nossos campos de presença, os outros campos de presença manifestam-se eles-próprios, no entanto não se deixam apreender como aspecto atual de nosso campo. Ao contrário, eles se manifestam como horizontes, como perfis que, antes de contidos, estão tão somente "implicados". De fato, para Merleau-Ponty, em cada um de nossos campos de presença temos a ocorrência primitiva de uma relação espontânea de implicação.

Logo, conforme o diagrama merleau-pontyano, os eventos dessa série A, B, C... não estão conectados entre si, não há entre eles uma relação de cumplicidade ou de causa e efeito. Cada qual, todavia, liga-se aos demais de forma oblíqua, por intermédio das retenções de passado ou prospecções alçadas mais além de suas próprias constituições materiais. Cada linha oblíqua representa um campo de presença provisório e passageiro. Afinal, cada uma dessas linhas só pode vigorar em determinado instante do fluxo, que é precisamente aquele em que o dado ganha atualidade material.

O TEMPO COMO "TECIDO CARNAL" E A DIAGRAMAÇÃO EM FORMA DE REDE

Assim como para Paul Goodman, para Merleau-Ponty o ponto de partida de uma reflexão radical voltada para o primado da experiência é o reconhecimento husserliano de que há uma vivência espontânea do tempo como um todo (*Gestalt*) indeterminado em suas partes e cuja indivisão não decorreria de um poder sintético mental ou orgânico. A teoria de Husserl sobre a intimidade (espontânea e indeterminada) do tempo vivido – que faz dele uma *Gestalt* originária – está presente em quase todas as analíticas merleau-pontyanas destinadas a pensar o hábito, a percepção, o comportamento, a linguagem, a sexualidade, o desejo, as artes, as instituições políticas, entre outros temas. Porém, para Merleau-Ponty, uma leitura estritamente gráfica do diagrama da Figura 3 (e com a qual o filósofo alemão se ocupou de nos apresentar sua concepção de temporalidade operativa) poderia pôr tudo a perder. Isso porque tal leitura poderia nos induzir a reconhecer, para cada evento, uma espécie de poder sintético intelectual, o que nos remeteria de volta à ideia de uma coincidência ou transparência do tempo para ele próprio. Para Merleau-Ponty (1964a, p. 248):

O diagrama de Husserl subordina-se à convenção de que é possível representar a série dos agora por pontos numa linha. Por certo Husserl acresce a esse ponto todo o remanejamento das retenções e retenções de retenções que daí resulta e eis que não concebe o tempo como serial e sequência de segmentos puntiformes. Mas mesmo assim complicada, é viciada a representação do fenômeno do escoamento.

Contra essa leitura "serial", Merleau-Ponty lembra que a vivência do tempo é uma *Gestalt*, uma totalidade de não coincidência, sem síntese. Cada evento, assim como cada codado retido, é um ponto de diferenciação nos demais, vindo daí que haja, em cada ponto, algo assim como um "todo expresso"[5], segundo o termo importado da filosofia de Leibniz (1714); muito embora, à diferença de Leibniz, o "todo expresso" não corresponda à harmonia preestabelecida por Deus[6]. Trata-se antes de um fundo de indivisão em relação ao qual cada ponto, como figura, é uma transcendência. Eis por que, para Merleau-Ponty, em cada ponto, estão expressos todos os outros, mas "por diferença", o que faz de todos os outros nada mais que um fundo indeterminado. Nas palavras dele (1964a, p. 248), é fundamental: "Compreender que a *Gestalt* [ou campo de presença] já é transcendência: ela me faz compreender que uma linha é um vetor, um ponto, um centro de forças". Nessa direção, ele continua: "É preciso passar da coisa (espacial ou temporal) como identidade à coisa (espacial ou temporal) como diferença, isto é, como transcendência, isto é, como sempre 'atrás', além, longínqua". Mesmo porque "o próprio presente não é coincidência absoluta em transcendência", e sim apenas "coincidência parcial, porque tem horizontes e não existe sem eles". É por isso que, para ele (Merleau-Ponty, 1964a, p. 248),

> a descrição da retenção em Husserl (e da subjetividade como tempo, fluxo, absoluto e retenção pré-intencional) é um começo, deixando, porém, aberta a questão: de onde vem o "enrugamento" da perspectiva temporal, a passagem ao horizonte das retenções afastadas, o esquecimento?

O enrugamento do tempo junto a um evento, a emergência de um codado a despeito do esquecimento de todos os outros, bem como a passagem ao horizonte das retenções afastadas, são, todos eles, movimentos "espontâneos" de inclusão e diferenciação. Em cada ponto, que é sempre único, estão expressos todos os outros, ou seja, em cada ponto, os demais comparecem como o "fundo" e, dessa maneira, como horizonte ambíguo, em parte copresente, em parte esquecido. O que não faz de cada ponto um hologroma, pois a expressão de que se trata é uma diferenciação, um estranhamento, e não a representação da harmonia do todo. Não há para o todo temporal um dever-ser ou uma divindade que o ordene. Logo, a permanência do passado (como retenção), assim como o retorno desse passado (como síntese passiva), deve ser compreendida como processo de diferenciação implícitos à participação de cada evento em um todo de indivisão sem síntese, qual "Ser Bruto" ou *Gestalt*. Não há, para esses processos, uma harmonia prévia, algo como um eu (ou ego) sintético que reuniria por si todos os dados.

RETENÇÕES COMO RASTROS

A primeira consequência dessa nova maneira de compreender a experiência do tempo é que não pode haver, na série de retenções, nenhum tipo de hierarquia, como se no evento C, por exemplo, o acesso a algum codado, proveniente de A, devesse necessariamente passar pelos codados de B. Como bem demonstra Ferraz (2009, p. 289), o "diagrama temporal de Husserl implicava que um instante retido A só poderia ser retomado, do ponto de vista do instante C, como a''", isto é, como uma manifestação perfilada através do instante retido B". Porém, continua Ferraz (2009, p. 289), "segundo Merleau-Ponty, a experiência do esquecimento deve nos levar a rejeitar essa concepção de contínua progressão e contínuo acúmulo da experiência temporal".

Ao contrário do que pensa Ferraz (2009, p. 289), entretanto, não acreditamos que Merleau-Ponty considere que "o instante A parece ser lembrado diretamente pelo instante presente C". Se é verdade que, em C, não necessito de algo proveniente de B (por exemplo, B') para alcançar algo de A (por exemplo, A" ou mesmo A'), já que, como vimos, entre o dado atual e os codados retidos há uma relação expressiva, daí não decorre que A se apresente por ele mesmo a C, e isso pelo simples fato de que, em C, o evento A já não existe. Noutras palavras, para o evento C, o evento A sucumbiu na aniquilação ôntica – o que é o mesmo que dizer que, para Merleau-Ponty, no universo nem tudo se transforma, algumas coisas perdem-se para sempre. Ou seja, ele aqui não segue Lavoisier[7]; e não podemos confundir o codado retido com algum tipo de modificação material daquilo que nalguma vez foi nossa atualidade. O codado é tão somente a negatividade do passado, a ausência de materialidade. Ele é como o rastro, que não se restringe ao vestígio na materialidade presente, embora não nos traga nada de efetivo a respeito do passado. Ainda assim, o rastro abre na "carne visível" do presente o "poro" por onde a "invisibilidade" do passado se fará sentir (Merleau-Ponty, 1959, p. 436-7):

> O rastro para nós é mais que o efeito presente do passado. É uma sobrevivência do passado, uma transposição. O rastro e o fóssil: a amonita. O ser vivo já não está lá, mas está quase lá; tem-se dele o negativo, que se lhe relaciona não como o signo à significação, o efeito à causa, mas como algo dele mesmo. E o mineral, reocupando o vazio, refaz o animal em *quasi*. [...] Ora, essa relação do rastro com o rastreado é a que encontramos na embriogenia (a ortogenia do indivíduo) e na filogenia (a embriogenia do filo). O corpo não é compreensível no atual (atualismo). Espessura do passado, *Grundbestand* (elemento fundamental) do corpo real.

É assim que, com base na noção de rastro, o autor redescreve a noção de retenção. Ela não tem relação com a memória, a qual corresponde às ficções que são formuladas no passado e, na atualidade da situação, constituem nosso futuro do pretérito (e sobre o qual vamos falar um pouco mais à frente). Tampouco tem relação com as prospecções, que são ficções produzidas no presente em direção ao futuro (e sobre as quais trataremos logo a seguir). O codado retido corresponde à circunstância de que algo desapareceu do ponto de vista da atualidade da situação material, contudo ainda assim continua como negação da atualidade, divisão da consistência presente, esquize do plano ôntico em que o presente (evento atual) está encerrado.

A PROTENSÃO COMO IDEALIDADE DE HORIZONTE

A releitura merleau-pontyana do diagrama de Husserl não se restringe à suspensão do caráter aparentemente serial das retenções. É preciso também suspender a interpretação serial dos perfis protendidos como horizonte de futuro. Da mesma forma como os codados retidos, os protendidos não devem ser tomados como a sucessão de perfis que uma consciência intelectual viria depois reunir como *noema*, objeto ideal constituído nos termos de uma intencionalidade reflexiva, de ato. Assim como em cada codado retido estariam "expressos" sem necessidade de síntese intelectual todos os outros, em cada codado protendido os objetos de que este seria um aspecto já estariam expressos de modo integral, não como sínteses realizadas, mas como sínteses ainda por fazer, convites à ação criadora ou, simplesmente, desejo. Divididos entre a atração exercida pelas novas atualidades e pelo empuxo na direção de outros objetos de desejo ainda por vir, os codados protendidos não têm hierarquia ou ordem entre si, desenhando à frente de cada realidade presente isto a que Merleau-Ponty agora chama de idealidade de horizonte. E o que é uma idealidade de horizonte?

Para ele, é preciso reconhecer, no lugar mesmo em que o fundo de rastros retidos vem furar a consistência ôntica da realidade (visível), a simultânea abertura de uma virtualidade, à qual, antes, Husserl denominava de horizonte. É como se, no lugar mesmo em que a realidade (visível) não pudesse doar aquilo de que nossos corpos necessitariam para preencher o vazio inaugurado pela repetição de um rastro, nós pudéssemos transformar nossa própria carnalidade visível, fazendo-a valer como índice daquilo que ela ainda não é, significante de uma presença iminente, todavia ainda não disponível – e que na *Fenomenologia da percepção* Merleau-Ponty denominava de significação existencial ou orientação histórica[8]. Mas, como cada significação existencial é não apenas um codado que remete a outro codado, ela é também a expressão de um todo indeterminado, qual ideia sem conceito, o autor passa a denominá-la de ideia. Assim, mais além da atualidade visível, com base no poro vazio sulcado pelo rastro na atualidade carnal, os corpos atuais transcendem-se na direção de um horizonte de ideias, de uma idealidade de horizonte, em que a ambiguidade da carne visível mostra-se amplificada, na forma de um "corpo glorioso", como é o caso da voz, do gesto e da palavra. Em uma passagem do manuscrito *O entrelaçamento – O quiasma*, Merleau-Ponty (1964a, p. 195) escreve que:

> [...] quando Husserl falou do horizonte das coisas [...] é preciso tomar a palavra rigorosamente; o horizonte, tanto como o céu ou a terra, não é uma coleção de coisas tênues, [...] ou sistema de "potencialidades da consciência": constitui um novo tipo de ser, um ser de porosidade, de pregnância ou de generalidade, e aquele, diante do qual o horizonte se abre, aí é preso e englobado.

E eis que alcançamos aqui, ainda para ele, "o ponto mais difícil", que é o "vínculo da carne e da ideia, do visível e da armadura interior que o vínculo [carnal ou bruto] manifesta e esconde". Nesse aspecto, em particular, o filósofo (1964a, p. 195) assevera que "ninguém foi mais longe de que Proust ao fixar as relações entre o visível e o invisível na descrição de uma ideia que não é o contrário do sensível, mas que é seu dúplice e sua profundidade". Afinal, a "literatura, a música, as paixões, mas também a experiência do mundo visível", todas elas "são tanto quanto a ciência de Lavoisier e de Ampère, a exploração de um invisível, consistindo ambas no desvendamento de um universo de ideias". Aqui, contudo, é preciso reparar que tais ideias "não se deixam separar, como as dos cientistas, das aparências sensíveis, mas erigem-se numa segunda positividade". É nessa direção que a "ideia musical, a ideia literária, a dialética do amor e as articulações da luz, os modos de exibição do som e do tato falam-nos, possuem sua lógica própria, sua coerência, suas imbricações, suas concordâncias, e aqui também as aparências são o disfarce de 'forças' e 'leis' desconhecidas" (Merleau-Ponty, 1964a, p. 195-6).

Por certo é preciso não confundir a idealidade de horizonte, descrita pelo autor (1964a, p. 196-7), com a tese objetivista de que haja "verdades" "escondidas como uma realidade física que não soubemos descobrir, invisível de fato, que poderemos um dia chegar a ver face a face, e que outros, melhor colocados, poderiam ver já agora, desde que se retire o anteparo que o dissimula". Não se trata de essências puras, cuja visibilidade dependeria de suspendermos nossa inserção no mundo empírico, pois "aqui, pelo contrário, não há visão sem anteparo: as ideias de que falamos não seriam por nós mais conhecidas se não possuíssemos corpo e sensibilidade, mas então é que seriam inacessíveis...". Ao contrário, se queremos "ter acesso a ela imediatamente, ou deitar-lhe a mão, ou enquadrá-la, ou vê-la sem véus, percebemos muito bem que a tentativa é um contrassenso, que ela se afasta à medida que dela nos aproximamos". Disso resulta que, para Merleau-Ponty, "a explicitação não nos dá a própria ideia, constitui apenas uma versão segunda, derivado mais manipulável".

Ao contrário de uma leitura objetivista ou subjetivista, para o autor (1964a, p. 198), "a ideia é este nível, esta dimensão" que temos à frente quando nos pomos a agir. Não se trata, portanto, de "um invisível de fato, como objeto escondido atrás de outro, não é um invisível *deste* mundo". Trata-se, antes, de nossa participação em um mundo em construção, cuja titularidade, porém, não está sequer determinada. "As ideias musicais ou sensíveis", por exemplo, "exatamente porque são negatividade ou ausência circunscrita, não são possuídas por nós, possuem-nos." É por esse motivo que "já não é o executante que produz ou reproduz a sonata, é ela que através dele canta ou grita...". E se, antes, para falar da retenção e da síntese passiva dos codados na atualidade material, Merleau-Ponty introduziu a figura de um "Ser Bruto", agora, para falar da idealidade em que estão protendidas, qual horizonte, nossas ações de transcendência e criação, introduzirá a figura do "Espírito Selvagem". Segundo ele (1964a, p. 261), é preciso não confundirmos o espírito com a ideia filosófica da interioridade, como se estivéssemos nos referindo ao "homenzinho que existe no homem". Ao contrário, para Merleau-Ponty (1964a, p. 312-3), trata-se de

> [...] definir o espírito como *outro lado* do corpo – [mesmo porque] não temos ideia de um espírito que não estivesse de par com um corpo, que não se estabelecesse sobre esse *solo*. [...] O outro lado é para ser compreendido, não como no pensamento objetivo, no sentido de outra projeção do mesmo geometral, mas no sentido de *Ueberstig* [ultrapassagem] do corpo em direção a uma profundidade, a uma dimensionalidade que não é a da extensão [presente] e da transcendência do negativo [fundo retido], mas que é, sim, ultrapassagem em direção ao sensível [futuro].

Nessa argumentação, prossegue o autor (1964a, p. 199) dizendo que "teremos, pois, de reconhecer uma idealidade não estranha à carne, que lhe dá seus eixos, profundidade, dimensões". Ou, então, teremos de reconhecer que "há uma idealidade rigorosa nas experiências que são experiências da carne", pois "os momentos da sonata, os fragmentos do campo luminoso, aderem um ao outro por uma coesão sem conceito, do mesmo tipo da que une as partes de meu corpo ou o meu corpo com o mundo".

Entre os principais exemplos que Merleau-Ponty fornece para ilustrar o que seria a idealidade de horizonte, podemos mencionar a "linguagem falante" – e que na *Fenomenologia da percepção* (1994) ele denominava de "fala falante". Uma vez que nosso corpo não encontra, na atualidade do ser em que está imerso, algo que lhe sirva de solução ao problema introduzido pelo semelhante ou pela copresença de um rastro de passado, lançamo-nos na direção de um horizonte virtual, introduzindo para nossos semelhantes um uso inédito da atualidade em que estamos inseridos. O inédito não é tanto o resultado de nossa iniciativa, antes um efeito daquilo a que também nossa iniciativa é passiva, como se o uso que introduzimos para a realidade ganhasse vida própria e começasse a nos ensinar nossos próprios movimentos. Eis então a linguagem falante, essa articulação presuntiva estabelecida segundo nossa carnalidade visível que, ao ser inaugurada, arrebata nossa própria carnalidade para além da posição em que nos encontrávamos enraizados; tal como acontece quando, diante da descrença na capacidade da linguagem para exprimir o que possamos estar sentindo, começamos a falar a esmo e, doravante, nossos sentimentos parecem transformados pelas próprias palavras que elegemos. A fala falante e todas as fantasias semânticas que ela formula constituem uma genuína apresentação do que Merleau-Ponty denomina de espírito selvagem, esse protagonista do tempo como idealidade de horizonte.

A IDEALIDADE PURA

Os codados protendidos, no entanto, não se restringem às ficções dispostas como idealidade de horizonte. Há também aquelas herdadas como linguagem falada, as quais abrem novo domínio intencional. Nesse ponto, Merleau-Ponty surpreende a todos, introduzindo uma diferença entre a idealidade de horizonte e a idealidade pura (*intuitus mentis*), como se reclamasse direito de cidadania para aquilo que antes havia rejeitado, a intencionalidade de ato de Husserl. É óbvio que não se trata de restabelecer a hierarquia husserliana, que subordinava a intencionalidade operativa à intencionalidade de ato. Tampouco de subordinar o fundo de rastros e a idealidade de horizonte a uma capacidade de síntese exercida por uma consciência reflexiva. Muito pelo contrário, para o autor, se pode haver algo assim como uma dimensão reflexiva, ela deve estar fundada na dimensão operativa e não o contrário. O que sinaliza para o lugar modesto que agora Merleau-Ponty reserva para as sínteses intelectuais a respeito da experiência do tempo. As biografias, assim como todas as reconstruções reflexivas sobre a diferença e a unidade das diversas vivências temporais, não são condição do próprio fluir no e do tempo, mas designam uma dimensão em especial, que é o tempo representado, o tempo entendido como unidade histórica. A dificuldade, contudo, é (Merleau-Ponty, 1964a, p. 200):

> [...] saber como se instauram "as ideias da inteligência", como é que se passa da idealidade de horizonte à idealidade "pura", e por que milagre notoriamente se vem juntar à generalidade natural do meu corpo e do mundo uma generalidade criada, uma cultura, um conhecimento que retoma e retifica os do corpo e do mundo.

Na *Fenomenologia da percepção*, apesar de considerar a fala apenas um caso particular desse *poder irracional* para criar significações existenciais por meio de atos de retomada, o autor (1945, p. 221-2) admite haver, nela, algo de especial. Precisamente, a fala é um comportamento que não somente cria significações existenciais mediante retomadas *linguageiras*, como fixa-as como aquisição para sempre. Dessa forma, ela pode dispor das significações já articuladas sem precisar construí-las do ponto zero. O certo é que tais significações não se comparam às significações existenciais que a fala articula no presente. As significações prontas, por não estarem investidas de gestos verbais específicos não participam da articulação *linguageira* presente. Ainda assim, manifestam-se, ante essa articulação, como articulação copresente, "marco" diferencial ou presença negativa, na qual a fala atual pode se refletir e, desse modo, "medir" sua própria novidade. É nesse sentido que se pode reconhecer para a fala, apenas, o "*privilégio* de poder dispor de uma *razão*" (Merleau-Ponty, 1945, p. 222) e de um "valor de verdade" (Merleau-Ponty, 1960, p. 52), bem como o privilégio de contar com um mundo já formulado, que é o mundo das falas já faladas, das significações prontas. Nesse momento de sua obra (década de 1950), o autor denomina a essas significações de conceituais ou, simplesmente, pensamentos.

Não se explica o privilégio da fala, diz ele (1945, p. 221), apenas pelo fato de ela poder ser registrada no papel, enquanto os gestos não verbais ou os demais comportamentos só são transmitidos pela imitação direta. Afinal, se é verdade que a música também possa ser escrita, se é verdade que exista em música algo como uma iniciação tradicional, a ponto de podermos dizer que talvez nos seja impossível compreender a música atonal sem passarmos pela música clássica, também devemos admitir como verdadeiro que, para usufruir dessa significação musical, temos de retomar essa tarefa no seu início, como se houvesse um novo mundo a liberar. Sejamos artistas ou espectadores, temos de recriar a música para nós mesmos e só nesse instante a relação de necessidade entre os sons contingentes aparece para nós. Ao passo que, na ordem da fala, "cada escritor tem consciência de visar o mesmo mundo do qual os outros escritores já se ocupavam", sem precisar reescrevê-lo. "O mundo de Balzac e o mundo de Stendhal", diz-nos Merleau-Ponty (1945, p. 221-2), "não são como que planetas sem comunicação." Cada escritor tem no outro mais do que um conjunto de gestos verbais compartilhados. Ambos têm em comum um universo de relações de necessidade *linguageira*, que a escrita de cada qual retoma de maneira parcial, a seu modo, segundo seu estilo. E nos dois textos vemos as mesmas totalidades *linguageiras*, porém apresentadas sob diferentes formas.

Evidentemente há, na literatura, formas linguísticas romanescas ou, o que é a mesma coisa, significações existenciais que, assim como as significações existenciais produzidas pela experiência musical, não se deixam apanhar senão por meio de uma retomada integral dos gestos que as compuseram. Mas minhas palavras também podem refazer uma fala já falada, sem atualizá-la de forma integral e, mesmo assim, algo da fala antiga permanecerá para mim. Sem dúvida, "as falas segundas" introduzem sempre novas relações de regulagem entre gestos verbais copresentes uns aos outros. Elas são uma nova forma linguística e, portanto, uma nova significação existencial. Ao mesmo tempo, todavia, "podem resguardar a copresença de uma significação que elas não articularam", apenas nuançaram, ou, se quisermos, resumiram. Elas podem resguardar a copresença de formas linguísticas em relação às quais a nova forma linguística é uma modificação. Essas "formas ou significações copresentes não são" mais significações existenciais, pois não implicam relações de retomada entre "gestos copresentes". Elas são os "perfis" de significações existenciais agora ausentes. São a ocorrência intencional dessas significações. Enfim, são o que Merleau-Ponty (1960, p. 112) chama de "pensamentos, significações conceituais da fala ou ideias: polos de um certo número de atos de expressão convergentes que imantam o discurso, sem ser propriamente dadas por sua própria conta". São totalidades advindas não do movimento de transcendência ou expansão de um gesto verbal em direção ao outro, mas, ao contrário, de totalidades advindas da contração de uma forma linguística noutra, da absorção de uma fala ausente em uma presente. O que permitiria ao "filósofo sonhar com uma fala que esgotaria todas as outras, enquanto o pintor ou o músico não esperam esgotar toda pintura e toda música possíveis" (Merleau-Ponty, 1945, p. 222).

É bem verdade que, para ele, todos os nossos comportamentos estão estruturados com base na copresença espontânea de certo horizonte de ausência, o qual se acrescenta ao dado presente a fim de render uma totalidade ou significação existencial. Por essa razão, de todos os comportamentos podemos dizer tratar-se de uma relação de regulagem no tempo. Diferentemente dos outros comportamentos, entretanto, a fala é o único em que os horizontes temporais já compareçam eles próprios como totalidades ou significações. Na fala, esses horizontes não são elementos indeterminados (como um gesto isolado de seu contexto, como uma imagem para a qual não identificamos o fundo, por exemplo). Eles se apresentam como retomadas já realizadas e, portanto, totalidades já investidas de coerência interna. Por conseguinte, consagram para nossa fala atual mais do que um entorno de contingência, mas, também, um entorno de necessidade. Isso permitiria à fala não apenas fundar uma nova relação de necessidade, quanto medi-la segundo uma relação de necessidade anterior. E eis que "a fala instala em nós a ideia da verdade como limite presuntivo de seu esforço" (Merleau-Ponty, 1945, p. 221-2), que ela instala em nós a ideia de um critério que não precisaríamos nos arvorar o direito de estabelecer, e por meio do qual poderíamos marcar os vínculos de correspondência ou inferência, as distinções por analogia ou gênese, daquilo que estaríamos a falar.

De toda sorte, acredita Merleau-Ponty, não fosse por esse poder que a fala tem para contrair, nela própria, às outras falas e, ainda mais, às outras relações de regulagem de nossa existência, não haveria elementos com os quais nós poderíamos instituir uma razão ou medida para as significações atuais, uma razão ou medida da verdade destas. Não haveria pensamentos e, consequentemente, "racionalidade" e "verdades". A pretensão de uma explicação incondicionada, o projeto de olhar divino – como é o olhar teórico – seria impensável. Da mesma forma, a "explicação" científica da existência, assim como o projeto racionalista de fundação da unidade da ciência e da existência seria inconcebível. O que não faz da fala ela mesma uma ocorrência necessária. Pois, apesar de poder retomar o já falado e, assim, gozar do privilégio da razão, a retomada que a fala empreende é sempre uma ocorrência contingente. Logo, a fala será sempre uma experiência.

Anos mais tarde, em *O visível e o invisível*, Merleau-Ponty (1964a, p. 200) retoma a argumentação da *Fenomenologia da percepção*, dessa vez para dizer que, "qualquer que seja o modo pelo qual compreendamos (a idealidade cultural), ela já brota e se espalha nas articulações do corpo estesiológico, nos contornos das coisas sensíveis", e, ainda que "nova, desliza por vias que não abriu, serve-se do mistério fundamental destas noções 'sem equivalente', como diz Proust". Ou, então, diz ele (1964a, p. 149):

> [...] quando a visão silenciosa cai na fala e quando, por sua vez, a palavra, abrindo um campo nomeável e dizível, nele se inscreve, em lugar seu, segundo sua verdade, em suma, quando metamorfoseia as estruturas do mundo visível e se torna olhar do espírito, *intuitus mentis*, é sempre mercê do mesmo fenômeno fundamental de reversibilidade, que sustenta a percepção muda e a fala, e se manifesta tanto através de uma existência quase carnal da ideia quanto por uma sublimação da carne.

De uma forma ou de outra, uma vez constituídas as ideias puras, "é como se a visibilidade que anima o mundo sensível emigrasse, não para fora do corpo, mas para outro corpo, menos pesado, mais transparente"; é como se de fato "mudasse de carne, abandonando a do corpo pela da linguagem, e assim se libertasse, embora sem emancipar-se inteiramente de toda condição" (Merleau-Ponty, 1964a, p. 203). Noutras palavras: "Digamos somente que a idealidade pura não existe sem carne nem liberta das estruturas de horizonte: vive delas, embora se trate de outra carne e de outros horizontes". Mas qual seria esse novo horizonte?

Em nossa interpretação, o novo horizonte aberto pelas ideias puras – pela linguagem falante quanto se transformou em linguagem falada – é o "futuro do pretérito". Dito de outro modo: a transformação da fala falante em fala falada corresponderia à fundação do futuro do pretérito como horizonte puro. Para nossa visada, isso nos motivou a resgatar, do primeiro esquema de Husserl, a linha (vertical) com que ele representava a síntese de identificação e diferenciação reflexiva entre os diferentes perfis advindos do passado. Inserida na parte superior de cada evento atual, essa linha reuniria as idealidades de horizonte (falas falantes) que foram formuladas nos eventos passados e, no evento atual, estariam disponíveis (aos atos reflexivos) como idealidades puras (falas faladas). E assim, em cada evento presente, poderíamos diferenciar ao menos três orientações temporais simultâneas: a orientação (oblíqua inferior) na direção de um passado contínuo (retido), a orientação (oblíqua superior) na direção de um futuro próximo e indeterminado (idealidade de horizonte) e a orientação (vertical superior) na direção de um futuro agora pretérito (idealidade pura).

TEMPORALIDADE COMO TECIDO CARNAL

Inspirados em Merleau-Ponty, é nessa direção que propomos uma nova formatação para o diagrama husserliano, segundo a qual, em torno de cada evento atual, partiriam três orientações distintas e simultâneas, representativas da distensão e do enrugamento dos vividos retidos (fundo de rastros), protendidos (idealidade de horizonte) e refletidos (idealidade pura). Não há, em nenhuma dessas três orientações, qualquer eventual sequência ou ordenamento serial, porquanto se admite uma relação expressiva entre os eventos e os codados, bem como entre estes entre si.

Com essa nova formatação, tentamos evitar aquilo que, na avaliação de Merleau-Ponty (1964a, p. 169), corresponde ao "engano de Husserl", que seria "ter descrito o encaixamento com base em um *Präsensfeld* [campo de presença] considerado como se não tivesse espessura, como consciência imanente". Por isso, contra a tese da imanência à consciência, propomos uma diagramação em rede, a qual se presta melhor a "rejeitar os preconceitos seculares que colocam o corpo no mundo e o vidente no corpo, ou, inversamente, o mundo e o corpo no vidente, como numa caixa" (Merleau-Ponty, 1964a, p. 182). Assim, se ainda faz sentido continuar falando em consciência, é preciso compreender que ela "é consciência transcendente; é ser à distância, é duplo fundo de minha vida de consciência, e é o que faz que possa

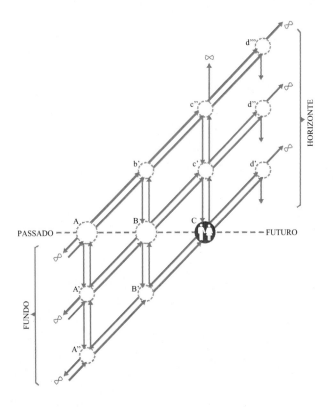

FIGURA 5

ser *Stifung* [fundação, emergência ou instalação] não somente de um instante, mas de todo um *sistema de índices temporais*". Nesse aspecto, acrescenta Merleau-Ponty, é preciso compreender que "o tempo (já como tempo do corpo, [...] esquema corporal) é o modelo dessas matrizes simbólicas que são abertura ao ser" (Merleau-Ponty, 1964a, p. 227), motivo pelo qual é preciso levar às últimas consequências a ideia de que

> "a *Stifung* [fundação, emergência ou instalação] de um ponto do tempo pode transmitir-se aos outros sem 'continuidade', sem 'conservação', sem 'suporte' fictício na psique a partir do momento em que se compreende o tempo como quiasma. Então passado e presente são *Ineinander* (um no

outro), cada um envolvido-envolvente – e isso é o mesmo que a carne". (Merleau-Ponty, 1964a, p. 321)

Daqui se depreende uma forma de apresentação da vivência do tempo como um tecido tramado por diversos fios intencionais reversíveis, qual movimento de quiasma. Em cada ponto de reversão (ou quiasma), abre-se a passagem para os demais, para outros codados ou direções, sem que entre eles seja requerido um poder de síntese que os faça pertencer a um instante, tendo em vista que, a partir de então, Merleau-Ponty compreenderá o instante como o equivalente de passagem.

Não sem limitações, esse novo diagrama procura esclarecer aquilo que, no primeiro capítulo, apresentamos nos termos de uma teoria fenomenológica da intencionalidade operativa, agora vertida nos termos da teoria merleau-pontyana do entrecruzamento multidimensional da carnalidade da experiência (a qual inclui, além do fundo retido e do horizonte protendido, aquilo que agora o filósofo francês chama de idealidade pura). Para melhor discriminar essas três orientações, seguindo uma motivação exclusivamente didática, vamos apresentá-las em separado, nunca perdendo de vista que todas são simultâneas e de que não há entre elas nenhum tipo de relação causal ou de complementaridade. Para Merleau-Ponty elas têm tão somente uma relação expressiva, o que significa dizer que, no evento B, não está presente apenas o conjunto de atos que constituem a relação intersubjetiva que define a atualidade da situação, pois há também a copresença de algo que foi retido a partir de um evento anterior, por exemplo: A' (o qual foi retido a partir do evento A). É evidente que, para que A' se apresentasse em B, foi preciso que neste houvesse um ato que exigisse a presença de A'. Husserl denomina de "intuição" a esse ato que exige a copresença de A'. Porém, não depende da exigência do ato intuitivo em B a copresença de A'. Este se doa como um tipo de espontaneidade, originando-se daí a utilização dos termos "intuição" e "doação" para designar não a "retenção" de A' a partir de A, mas a "repetição" de A' em B como uma espécie de "síntese passiva". Como vimos anteriormente, para a linguagem utilizada por PHG no livro *Gestalt-terapia*, a retenção e a repetição de uma "forma" assimilada correspondem à *awareness* sensorial (modo intencional da função id).

Para representar melhor esse caráter expressivo, aberto e não sintético do todo (ou *Gestalt*) que se forma a partir da repetição de A' (retido) junto ao evento B, decidimos introduzir uma leitura pragmático-social que demonstrasse que toda síntese passiva (como processo expressivo), por um lado, está ligada a uma demanda atual (que se dirige a um fundo de codados), assim como a uma resposta (não serial) desencadeadora de diferença (e não de complementação). Em outros termos, se A' se repete junto a B, tal se deve à demanda intuitiva produzida no laço social que caracteriza o evento B. A repetição de A', todavia, não corresponde a uma res-

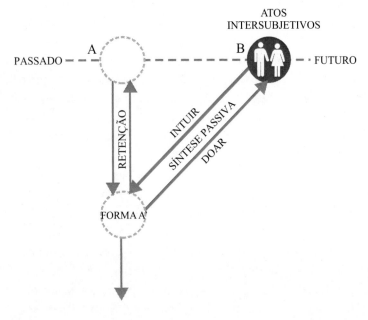

FIGURA 6

posta inequívoca à demanda formulada em B. Ao contrário, o retorno de A' é o próprio acontecimento do equívoco, da diferença, dado que A' é a retenção (ou diferença) em relação a um evento passado, que não existe mais, que é o evento A. Logo, em B, A' não poderia fazer sentido. Se entre eles se forma um todo, trata-se de um todo gestáltico, bruto (não harmonioso como para Leibniz, não holístico como para Yan Smuts, não absoluto como para Sartre).

E como A' apresenta-se em B como diferença, como estranho, urge integrá-lo às possibilidades presentes em B. Essa integração implica, em primeiro lugar, a "constituição" de um objeto virtual (ao qual Husserl denominava de intencional) em que A' possa ser percebido. Mas, para tal, há de se esperar que o próprio A' agora preencha o objeto constituído. Ora, constituição e preenchimento são as duas produções intencionais relativas a esse momento virtual chamado de "protensão".

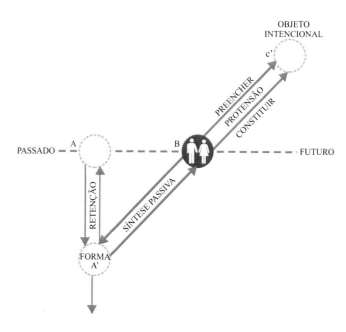

FIGURA 7

E, porquanto nenhuma experiência subsiste apenas no campo da virtualidade, há de se transcendê-la na direção de uma nova configuração material (evento C). Isso não acarreta, entre o objeto intencionado e a nova configuração material (evento C), a possibilidade de algum tipo de relação causal. Essa nova configuração não é consequência do objeto intencionado, embora possa receber dele uma espécie de orientação, a que chamamos de "significação". Eis então o momento intencional denominado de "síntese de transição". Ora, conforme vimos anteriormente, PHG denominam de *awareness* deliberada (modo intencional da função de ato) essa conjunção da protensão com a síntese de transição.

Ademais, na hipótese de que a transição tenha envolvido a doação de uma significação, essa significação habilita a relação

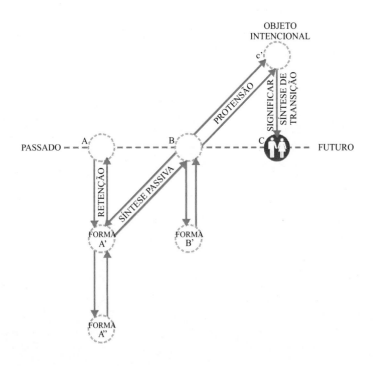

FIGURA 8

intersubjetiva localizada no evento C a instituir um novo tipo de intencionalidade, diferente daquela que esteve vigente até este momento (intencionalidade operativa), que é a intencionalidade reflexiva (ou de ato). Ela consiste na capacidade que os agentes intersubjetivos têm para analisar os objetos intencionais não mais como um todo indeterminado, mas como um objeto cujas partes pudessem ser determinadas (o que em Gestalt-terapia chamamos de *awareness* reflexiva, modo intencional da função personalidade).

Ora, em que medida essa forma ampliada de representar a experiência de percepção da duração pode nos ajudar a compreender a analítica temporal do self proposta por Goodman na obra *Gestalt-terapia*?

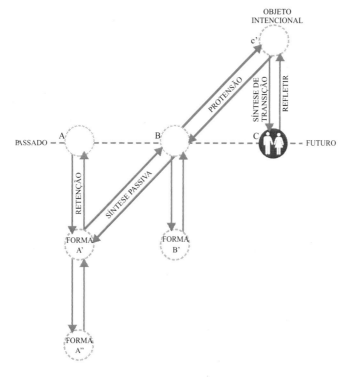

FIGURA 9

LEITURA GESTÁLTICA DA FENOMENOLOGIA DO TEMPO: DA *AWARENESS* AO FLUXO DE CONTATO

COMO DISSEMOS, SE POR um ângulo Goodman admite haver buscado na fenomenologia do tempo de Husserl a inspiração para compreender o sistema self como um fluxo de contatos no presente transiente, por outro, a forma como se serve da teoria fenomenológica do tempo indica uma leitura descomprometida com o programa fenomenológico de estabelecimento de uma ciência de rigor cuja meta definitiva fosse esclarecer os poderes constituintes da consciência transcendental. O que Goodman toma de Husserl tem antes relação com aquilo que Merleau--Ponty ressaltou na obra do mestre, ou seja, o caráter espontâneo dos modos intencionais operativos, destacadamente os processos de retenção e síntese passiva, e os processos de protensão e síntese de transição. Mais do que isso, inspirado em Merleau-Ponty, Goodman (2011, p. 208) procura ler a fenomenologia do tempo em termos gestálticos[9], o que nos motiva a aproximar a analítica temporal do self por ele proposta e as formulações da filosofia tardia de Merleau-Ponty. Acreditamos que, com essa aproximação, poderemos destacar não somente a singularidade da leitura de Goodman em relação à matriz desde onde ele e Merleau-Ponty partem, a fenomenologia husserliana, mas também os aspectos propriamente gestálticos inerentes à leitura de um e de outro.

Sem se preocupar demasiado com o modelo de onde importa a forma para pensar o funcionamento do self, Goodman reverte os conceitos fenomenológicos em uma linguagem gestáltica própria, a qual dá continuidade às descrições temporais do processo de contato considerado de modo individual. As noções de *awareness* sensorial e *awareness* deliberada, que antes designavam as orientações temporais implícitas a cada experiência de contato, agora passam a valer como um sistema-*awareness* (PHG, 1951, p. 192). E as partes constitutivas da *awareness* sensorial (a assimilação e o sentir/excitamento) e da *awareness* deliberada (a formação e a destruição de *Gestalten*) agora passam a designar as orientações temporais do próprio self, razão pela qual vão receber novos nomes, como já mencionamos: pós-contato e pré-contato (no caso da *awareness* sensorial), e contatando e contato final (no caso da *awareness* deliberada).

No quadro a seguir, tabulamos, segundo os conceitos com os quais Husserl se ocupou de definir o caráter temporal da intencionalidade operativa, as duas apropriações distintas que PHG fizeram daqueles conceitos. A primeira para pensar a intencionalidade específica de cada experiência de contato considerada estaticamente, a *awareness*. A segunda para então pensar a concatenação de uma experiência de contato a outra ou, o que é a mesma coisa, o sistema self em funcionamento. Mas qual é a concatenação específica entre essas noções?

QUADRO 2 – COMPARATIVO ENTRE A FENOMENOLOGIA DO TEMPO VIVIDO, DA *AWARENESS* E DO SELF.

Husserl – Fenomenologia da consciência interna do tempo (intencionalidade operativa)	PHG – *Gestalt-terapia* Fenomenologia da awareness (sensorial e deliberada)	PHG – *Gestalt-terapia* Fenomenologia do self espontâneo
Retenção	Assimilação	Pós-contato
Síntese passiva	Sentir/Excitamento	Pré-contato
Protensão	Formação de *Gestalt*	Contatando
Síntese de transição	Destruição de *Gestalt*	Contato final

Do ponto de vista do fluxo que se renova a cada experiência de contato, a preteridade da situação, ou seja, a *awareness* sensorial, não se esgota no trabalho de assimilação de um hábito. Essa é a dimensão que, doravante, para pensar o encadeamento das várias vivências de contato (dos vários campos de presença ou, conforme preferem os autores, dos vários "aqui-agora"), PHG vão chamar de pós-contato (relativo ao evento anterior, ao "aqui-agora" que foi destruído). A *awareness* sensorial também "responde" às demandas produzidas na fronteira entre o passado e o futuro (fronteira de contato). A essa capacidade de resposta, os autores denominam de sentir. Não se trata – como vimos antes – de uma capacidade intrapsíquica ou de uma reação nervosa que pudesse ser atribuída a um titular, a uma pessoa ou personalidade. Ao contrário, o sentir é a manifestação de um impessoal, de um estranho que nunca se deixa saber, o que, inevitavelmente, desencadeia nos demandantes que habitam a fronteira de contato um efeito de curiosidade a que chamamos desejo. Na condição de fonte de excitamento, a preteridade é um fundo permanente que se renova a cada nova experiência como a dimensão "inaugural" do processo de contato, sendo essa a raiz por que PHG irão denominá-la, agora, de "pré-contato". Trata-se da copresença de nossas vivências passadas como um fundo habitual que quer se repetir, o que faz do pré-contato uma vivência limítrofe entre nossa generalidade sensível (função id) e nossas deliberações motoras (função de ato).

As deliberações motoras do self na função de ato correspondem àquilo que PHG denominaram de mobilização (e que traduz a ideia de deslocamento em direção à novidade). Trata-se das ações por cujo meio retomamos, ante as possibilidades abertas pelos dados na fronteira de contato, a preteridade disponibilizada no pré-contato como excitamento. A mobilização, assim compreendida, não é mais que um movimento de transcendência, é um atravessamento da realidade, como se pudéssemos ir além dela para experimentar a unidade de tudo que se apresentou como excitamento. É por esse motivo que PHG falarão da mobilização como um acontecimento apenas virtual, voltado para o futuro, que é o contatando. A realização da mobilização é, concomitantemente, a retomada de uma síntese "passiva" doada pelo passado (impessoal) e o deixar-se arrebatar por uma síntese protensional na direção do futuro (em que a unificação pessoal de uma história é desejada). Trata-se não somente da participação em um fluxo na direção do futuro, como também da autoaparição desse fluxo para si mesmo. Essa aparição, entretanto, nunca é uma coincidência, e sim a configuração de uma unidade a distância, presuntiva, virtual, a que os autores denominam de "formação de *Gestalt*".

O clímax dessa autoaparição é a efetivação do movimento de transcendência, efetivação essa que agora tem outro nome: contato final. Nele se estabelece uma "síntese de passagem" entre a *Gestalt* relativa ao evento anterior – a qual, por meio dessa passagem, é destruída – e um novo evento que começa a se configurar (PHG, 1951, p. 47):

> O processo de ajustamento criativo a novos materiais e circunstâncias compreende sempre uma fase de agressão e destruição, porque é abordando, apoderando-se de velhas estruturas e alterando-as que o dessemelhante torna-se semelhante. Quando uma nova configuração passa a existir, tanto o antigo hábito consumado do organismo contactante como o estado anterior do que é abordado e contatado são destruídos no interesse do novo contato.

O contato final, por conseguinte, é a destruição da *Gestalt* anterior em proveito da formação de novas *Gestalten*. Mas, se o contato final é o momento de passagem para uma nova experiência, a transição de uma *Gestalt* para outra, tal exige o relaxamento ou dissolução da *Gestalt* anterior, que então é assimilada como fundo para novas experiências de contato. Eis que se inicia um novo campo de presença, um novo "aqui-agora".

O contato final, ademais, pode comportar um momento reflexivo, em que a função de ato institui a fantasia agora realizada na condição de representante de uma experiência passada (de satisfação ou insatisfação). Esse é o momento em que as fantasias do passado (futuro do pretérito) passam a valer como pensamentos (o que inclui os sentimentos, as valorações e as instituições), desencadeando um processo de fixação histórica e assimilação pedagógica da própria práxis humana que, na linguagem da teoria do self, PHG denominam de *awareness* reflexiva, a qual é típica da função personalidade.

QUADRO 3 – COMPARATIVO ENTRE A ANALÍTICA DA *AWARENESS* E A DO SELF.

Sistema *awareness*		Sistema self	
		Funções	Dinâmicas
Sensorial	Assimilar	Id	Pós-contato
	Sentir/ Excitamento		Pré-contato
Deliberada	Formar	Ato	Contatando
	Destruir		Contato final
Reflexiva	Dar-se conta	Personalidade	

ILUSTRAÇÃO DA DINÂMICA TEMPORAL DO SISTEMA SELF

Talvez neste momento – em que tentaremos produzir uma ilustração sobre a articulação entre as noções que constituem a leitura fenomenológica das dinâmicas do self – as reflexões merleau-pontyanas nos pareçam mais caras. Como talvez seja do conhecimento de nossos leitores, fizemos outras tentativas de utilização do diagrama husserliano (por exemplo, em Müller-Granzotto e Müller-Granzotto, 2004, p. 118; 2009b, p. 39-82). Mas não havíamos conseguido integrar, no diagrama de antes, a analítica da temporalidade do contato à descrição das funções de campo. Desta vez, no entanto, à diferença das tentativas anteriores, vamos reconstruir o diagrama segundo as críticas que Merleau-Ponty dirigiu a Husserl e que explicam melhor as intenções de PHG. Não apenas isso: a leitura merleau-pontyana de Husserl nos ajudou a compreender em que sentido estão relacionadas, por um lado, as três orientações (fundo retido, idealidade de horizonte e idealidade pura) ou funções (id, ato e personalidade) e, por outro, as dinâmicas temporais da experiência de contato em funcionamento (sistema self). E para que essa integração ficasse mais bem estabelecida decidimos desmembrá-la em passos didáticos, conforme a ordenação sugerida por PHG.

Comecemos com uma ilustração do que poderia ser a vivência do pré-contato. Na atualidade da situação, com base em uma demanda de *awareness* sensorial (ou seja, de excitamento ou, o que é a mesma coisa, do "isso" que possa ser excitante), um hábito anteriormente assimilado – o que significa dizer, uma realidade passada cuja materialidade já não existe, mas ainda assim permaneceu como um traço irrecuperável – repete-se na fronteira provocando um efeito afetivo: eis o pré-contato.

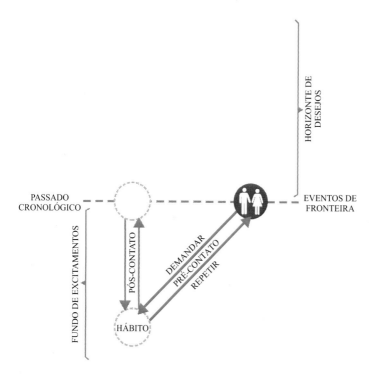

FIGURA 10

As funções de ato (envolvidas na interlocução que se estabelece no momento presente) sentem-se mobilizadas pela presença afetiva do hábito, o que lhes motiva a produzir uma ficção (a que chamamos de desejo ou, na terminologia de Merleau-Ponty, idealidade de horizonte) sobre o que possam estar vivendo ou sentindo: eis o contatando. A produção dessa ficção, dessa unidade presuntiva da experiência, não necessariamente precisa ser realizada, isto é, não precisa ser tornada ato. Mesmo porque tal acontecimento, ainda que possa ser conjecturado, depende de uma nova configuração da realidade, a qual não pode ser totalmente controlada. Tal significa dizer que a realização de um desejo é um futuro contingente.

E, na hipótese de que em alguma nova realidade haja condições para que uma ficção passe ao ato, temos então o que PHG denominam de contato final. Esse é o momento em que a *Gestalt* (ou ficção sobre a unidade presuntiva do que estejamos vivendo) é propriamente destruída (ou, o que é a mesma coisa, desmantelada por um ato na realidade). Como já dissemos, trata-se do

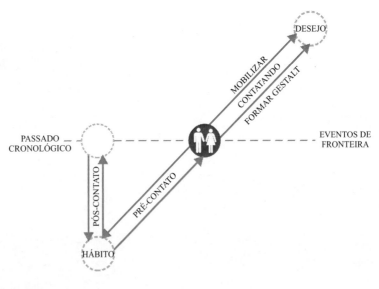

FIGURA 11

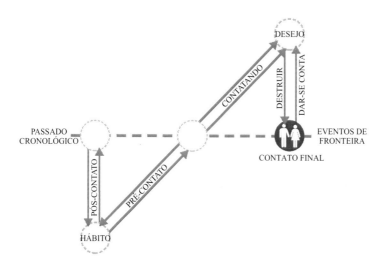

FIGURA 12

clímax da experiência de contato, o qual, ademais, porém não necessariamente, pode desencadear uma identificação passiva do sujeito do contato final à ficção agora realizada, que então restaria como representação ou idealidade pura (segundo a terminologia de Merleau-Ponty). A identificação passiva às ficções que agora se realizaram (e constituem o futuro do pretérito na atualidade da situação) é um processo ao qual PHG denominam de "dar-se conta", ou *awareness* reflexiva.

E no mesmo instante em que, nessa nova realidade, processa-se o contato final da ficção produzida no evento anterior, esse evento resta assimilado como forma impessoal de um conteúdo que agora já não existe e jamais poderá ser recuperado: pós-contato. E, como estamos lidando com um fluxo, essa forma, assim como todas as anteriores cuja origem não se pode atribuir a ninguém exatamente (razão pela qual a função id é um fundo impessoal e não uma instância intrapsíquica, conforme vimos antes), resta disponível (quando não se tratar de uma psicose) às novas demandas que puderem ser produzidas nos novos eventos sociais na fronteira de contato entre o passado e o futuro.

E, se agora devêssemos representar, segundo os diagramas anteriores, como estão integradas entre si as funções e as dinâmicas do sistema self, talvez pudéssemos dizer que os processos de retenção do evento anterior e de síntese passiva do evento atual correspondem à função id (no campo atual). Já o contatando e o contato final (junto ao próximo evento) dizem respeito à função de ato. A função personalidade é tão somente a ação reflexiva do dar-se-conta; afinal, é a partir dele que os corpos de ato elegem, relativamente ao que receberam como ficções produzidas no

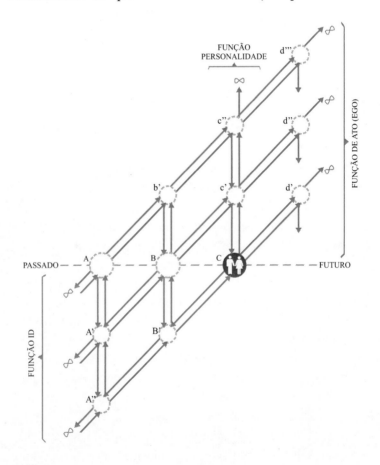

FIGURA 13

passado, aquelas que constituirão o outro social junto do qual adquirirão identidade, responsabilidade e sentimento.

AMBIGUIDADE E SIMULTANEIDADE DAS DINÂMICAS DO SISTEMA SELF

SE OLHARMOS DINAMICAMENTE, PERCEBEREMOS que há entre as diferentes orientações temporais do sistema self uma sorte de complementaridade ambígua e passageira, que se faz mesmo como passagem, em favor de um só fluxo de escoamento.

Como vimos até aqui, a experiência de contato sempre tem como ponto de partida uma demanda ou uma apresentação do mundo a nosso corpo. Na medida em que essa apresentação exige de nós mais do que encontramos na realidade, deixamo-nos conduzir por isso que surge como inesperado: o fundo de excitamentos. Trata-se da manifestação de formas motoras e linguageiras, as quais se impõem à nossa forma de agir e pensar. Mais do que isso, é como se essas formas escolhessem por elas próprias que tipo de manifestação (afetiva) produzir, o que forçará as funções de ato envolvidas a produzir uma ficção, uma fantasia sobre a origem e a finalidade que aquele afeto cumpriria (contatando). A realização dessa fantasia, entretanto, só pode ser estabelecida à proporção que a função de ato (que for figura) transcenda sua realidade na direção de um novo dado (contato final). Tão logo esse novo dado seja contatado, aquela ficção produzida no instante anterior encontrará uma realidade, ao passo que o instante anterior deixará de existir. Ele será assimilado como fundo (pós--contato) ou função id.

Mas não podemos entender a relação entre as orientações temporais do sistema self como se elas fossem sequenciais. Ao contrário, elas são simultâneas, o que introduz, no seio desse sistema, muitas ambiguidades. Ao mesmo tempo que se presta ao fechamento de um fluxo de contato, o novo dado já foi visado com base no fundo de passado (o que caracteriza um novo pré-

-contato). Tal significa que, ao mesmo tempo que realiza um fluxo de contato que se iniciou em um dado anterior, o mesmo "novo dado" abre um segundo fluxo. Assim, para dizer de modo sintético, os eventos na fronteira de contato são ocorrências "ambíguas": por um viés, eles correspondem ao momento de fechamento de um fluxo de contato; por outro, eles equivalem à abertura de um novo fluxo.

Não são, todavia, os eventos de fronteira os únicos aos quais se pode atribuir ambiguidade. O "próprio fluxo" de contato é ambíguo, eminentemente ambíguo, tendo em vista que sempre envolve pelo menos "dois eventos de fronteira": um primeiro, em que um fluxo se abre (pré-contato e contatando); e um segundo, em que o fluxo se fecha (contato final). Mas não apenas isso: tão logo o excitamento advindo do primeiro evento se transcende para o segundo, de modo retrospectivo, o primeiro evento é "destruído", ou, o que é a mesma coisa, é "assimilado" (pós-contato) como fundo para o novo fluxo que está se abrindo junto ao segundo evento. Isso significa que o fluxo de contato envolve sempre duas orientações temporais: uma prospectiva (formação e destruição de uma *Gestalt* na passagem do "evento um" para o "evento dois") e outra retrospectiva (assimilação do "evento um" como fundo para a formação de uma nova *Gestalt*). Na primeira orientação, temos o crescimento, de que falava Goldstein. Na segunda, a conservação.

Ora, acreditam os autores fundamentais da Gestalt-terapia que essa apresentação temporal do processo de formação e destruição de uma *Gestalt* esclarece, em sentido último, a dinâmica de correlação que constitui o self (PHG, 1951, p. 209):

> A partir do princípio e durante todo o processo, ao ser excitado por uma novidade, o *self* dissolve o que está dado (tanto no ambiente quanto no corpo e em seus hábitos), transformando-o em possibilidades e, a partir desses, cria uma realidade. A realidade é uma passagem do passado para o

futuro: isso é o que existe, e é disso que o *self* tem consciência, é isso que descobre e inventa.

O self é um sistema de contatos, porém ele não é a síntese ou a totalidade de todas as vivências de contato. O self é uma experiência de contato a cada vez. Uma após a outra. Todavia, porquanto em cada uma todas as outras estão expressas como horizonte de passado e futuro, o self inclui, a cada nova vivência de contato, a copresença das outras. Mais precisamente, ele é isso que se conserva e se cria em torno de cada contingência, de cada novidade. Ele é a passagem ininterrupta de uma experiência de contato a outra. Melhor dizendo, ele é a própria passagem, a formação de um campo e sua destruição em favor do surgimento de outro, mas sempre como um campo a cada vez. Segundo eles (PHG, 1951, p. 114):

> O presente é a experiência da especificidade em que nos tornamos ao nos dissolver em várias possibilidades significativas, e a reforma dessas possibilidades para produzir uma nova especificidade única e concreta.

AS DINÂMICAS DO SISTEMA SELF NO CONTEXTO CLÍNICO

LOGO, COMO ESTAMOS VENDO, para PHG a experiência clínica é um sistema self. Nela, vivemos a formação e a destruição de campos que se sucedem. Em cada um, somos atravessados por um fundo de generalidade jamais recoberto e identificado, segundo o qual nos individualizamos em ações e palavras que, por sua vez, viabilizam a constituição e a desmontagem de desejos e valores imaginários, tais como esses por cujo meio reconhecemo-nos como terapeutas ou consulentes.

No âmbito da clínica, a presença de um sentimento incipiente (afeto) é sempre o indício de que há um pré-contato acontecendo (já que os sentimentos incipientes são efeitos da repetição dos hábitos). A presença do interesse, da curiosidade (que se deixa ver no tônus muscular e na intensificação da atenção) em torno de um porvir denuncia um contatando, assim como a satisfação ativa com determinado objeto indica o momento do contato final. À diferença do sentimento incipiente (afeto), que nunca tem um objeto determinado, a satisfação ativa sempre pode ser relacionada a alguém ou a alguma coisa bem específicos. E quase concomitantemente à vivência da satisfação ativa acontece um relaxamento, que é um tipo de satisfação passiva, característica do pós-contato. Algumas vezes, podemos verificar, a qualquer momento do processo de contato, um sentimento (de prazer ou desprazer), o qual indica que uma vivência de *awareness* reflexiva está em curso. O sujeito de atos, nessas ocasiões, está fruindo uma identificação com uma experiência de pós-contato anterior.

Do ponto de vista de nossa vivência, essas manifestações empíricas das dinâmicas do contato são simultâneas. O recorte de uma ou de outra, o que faz que uma delas seja figura, tal é uma escolha do clínico. E para o clínico, às vezes, é mais importante a ausência dessas manifestações do que a presença delas. A ausência denuncia uma interrupção em algum momento do processo de contato. E o trabalho analítico começa assim que o clínico percebe tal interrupção.

Se ele está entregue ao que acontece no campo, tudo se passa como se fosse empurrado de um momento a outro no fluxo do contato, até que uma falha se produza. É como se o consulente tivesse ficado para trás, ou se adiantado por demais. Sem dúvida, muitas dessas falhas podem ser produzidas pela própria ação do clínico. Contudo, se ele estiver disponível, se se deixar afetar pela vivência do contato, ficará fácil para ele perceber onde se passa a interrupção (no pré-contato, no contatando, no contato final ou no pós-contato), quem é o agente (se a função de ato nele ou no consulente, ou um hábito que a substitua) e que ajustamento tal agente realiza.

CAPÍTULO 4
ÉTICA, POLÍTICA E ANTROPOLOGIA DA PRÁXIS CLÍNICA CONCEBIDA À LUZ DA TEORIA DO SELF

DIFERENTES FORMAS DE PRÁXIS CLÍNICA

O SIGNIFICANTE "CLÍNICA" é empregado nas mais diferentes acepções. Por essa razão, julgamos pertinente, ainda que se trate de um trabalho arbitrário, especular sobre um parâmetro do qual pudéssemos diferenciar as práticas clínicas nos dias atuais, na esperança de assim delimitar a singularidade da proposta clínica veiculada pela teoria do self. Inspirados no modo como Lacan (1964), Laplanche e Pontalis (1970), para citar alguns, buscam na história da filosofia matrizes para compreender o uso freudiano de certas categorias metapsicológicas, recorremos aos empregos arcaicos dos significantes que definem as diferentes práticas clínicas nos dias de hoje. Mas quais são as práticas clínicas mais expressivas na contemporaneidade? Que matrizes nós podemos associar a elas? Elegemos, como representantes das práticas mais relevantes na atualidade, a clínica dogmática, a clínica psicoterapêutica e a clínica psicanalítica, da qual a Gestalt-terapia é uma versão crítica. A primeira, mais difundida e explicitamente associada à prática médica, remonta a Hipócrates (460-377 a.C., Ilha de Kós). A segunda, não menos conhecida, mais relacionada à prática dos psicólogos, assistentes sociais e pedagogos, remonta aos antigos terapeutas de Alexandria no primeiro século de nossa era. A terceira, inventada por Freud (1905d), tem como característica a pontuação da presença de um elemento desviante nas condutas e nos dizeres de seus pacientes, o que de alguma maneira recupera – segundo admitem alguns psicanalistas[1] – a noção epicurista de *clinamen*. E mesmo que nossas articulações conceituais não passem de ficções filogenéticas elas nos ajudarão a divisar a peculiaridade introduzida pela teoria do self na compreensão do sentido ético, político e antropológico da prática clínica como práxis do desvio no interior de uma *Gestalt*.

CLÍNICA DOGMÁTICA

Comecemos levantando alguns elementos sobre a clínica dogmática. Como sabemos, Hipócrates diferenciava o *Iatrós*, ou seja, o médico, do *Klinikós*, o médico que atende junto ao leito (*Kliné*) os doentes acamados, em uma assistência que se faz a partir de um *Phármakon*, expressão que pode designar, conforme Dutra (1998), tanto um remédio quanto um veneno, ou, mesmo, a linguagem, em um sentido figurado (de acordo com Platão, 427 a 347 a.C., na obra *Fedro*, trad. 1975). A clínica aqui concebida define-se pelo exercício de um saber em benefício de alguém passivo ou sujeitado em virtude de uma enfermidade ou privação. O alvo de sua intervenção não é exatamente o sujeito – entendendo-se por sujeito, por exemplo, o protagonista de um ato livre –, antes uma parte ou função implícita a um todo regular que, por uma causa determinada, não responde como deveria responder. Nesse sentido, o objeto da intervenção clínica não é a pessoa que sente dificuldade respiratória, mas sim o sistema respiratório que nessa pessoa funciona de modo anormal. Tal implica, entre outras coisas, que o clínico atua sempre com base em um conceito de normalidade, que cumpre para ele a função de dogma, e em relação ao qual a doença ou enfermidade consiste em um desvio. A principal orientação da clínica dogmática fundamenta-se na repetição dos protocolos que, noutras ocasiões, obtiveram êxito para restabelecer a normalidade, em especial a anatomofisiológica. E, ainda que essa clínica tenha sua origem na prática médica, não está reduzida a ela, pois, na qualidade de exercício de um saber em benefício de quem dele está necessitado, é uma metodologia praticada por diferentes ofícios além da medicina, como a enfermagem, a pedagogia, a advocacia, ou a psicologia. E, como tal, trata-se de uma metodologia de extrema importância para a conservação da normalidade e o aperfeiçoamento dos sistemas funcionais, sejam eles vitais ou espirituais.

CLÍNICA PSICOTERAPÊUTICA

Já a clínica psicoterapêutica tem outra procedência. Se é verdade que está inspirada e tem sua base na clínica dogmática, à diferença desta ela se ocupa de acolher e resolver problemas da vida prática e sentimental dos sujeitos, tenham eles patologias orgânicas ou não. Acredita-se que essa prática surgiu entre o lago Mareotis e o mar Mediterrâneo, em Alexandria, no Egito, no primeiro século de nossa era, onde vivia um grupo de judeus que se chamavam "terapeutas". De acordo com o filósofo e rabino grego Fílon de Alexandria (10 a.C.-39 d.C.), os terapeutas tentavam sintetizar a religião judaica nos princípios da filosofia estoica, fundamentada na suspensão dos sentidos em proveito da alegria formal. Praticavam um tipo de ascese espiritual voltada ao resgate e ao cultivo de valores ancestrais, o que se revela, aliás, na etimologia dos termos daí originados: *therapéia* = cuidado religioso; *thérapeutris* = religiosa; *thérapeutikós* = aquele que presta cuidados a um deus, que pode ser um mestre ou o próprio desejo. Nas palavras de Fílon de Alexandria, citadas por Leloup (1998), os terapeutas seriam filósofos cuja profissão é superior à dos médicos, pois a medicina que era comum às cidades daquela época "só cuida do corpo, enquanto a outra cuida também do psiquismo (*psukas*), preso por estas doenças penosas e difíceis de curar que são o apego ao prazer, a desorientação do desejo, a tristeza, as fobias, as invejas, a ignorância, o desajustamento ao que é e a multidão infinita das outras patologias (*pathon*) e sofrimentos". Os terapeutas, assim, propunham-se a uma medicina "superior", orientada não pelo cultivo ao corpo ou às divindades de madeira ou de pedra (como consideravam ser as divindades egípcias e gregas), mas pelo culto a um deus único, impessoal, tal como descrito nas escrituras da tradição judaica. Segundo Caldin (2010, p. 32), dedicavam-se a três tipos de atividade: a) cuidar das patologias orgânicas (*pathon*); b) tratar do sofrimento decorrente do apego ao prazer e da desorientação do desejo; c) cuidar das fobias em decorrência das perseguições religiosas e políticas.

Resgatada séculos mais tarde pelo hassidismo judaico – que, ao contrário do judaísmo talmúdico, próprio dos rabinos e da esfera intelectual, visa promover a face mística da espiritualidade, disseminando entre os judeus a mística piedosa como um elemento essencial de sua fé –, a prática terapêutica foi paulatinamente associada às atividades místicas e artísticas promovidas pelas comunidades judaicas. Essa associação com a arte acabou por desvincular a terapia das matrizes religiosas, originando-se daí a associação da prática terapêutica, nos dias de hoje, a uma série de atividades laicas, também conhecidas como existencialistas – complementares à clínica médica ou dogmática –, e cuja meta final é ajudar as pessoas a resolver conflitos sentimentais decorrentes de situações práticas (como mortes, separações, desavenças etc.). Embora a terapia não esteja atrelada a um ideal (religião, doutrina filosófica ou programa estético), é frequente que os terapeutas se sirvam dos motivos (antropológicos, religiosos, filosóficos, políticos, entre outros) dos sujeitos para, assim, discriminar as soluções sentimentais adequadas.

A partir do momento em que passou a ser reclamada pela psiquiatria e, sobretudo, pela psicologia, a prática clínica dos terapeutas mereceu um tratamento mais dogmático. Eis o nascimento da clínica propriamente "psicoterapêutica". Os psiquiatras e psicólogos emprestaram à terapia uma série de modelos psicológicos relativos ao comportamento humano e a outras tantas funções psíquicas, como se as intervenções terapêuticas devessem estar respaldadas naqueles modelos. Em certa medida, com os psiquiatras e psicólogos, a clínica dos terapeutas se aproximou da clínica dogmática, com a diferença de que o dogma seguido pelos psicoterapeutas não provém prioritariamente das ciências biológicas. Ainda assim, tal como na clínica dogmática, as intervenções da clínica psicoterapêutica objetivam restabelecer aquelas funções que, de modo dogmático, os modelos psicológicos julgaram adequadas aos valores da comunidade.

CLÍNICA PSICANALÍTICA

A clínica psicanalítica, por sua vez, é uma práxis pensada com base no significante "desvio", o qual foi utilizado por Freud (1905d) para definir o principal objeto de suas investigações, a pulsão – se é que podemos considerá-la um objeto. Noutras palavras, a práxis clínica psicanalítica está diretamente relacionada à forma como Freud (1905d) entendeu a pulsão como um desvio em relação à natureza (ou instinto), o que vale dizer que, nalgum sentido, a clínica de Freud caracteriza-se pela escuta àquilo que faz derivar, isto é, pela escuta à pulsão. É por isso que os comentadores de Freud atribuem tanta importância à noção de desvio e, para entendê-la, muitos deles[2] recorreram à história da filosofia, o que os fez deparar com o tratamento epicurista destinado à noção de desvio como *clinamen*: átomo produtor de desordem, desequilíbrio e desconstrução[3]. Em alguma medida, a pulsão seria como o *clinamen*, e a clínica psicanalítica corresponderia à escuta ao que faz derivar.

Foi Lucrécio (94-50 a.C.)[4] quem introduziu o termo *clinamen* para explicar a ocorrência de uma instância ontogenética atômica que, em vez de firmar um princípio, representa a negação de qualquer princípio, a persistência de um elemento desviante originário, produtor de caos. *Clinamen*, para Lucrécio (trad. 1988), é uma espontaneidade desviante que exige a recriação do todo; é o que é esquisito, estranho, idiossincrático, um tipo de conduta (habitual) que não se integra à cultura dominante – noção esta que é quase sinônima de outra expressão, conhecida como *parênklises,* e também significa desvio, tendo sido proposta pelo grande inspirador de Lucrécio, Epicuro (341-271 a.C.), para quem devemos admitir a existência de uma partícula desviante que explicaria a contingência e a liberdade[5]. Segundo Epicuro, *parênklises* é o que vem romper, no plano da física, com a ideia da regularidade mecânica, introduzindo a noção de contingência; ou romper, no plano da ação, com a noção de necessidade, introduzindo a noção de arbítrio. Diferentemente da noção de *parênklises,* a noção de *clinamen* não tem a finalidade moral de explicar as condutas desviantes ou a liberdade no interior da ordem (o que vem a dar no mesmo)[6]. Para Rosset (1989, p. 149), *clinamen* refere-se antes ao "acaso como a chave de todas as 'divisões' naturais. Na medida em que é o *clinamen,* princípio de acaso (isto é: ausência de princípio), que torna possível todas as combinações de átomos, resulta que o mundo, no seu conjunto e sem exceção é obra do acaso". O *clinamen,* portanto, não é um átomo que saiu do prumo, mas a ausência de prumo para o átomo originário.

Muitos séculos mais tarde, ao romper com a clínica médica e com a clínica psicoterapêutica, Freud (1895) propôs uma prática voltada à escuta e interpretação "disso" que, tal qual *clinamen,* opera como ausência de princípio, desordem originária: pulsão. E o que devemos entender por pulsão? No texto *A pulsão e suas vicissitudes,* Freud (1915b, p. 15) diz que a "teoria das pulsões é, por assim dizer, nossa mitologia. As pulsões são entidades míticas, magníficas em sua imprecisão". E a definição mais estável[7] que Freud fornece a respeito delas está baseada na noção de *Gestalt* aprendida de seu professor Franz Brentano (1874). Para este, *Gestalt* é um todo indeterminado que se forma espontaneamente no limiar do somático e do mental como uma espécie de antecipação intuitiva ao pensamento e à ação, possibilitando que o consideremos um objeto legítimo de forma independente de sua ocorrência física[8]. Esse todo não pode ser conhecido ou controlado, apenas reconhecido *a posteriori* com os efeitos que desencadeou. Logo, uma atenção clínica às pulsões não é outra coisa senão uma escuta dirigida aos efeitos que se deixam reconhecer com relação à copresença temporal de uma *Gestalt*. Como ilustração dos efeitos produzidos por *Gestalten*, Freud menciona a presença (impossível de interpretar) da fórmula da trimetilamina no sonho que tivera a respeito de sua paciente Irma (Freud, 1900), a que já nos referimos no Capítulo 2; a destrutividade que caracteriza o par sadismo-masoquismo (Freud, 1924b), ou a compulsão à repetição, a qual "rememora do passado experiências que não incluem possibilidade alguma de prazer e que nunca, mesmo há longo tempo, trouxeram satisfação, mesmo para impulsos pulsionais que desde então foram recalcados" (Freud, 1920, p. 34).

CLÍNICA GESTÁLTICA

Na avaliação de PHG, há um grande mérito na concepção de clínica formulada por Freud, que é o fato de ela privilegiar o acolhimento ao desviante pulsional (*clinamen*), e não o atendimento às expectativas da sociedade formuladas nos dogmas e nas ideologias. Ainda assim, para PHG, Freud não conseguiu manter-se totalmente distante das posturas dogmáticas. E não por ter se servido delas como teorias da personalidade ou egologias formuladas em terceira pessoa, desvinculadas da práxis de escuta aos sujeitos no divã, como foi acusado por Georges Politzer (1912)[9] e, na esteira dele, por quase todos os filósofos franceses dos anos 1940, como é o caso de Jean-Paul Sartre (1942) e Merleau-Ponty (1945)[10]. PHG não compartilham da avaliação segundo a qual Freud contaminara a noção de pulsão com as características dos objetos formulados pelas teorias científicas das quais se servira, pois Freud sabia que a pulsão não é um objeto no mesmo sentido em que o são os neurônios (sugeridos por Wilhelm Waldeyer em 1891) e as aferições quantitativas dos processos de ressonância fisiológica (pesquisados por Herbart e Fechner por volta dos anos 1820, como esclarece Ernst

Jones, 1960, p. 383-5). Se há algo em Freud que possa ser censurado, tal está relacionado ao fato de ele não haver resistido a conferir às pulsões uma espécie de função ontogênica, capaz de explicar não apenas os fenômenos clínicos (como os diferentes tipos de sintomas, os atos falhos, os chistes), mas também os fenômenos civilizatórios mais complexos (como o mal-estar da humanidade em torno de temas como o tabu, o genocídio, a culpabilidade), bem como algumas características culturais (como a estilística de certos artistas e escritores), como se o destino das organizações e das ações humanas estivesse para sempre marcado por um elemento desviante que os faria malograr. Em especial nos seus textos de contracultura, Freud (1939) inflacionou a noção de pulsão, como se tal contraprincípio desviante pudesse ser empregado como chave interpretativa dos diferentes conflitos e vulnerabilidades vividos pela humanidade.

Contra essa forma de operar com as pulsões, Fritz e Laura Perls projetaram a consecução de uma profunda reforma na metapsicologia freudiana, haja vista o fato de esta permanecer presa em um modelo – senão dogmático ao menos escatológico – que desconsidera aquilo que, na avaliação de Fritz Perls, era a principal descoberta clínica de Freud, precisamente: a inalienabilidade das pulsões entendidas como essa orientação desviante que se manifesta a partir de meu passado, como minha paradoxal forma de ligação com o mundo presente. Por conta disso, já nos anos 1940, Fritz e Laura (Perls, p. 44) sentiram a necessidade de ater-se aos efeitos presentes das pulsões, como se a "concentração" no presente, naquilo que "obviamente" estivesse sucedendo, cumprisse melhor a tarefa de acolhimento à manifestação do que fosse estranho, do que fosse desviante. A consequência dessa práxis foi que Fritz e Laura Perls compreenderam que a pulsão não corresponde ao todo de uma *Gestalt*, mas a um aspecto inespecífico, ao qual vão chamar de fundo de passado. Em outros termos, as pulsões são apenas um aspecto em um campo de diferenciação – e não a matriz da qual todas as outras dimensões se derivariam. Assim, não se trata, para tomarmos um exemplo, de dizer com Freud que o desviante pulsional se desdobra em "eu" e, depois, em "supereu". Se o desviante pulsional é a forma radical de manifestar-se o íntimo nas relações de campo, a percepção da intimidade depende de o desviante estar "apoiado" noutras dimensões, das quais se diferencia, ou junto das quais produz efeitos. Ou, então, a pulsão só pode mostrar seus efeitos nas outras ocorrências das quais se diferencia. E, assim, se é verdade que a clínica deve poder ser uma acolhida ao que produz desvio, tal acolhimento só é possível à medida que possamos operar diferenças, operar desvios em relação ao próprio desviante. É neste ponto que Fritz e Laura Perls, agora amparados na leitura fenomenológico-pragmatista estabelecida por Paul Goodman[11], desenvolveram algo já evidente em *Ego, fome e agressão*, a saber, que as *Gestalten* são ocorrências temporais, nas quais podemos divisar três direções, três orientações intencionais: o fundo habitual, os atos presentes e o horizonte fantasmático[12]. E mais importante que essa distinção fenomenológica – a qual PHG denominarão de teoria do self – é o reconhecimento de que, na prática clínica, importa o exercício do desvio de uma orientação a outra. Além de essa prática facilitar a visualização dos efeitos das pulsões, quando houver tais efeitos, ela dá direito de cidadania clínica às outras dimensões, sem com isso inflacionar o trabalho do profissional, agora desobrigado de inferi-las da primeira. De alguma maneira, nos termos da teoria do self, a clínica amplia seu foco de atenção voltando-se não apenas ao desviante (*clinamen*), mas também ao caráter antropológico das ações presentes e ao sentido político dos fantasmas com os quais cada corpo procura simbolizar sua posição no fluxo de uma sessão a outra. Não apenas isso, PHG reabilitam a ideia epicurista do desvio como *parênklisis*, possibilitando que definamos a clínica gestáltica como a prática da transposição de uma dimensão a outra, o que inclui a dimensão eminentemente desviante, que é o fundo habitual como *clinamen*. É assim que podemos definir a clínica gestáltica como essa articulação entre uma conduta desviante (*parênklisis*) e a tolerância ao que desvia (*clinamen*).

Ora, essa atenção desviante (seja na direção do que faz desviar, na direção de nossas identidades compartilhadas ou na direção de nossos desejos) lembra, à sua vez, a prática da *parresia* proposta pelos cínicos gregos. Conforme Diógenes Laércio (trad. 1977), *parresia* diz respeito a um direito político do cidadão grego e latino, semelhante à liberdade de expressão, por meio da qual ele reclama uma ocasião para exprimir livre e simultaneamente sua devoção às leis e suas idiossincrasias. Para os cínicos gregos, como Diógenes de Sinope (424-323 a.C.)[13], há de se admitir que todos nós, ao mesmo tempo que nos favorecemos das leis, somos também ilícitos, motivo pelo qual devemos poder reclamar uns dos outros a tolerância à ambiguidade em cada um. Dessa noção decorre que os cínicos, ainda que admitissem viver na cidade e se propusessem defendê-la dos tiranos, procuravam se desembaraçar de todas as convenções e instituições que tendem a enrijecer o pensamento, ou seja, a sufocar as idiossincrasias. Contra as posições radicais (como a do dogmático que acredita que devemos nos submeter às leis da cidade, ou a do cético que prefere abandoná-las), a *parresia* cínica procura reclamar o direito à ambiguidade, à possibilidade de os cidadãos comuns, nalgum momento, fazerem carnaval.

E eis então a clínica gestáltica. Trata-se da atenção não dogmática e não normativa às diferentes possibilidades de desvio (*parênklisis*) que se apresentam a um sujeito de atos na atualidade da situação, o que inclui a manifestação de um desviante (*clinamen*), de uma normalidade ou legalidade antropológica e de um desejo político. O que faz das intervenções clínicas gestálticas uma espécie de denúncia reveladora (qual *parresia* cínica) da ambiguidade fundamental inerente às nossas relações complexas na natureza e no mundo humano.

Há de se mencionar, como um uso relevante à compreensão do estilo cínico da clínica gestáltica que estamos aqui a defender, a forma como Michel Foucault se ocupou de definir a função da clínica médica depois do século XIX. Ele empregou o termo "clínica" como produção capaz de exercer a crítica das práticas e políticas terapêuticas vigentes. Mais além das análises de Canguilhem (1943) sobre as transformações sofridas pela prática médica em decorrência da adesão às ciências naturais, Foucault procurou mostrar, na obra *O nascimento da clínica* (1963), a importância crítica desempenhada pela clínica médica. Para ele, há uma flagrante descontinuidade entre: a) o conhecimento médico da Idade Clássica (séculos XVII e XVIII), o qual tinha como tônica a representação taxonômica e superficial da doença como ilustração de um saber dogmático; e b) a medicina clínica (praticada a partir do século XIX), cuja preocupação era localizar a doença no espaço corpóreo individual. Tal descontinuidade explica-se, em parte, porque a medicina clínica associou-se às diferentes disciplinas científicas. Mas não apenas por isso. Ao contrapor os discursos científicos ao critério do êxito na terapêutica dos corpos tratados, a medicina clínica submeteu aqueles discursos a um tipo de crítica que tem antes um sentido ético do que epistêmico. A clínica, por conseguinte, mais do que um espaço de aplicação de um saber, é um espaço de crítica desses saberes.

Nessa direção, devemos agora nos perguntar em que medida a teoria do self responde à exigência de uma clínica gestáltica, bem como até que ponto ela é capaz de se submeter à crítica.

PRESENÇA E FUNÇÃO DA TEORIA DO SELF NA PRÁTICA CLÍNICA GESTÁLTICA

A TEORIA DO SELF não é uma produção que possa ser considerada científica e, nesse sentido, dogmática. Tampouco pode substituir a experiência de formação de um clínico gestáltico, a qual se faz por meio de um rigoroso processo clínico, aconteça ele em um grupo ou na clínica a dois. Qual é, portanto, a relevância da teoria do self para a clínica gestáltica nos dias de hoje?

Não se trata de uma questão simples, afinal, essa teoria se pretende uma elaboração no limiar da prática clínica e da reflexão teórica. Por um lado, ela deve reconhecer o primado da vivência do contato no contexto clínico. Por outro, deve poder elaborar a vivência do contato sem reduzi-la à condição de ilustração de uma teoria. É por essa conjunção que advém nossa compreensão de que a teoria do self, em verdade, é a oferenda que o clínico, a cada sessão, dá ao sacrifício em proveito das elaborações que o consulente possa fazer a respeito de sua própria vida. Atento às dimensões inatuais que, na atualidade dos conteúdos (função personalidade), anunciam-se como horizonte de passado (função id) e de futuro (função de ato), o clínico presume uma dinâmica temporal que consiste na repetição de um hábito (excitamento motor ou linguageiro) na forma de uma criação fantasmática (desejo), diante da qual ele é convidado ou não a ocupar um lugar. Ávido por encontrar esse lugar (que corresponde ao seu próprio desejo), o clínico constantemente se ocupa de operar um desvio na atenção do consulente a fim de que este possa migrar dos conteúdos para a forma como ele próprio busca repetir o que nem mesmo ele – tampouco o clínico – sabe o que seja. Isso significa dizer que, após a constatação, em si próprio, de um sentimento incipiente, de uma mobilização, prazer ou relaxamento, o clínico se ocupa de produzir, no consulente, algum efeito que este possa elaborar mais além das verdades às quais esteja submetido, identificado ou em conflito.

Em última instância, o gestalt-terapeuta nunca tem controle sobre a elaboração que o consulente possa fazer a respeito do que acontece consigo durante o processo clínico. O saldo de uma sessão nunca é a ratificação daquilo que o clínico pudesse presumir a partir de sua visada para as funções e dinâmicas inerentes à vivência clínica. Ainda assim, as ocorrências clínicas protagonizadas pelos consulentes – mudanças de postura, transformações nos contratos sociais, construção e desconstrução de teorias sobre si e, fundamentalmente, a repetição de significantes que não fazem o menor sentido – confirmam ao clínico que muitas coisas podem estar acontecendo. Ou, ainda, confirmam que as diferentes funções (id, ato e personalidade) podem estar operando. E a tarefa do clínico, nesse momento, é dar condições para que as funções possam produzir efeitos, em si e no(s) consulente(s), objetivando favorecer os diferentes tipos de desvios que possam ser operados de uma função a outra.

Aliás, a possibilidade de perceber o campo clínico sob diferentes perspectivas, podendo desviar-se de uma a outra, é a principal virtude da teoria do self para a prática clínica nos dias de hoje. É tal possibilidade que faculta à prática clínica gestáltica oferecer algo distinto da práxis dogmática ou normativa, ou oferecer uma alternativa às práticas ancoradas na transmissão de um saber ou no serviço a um ideal, como são as práticas clínicas médicas e as práticas clínicas psicoterapêuticas (ainda que consideremos que, em muitos contextos, estas duas sejam extremamente adequadas, como é a clínica médica para quem convalesce de hepatite C, ou como é a clínica psicoterapêutica para quem deseja fazer a avaliação de uma competência funcional). Por visar a um sujeito distinto, que é o sujeito que opera com aquilo que se manifesta como um estranho, por considerar – amparada na teoria do self – que a presença do estranho exprime-se em pelo menos três dimensões não coincidentes, a clínica gestáltica não segue protocolos nem busca alcançar metas. Ela acredita que podemos compreender cada ato (seja ele, por exemplo, uma demanda, uma formação reativa, ou um sintoma) de três pontos de vista distintos, o que pode favorecer a ampliação da autonomia do consulente para decidir o que fazer ou como entender o que de estranho esteja acontecendo consigo. Dessa maneira, em virtude de a teoria do self ser considerada tão somente um marco teórico, o clínico pode pontuar, em um dizer do consulente, tanto o afeto (que neste se expressa ou não) quanto os projetos (que aquele dizer abre), bem como as identificações antropológicas implícitas aos conteúdos semânticos formulados naquele dizer.

E, porquanto cada uma dessas dimensões é distinta, como entre elas só se podem admitir relações de figura e fundo, jamais de causa e efeito, ou de complementaridade, porquanto as relações gestálticas são totalidades abertas, irredutíveis a uma significação total, tal forma de visar às relações clínicas interdita qualquer sorte de interpretação totalitária ou posição de verdade que o clínico pudesse reclamar diante do consulente. Por causa da tríplice forma de mirar as vivências na atualidade da situação, a teoria do self faculta aos clínicos permanecer advertidos contra o dogmatismo e a normatividade, convidando os consulentes ao exercício do risco, ao risco da interpretação, do experimento, da ousadia, do equívoco, da errância e da tolerância.

A PRÁTICA DO DESVIO SEGUNDO A TEORIA DO SELF

A PRÁTICA DO DESVIO, concebida por meio da teoria do self, é uma dinâmica figura/fundo. Usando um conjunto de representações sociais (função personalidade) partilhadas pelo clínico e pelo consulente, cada um pode tomar a decisão de permanecer encerrado nesse domínio, ou desviar-se rumo a outra maneira de considerar o que esteja acontecendo no aqui e agora da relação clínica. Pode ocorrer ao clínico, por exemplo, que as representações articuladas pelo consulente desenhem bem mais do que uma história passada, ou seja, anunciem também uma intenção secreta, um projeto tácito pelo qual o consulente trabalha sem dele se aperceber. Caso desse a conhecer ao consulente essa percepção, o clínico operaria um desvio rumo à função de ato, ao domínio das fantasias que, de modo irreflexivo, o corpo falante do consulente articulava. Mas se ao clínico chamassem mais a atenção a surpresa, a vermelhidão, a contração postural do consulente ante as interpelações que lhe foram dirigidas, se ao clínico interessasse mais amplificar o afeto que então se revelou, por certo estaria operando um desvio rumo à função id. Em cada um dos casos, o que está sempre em questão é a força da dimensão que se faz figura, seja ao clínico ou ao consulente.

Uma dimensão pode figurar por revelar uma vulnerabilidade[14]. Uma vulnerabilidade antropológica, como o luto, a doença somática, uma emergência, ou desastre, por exemplo, pode trazer ao primeiro plano a função personalidade; uma vulnerabilidade política, como a incapacidade de fazer frente ao desejo alheio, pode chamar à liça uma ansiedade implícita à função de ato; ou uma vulnerabilidade ética, como a angústia diante de uma injunção, pode revelar a ausência da função id. Mas também pode uma dimensão figurar por revelar uma intensificação do fluxo de energia (*awareness*). Assim, um ato falho pode levar o clínico ao fundo de excitamentos (função id); a espontaneidade da fala pode trazer ao primeiro plano a efetividade de uma ação (função de ato); ou a luminosidade do sorriso pode remeter o clínico a um sentimento (função personalidade). E, se é verdade que a dimensão que venha a figurar nem sempre é resultante de uma escolha do clínico ou do consulente – dado que as dimensões podem simplesmente se impor –, também é verdade que em cada uma delas o clínico desempenha um papel diferente.

Como vimos anteriormente, para a teoria do self a presença de um afeto é sempre indicação da presença de um excitamento. Dirigir nossa atenção a ele, por meio do afeto, constitui a mais elementar das operações de desvio, o desvio rumo à função id. Trata-se, em verdade, de uma experiência de desvio em direção àquilo que de mais estranho possa estar acontecendo na atualidade da situação. Ou, ainda, trata-se do acolhimento ao estranho ele próprio, manifeste-se ele como hábito motor ou hábito linguageiro. É esse o sentido ético da prática clínica gestáltica, o desvio rumo à/em favor da manifestação do "outro", da manifestação dessa alteridade estranha no limiar das ações do clínico e do consulente.

Essa manifestação do outro, à sua vez, desperta nos interlocutores, mais além do afeto desencadeado, um horizonte presuntivo de entendimento, como se ambos fossem convocados a produzir, para o outro revelado, um sentido ou finalidade (função de ato). Doravante tudo se passa como se clínico e consulente compartilhassem a tarefa de encontrar, para esse misterioso sujeito revelado como afeto, uma maneira de domesticá-lo, dominá-lo, submetê-lo a um tipo de controle, a que chamamos de fantasia. Inaugura-se, no seio da experiência clínica, a dimensão política. Ela não é mais do que o conjunto de criações por intermédio das quais o clínico e o consulente buscam um sentido para isso que não tem sentido, isto é, outrem. E o trabalho de desvio em relação ao que possa dar sentido aos excitamentos não é senão um trabalho político, uma tentativa compartilhada de exercer um poder, um saber sobre o estranho (outrem) que se manifestou.

E embora nenhum sentido possa, de fato, captar o que surgiu (entre o clínico e o consulente) como outrem, embora nenhuma fantasia seja suficientemente poderosa para acolher e significar o que tenha desencadeado, no limiar do contato entre os interlocutores, um afeto, ainda assim, para as experiências seguintes, os esforços para entender geraram um tipo de patrimônio de significações, das quais os interlocutores sempre poderão se servir (função personalidade). A cada nova sessão, os discursos das sessões anteriores restarão como "marcos", como fortunas críticas sempre à disposição dos agentes que delas se servirão para produzir, no futuro presuntivo, nova tentativa para entender isso que não para de se mostrar como o que não podemos entender, isto é, outrem como afeto. Mas não apenas isso: os discursos das sessões anteriores e de tantos outros contextos em que o consulente se ocupou de si fornecerão um esteio de convivência, de humanidade, mediante o qual clínico e consulente poderão se comunicar de modo horizontal e recíproco. Eis aqui, enfim, a dimensão antropológica, o histórico das tentativas malogradas para apreender, no campo do sentido, o que não se deixa apreender. Não obstante não poder assegurar o entendimento com respeito ao que é outrem, o conjunto de tentativas antigas fornece uma espécie de espelho social (outro social) diante do qual cada ação atual poderá encontrar uma espécie de duplo, de identidade. Desviar-se para essa dimensão humana é um trabalho de cuidado antropológico, cuidado dirigido à humanidade compartilhada pelo clínico e pelo consulente.

De onde se segue, enfim, que podemos vislumbrar, para cada tipo de desvio operado no campo clínico, uma tarefa específica desempenhada pelo profissional. No acolhimento ético ao estranho, no trabalho de desvio rumo à função id, o clínico opera como analista – analista da forma segundo PHG (1951, p. 46). É a tarefa ética de distinguir outrem (como modo, como forma) dos conteúdos já determinados (das histórias contadas pelos consulentes) e dos projetos políticos (que os consulentes ostentam perante aqueles com quem convivem ou em quem se espelham), para assim acolhê-lo tal como ele se mostra, como uma presença anônima e misteriosa. No trabalho político de acompanhamento àquele que opera manobras em seu desejo, em seu modo de lidar com outrem em face da comunidade, o clínico ocupa, a seu turno, a função de terapeuta, daquele que serve e secretaria a produção de uma ação, de uma transformação. Já quando o clínico se ocupa de acolher e valorizar as diferentes identificações dos consulentes às construções que constituem para estes suas historicidades biográficas, ele desempenha um cuidado antropológico. Ou, então, o clínico é agora um cuidador, um cuidador dos vínculos diversos que os consulentes produzem em relação às histórias, aos valores, aos pensamentos e às instituições que configuram para cada qual uma forma de ver a sociabilidade. Resumindo, do ponto de vista ético o clínico é o analista das formas pelas quais outrem se manifesta; do ponto de vista político, ele é o terapeuta, o auxiliar na construção dos desejos com os quais os consulentes operam com outrem no campo do desejo; do ponto de vista antropológico, é o cuidador, o interlocutor solidário no compartilhamento dos sentimentos, dos valores, dos pensamentos e das instituições que constituem a identidade social do consulente e de seus grupos de referência.

O DESVIO ÉTICO E O CLÍNICO COMO "ANALISTA DA FORMA"

ÉTICA, COMO COMENTAMOS EM ocasiões anteriores (Müller-Granzotto e Müller-Granzotto, 2007, 2012), diz respeito não apenas à posição que adotamos diante das leis, normas e costumes de uma comunidade. Em seu uso mais arcaico, ética também significa a morada ou o abrigo que oferecemos àquele ou àquilo que, de outra maneira, não teria lugar. Trata-se de uma atitude de acolhimento ao estranho, independentemente da origem, do destino ou das convicções que possua. Apoiando-nos na terminologia empregada na teoria do self, denominamos a esse estranho de função id (ou outrem transcendental, conforme a terminologia que emprestamos de Merleau-Ponty). E, por função id, entendemos o fundo impessoal de hábitos compartilhados de maneira não representada pelos diferentes corpos (ou sujeitos agentes) em um contexto específico, não relacionado a outros. Todavia, mesmo que o estranho seja frequentemente exigido, a ponto de se manifestar como dimensão afetiva da experiência, o reconhecimento de sua presença não é um trabalho simples. De modo geral, o outrem está engalfinhado com representações sociais, cerimoniais linguísticos e comportamentais que o tentam proteger, esconder ou afastar. Ou, ainda, está dissimulado na própria dificuldade (resistência) que o clínico experimenta diante de determinados assuntos. Esse é o motivo por que a atenção ao estranho exige um trabalho de desvio, de deriva, que nos faça perder a lógica das representações sociais em proveito do fundo de hábitos e respectivos efeitos afetivos que possam provocar. A esse trabalho de desvio denominamos de "análise da forma" (PHG, 1951), quando importa "não tanto o *que* está sendo experienciado, relembrado, feito, dito, etc., mas a maneira *como* o que está sendo relembrado é relembrado, ou como o que é dito é dito, com que expressão facial, tom de voz, sintaxe, postura, afeto, omissão, consideração ou falta de consideração para com a outra pessoa etc." (grifo dos autores).

O outrem[15] que surge nas entrelinhas dos discursos e das ações do clínico e do consulente não é um pensamento, uma ação ou um objeto empírico que possamos rapidamente identificar. Em geral, o outrem tem relação com algo que não se deixa identificar, nem mesmo pelas categorias clínicas que o clínico emprega usualmente nas sessões de supervisão clínica. Trata-se antes da presença de hábitos, de estilos de agir e de pensar que atravessam a visibilidade dos comportamentos, exprimindo a copresença de um fundo invisível, ora em benefício de uma criação, ora em proveito da inibição do contato. Trata-se, portanto, da própria presença da função id como aquilo que exige, de nossos atos, transcender o que é da ordem da personalidade.

Como manifestação da função id no campo clínico, o outrem é, simultaneamente, inédito e repetido. Inédito porque o efeito é produzido pelo comportamento atual, no qual se inscreve como bruma misteriosa, anônima. Repetido porque seu anonimato é tributário de algo que se perdeu, que não se mostra na atualidade do comportamento, mas se exprime como horizonte de passado, origem presumível, orientação herdada. Por outras palavras, os consulentes produzem na sessão respostas que, embora nunca dantes vistas pelo clínico, ao mesmo tempo, desenham relações inatuais, como se estivessem a omitir ou requisitar outros gestos, outras palavras, outros significantes que, por conseguinte, são "intuídos" como faltantes, copresentes, vindos de um lugar anônimo. O inédito e o repetido são aqui apenas dois perfis desse outro irredutível e inesperado a que poderíamos descrever nos servindo das palavras de Jacques Derrida (2004, p. 331-2) para falar da iterabilidade:

> [...] não há incompatibilidade entre a repetição e a novidade do que difere.
> [...] uma diferença sempre faz com que a repetição se desvie. Chamo isso de iterabilidade, o surgimento do outro (*itara*) na reiteração. O singular sempre inaugura, ele chega mesmo, de modo imprevisível, como o chegante mesmo, por meio da repetição. Recentemente me apaixonei pela expressão

francesa *"une fois pour toutes"* [de uma vez por todas]. Ela expressa com bastante economia o acontecimento singular e irreversível do que só acontece uma vez e, portanto, não se repete mais. Mas, ao mesmo tempo, ela abre para todas as substituições metonímicas que a levarão para outro lugar. O inédito surge, quer se queira, quer não, na multiplicidade das repetições. Eis o que suspende a oposição ingênua entre tradição e renovação, memória e porvir, reforma e revolução. A lógica da iterabilidade arruína de antemão as garantias de tantos discursos, filosofias, ideologias...

Do ponto de vista da tarefa ética da clínica gestáltica, que é o encontro com esse outrem (inédito e repetido) que se manifesta com e para a elaboração do consulente, cada sessão é única. Cada sessão, nesse sentido, caracteriza uma clínica. E uma das principais virtudes da teoria do self reside justamente em assinalar essa singularidade das vivências de contato que caracterizam a experiência clínica. Contudo, do ponto de vista do clínico, daquele que deseja, mediante essa manifestação de outrem com e para o consulente, encontrar um "lugar", a elaboração desse "lugar" é algo muito importante. Evidente que não se trata de elaborar tal lugar para o consulente. Trata-se, para o clínico, de elaborá-lo para si; o que ele vai fazer em regime de supervisão. Em última instância, tal elaboração visa favorecer a fluidez no processo analítico com o consulente.

O saldo dessa elaboração, no entanto, também tem outros efeitos. Em primeiro lugar, ele faz o clínico reencontrar os limites de seu próprio processo como consulente, reencontrar-se com o que é outrem para ele próprio. Esse reencontro é muito importante, afinal, o processo analítico do clínico é seu melhor instrumento de trabalho. Reencontrá-lo é sempre uma oportunidade de aprofundá-lo. Em segundo lugar, porém, a elaboração do "lugar" que o clínico ocupa na relação com o consulente tem um efeito teórico, que é a produção de um saber sobre a prática clínica, saber esse em relação ao qual a teoria do self não é mais que uma formulação, sendo isso o que explica em que sentido, para nós, essa teoria é um efeito da prática clínica, a elaboração do lugar ético ocupado pelo clínico na relação analítica que o vincula ao consulente.

O DESVIO POLÍTICO E O CLÍNICO COMO TERAPEUTA[16]

CONFORME JÁ TENTAMOS MOSTRAR na obra *Psicose e sofrimento* (Müller-Granzotto e Müller-Granzotto, 2012), para a teoria do self, o significante "política" vincula-se à ação estabelecida pelos sujeitos de ato a fim de sintetizar, em uma unidade presuntiva e virtual a que chamamos de desejo, as representações sociais disponíveis e os hábitos (excitamentos) desencadeados pelas contingências sociais presentes (demandas por representação social e por excitamento). Objetivamos, em tal unidade presuntiva e virtual, estabilizar como horizonte de futuro o efeito que os hábitos possam desencadear nas representações sociais a que estávamos identificados. Por conseguinte, política relaciona-se com a tentativa (sempre iminente e nunca realizada de fato) de dominar o interlocutor, nossas representações sociais, hábitos e afetos espontaneamente surgidos, em um todo presuntivo a que chamamos de desejo.

O desvio para a função política talvez seja a prática mais usual nos espaços de atuação (consultórios, grupos, clínica ampliada etc.) dos gestalt-terapeutas, e isso se deve, em parte, porque as questões políticas são as que com mais frequência levam os consulentes a procurar atendimento clínico. Vivemos em uma cultura pautada acima de tudo por relações políticas, em que a produção de riqueza depende direta e proporcionalmente da capacidade dos sujeitos para alienar suas ações em projetos alheios. Nesse processo de alienação, todavia, raras são as vezes que podemos operar com nossos projetos políticos (de produção de riqueza) livremente. O outro social ao lado de quem alienamos nossa ação cada vez mais se articula nos termos de um desejo dominante, que não admite concorrência. Se por um momento acreditamos na harmonia política dos interesses dos sujeitos nas democracias liberais, tal se deve a que não olhamos para aqueles que os partícipes privilegiados das democracias liberais enganam, exploram, dominam. É fácil vincular a liberdade de expressão e o livre mercado ao desenvolvimento econômico nos Estados Unidos, quando olvidamos as populações periféricas, cuja mão de obra, matéria-prima e endividamento (em virtude da transferência desigual de tecnologia) servem de fonte de riqueza. Cada vez mais nosso tempo – a forma mais cobiçada de nosso corpo – é alienado em projetos de crescimento econômico que, efetivamente, não nos beneficiam. Se nós logramos conseguir salário, trata-se de valores que não compram o que produzimos para recebê-lo. Se alcançamos comprar bens móveis e imóveis, logo cedo percebemos que pagamos por eles bem mais do que podemos desfrutar. Pior do que isso, logo percebemos que mais rentável do que o bem adquirido é a dívida que contraímos em seu nome. Por mais que tentemos nos organizar de maneira alternativa, como se pudéssemos ostentar nossos desejos políticos (de crescimento econômico autônomo), rapidamente percebemos que o poder avassalador do outro capitalista nos obriga a fazer negócio com ele. E, se achamos que a dominação a que estamos sujeitados se reduz ao plano macroeconômico, logo deparamos com o poder midiático dos dispositivos de saber, que controlam nosso cotidiano, como se devêssemos nos vestir, nos alimentar, votar, nos divertir, amar segundo os interesses dos representantes da cultura dominante, em geral homens brancos heterossexuais. E não é de estranhar que, a certa altura, nós nos coloquemos prostrados, deprimidos, desanimados, porque o lugar que o outro nos promete nunca conseguimos alcançar.

O mais perverso, entretanto, são as estratégias de pressão ou convencimento criadas pelo outro capitalista. Se não logramos crescer, é porque não trabalhamos o suficiente ou porque estamos doentes e precisamos ser tratados. Nosso corpo – em especial nosso tempo – torna-se objeto de controle biopolítico. Precisamos continuar participando da lógica do consumo e, quando não o conseguimos, temos de submeter-nos a tratamentos de saúde que muito lembram oficinas de reparação de máquinas. A medicalização dos sentimentos, sobretudo dos negativos – como se a tristeza fosse uma grave patologia –, além de fundar um rentável mercado consumidor, impede-nos de pôr em questão o mal-estar que vivemos por estarmos sujeitados ao desejo dominante do outro capitalista. Em vez de nos revoltarmos contra as políticas de cobrança abusiva de juros, sentimo-nos fracassados, devedores, gastadores compulsivos. E é lamentável como não raro as práticas clínicas servem de agente de cristalização desta cultura de dominação. Os "pacientes" e "clientes" são muitas vezes induzidos a pensar que o mal-estar que sentem pode ser resolvido mediante uma investigação das relações parentais arcaicas, ou do treinamento em técnicas de reforço da autoestima, como se dizer "Eu sou eu..." fosse uma estratégia de fortalecimento perante o outro, o que, evidentemente, é um equívoco, porquanto ao outro capitalista o que mais interessa é que eu acredite na minha liberdade, na minha capacidade ou direito ao consumo. Se é verdade que já nas relações parentais modos de dominação são experimentados, isso não significa que as relações de sujeição vividas na atualidade da situação se expliquem por aquelas. E o trabalho clínico com as vulnerabilidades políticas deve poder ir muito além da mera aplicação de ficções metapsicológicas aos conflitos descritos pelos consulentes. Um dos principais motes da Gestalt-terapia de PHG foi justamente alertar para o fato de que, se uma forma arcaica (como uma evitação, por exemplo) sobrevive na situação atual, isso se deve à presença de uma demanda que a exige. A intervenção clínica jamais pode ignorar o papel dos demandantes, o papel dos dispositivos de saber veiculados pela mídia, a astúcia do outro capitalista em nos fazer exigir, de nós mesmos, que sejamos indivíduos bem-sucedidos.

De fato, o desvio rumo à função de ato, rumo às fantasias ou formulações políticas com que cada um procura operar com outrem (com os excitamentos) junto com os semelhantes (organizados como outro social), precisa considerar a temática do poder. Afinal, o poder é a maneira como cada qual sujeita o semelhante ou se sujeita às possibilidades de ação oferecidas por ele. Por conseguinte, cabe ao clínico, agora como terapeuta, secretariar as relações de poder sobre as quais o consulente fala. Não se trata, contudo, de um "falar sobre". A maneira mais efetiva de um clínico ajudar um consulente a se apropriar de sua condição política é pontuando a forma como este vive o poder. E essa pontuação deve poder estar alavancada na própria atualidade da vivência clínica. Em certa medida, na condição de terapeuta, o clínico gestáltico é aquele que ajuda o consulente a apropriar-se do modo como entre ambos se estabelece uma relação de poder. Somente assim o clínico poderá ajudar o consulente a responsabilizar-se e implicar-se nos processos de mudança e acomodação em relação àqueles que representam oportunidades e vulnerabilidades na construção de projetos políticos. Não se trata, como faz o psicoterapeuta, de encontrar as causas pelas quais o consulente foi sujeitado ao poder alheio. Menos ainda de estabelecer metas, como se o consulente as devesse cumprir caso quisesse mudar sua condição política. O clínico gestáltico, fazendo as vezes de um terapeuta, ou acompanhante terapêutico, privilegia o advento da espontaneidade criativa, provoca-a, sem compreender exatamente a que ponto ela os conduzirá, ou a razão de ela acontecer assim. Trata-se, nesse sentido, de uma clínica do ato, da ação, do acontecimento.

O DESVIO ANTROPOLÓGICO E O CLÍNICO COMO CUIDADOR DAS RELAÇÕES VINCULARES[17]

ANTES DE DISCUTIRMOS o sentido clínico do desvio rumo à função personalidade – desvio este que define o trabalho clínico como uma espécie de cuidado –, cumpre esclarecer como entendemos o significante "antropologia". Para nossos propósitos, ele tem seu uso orientado pela maneira crítica como lemos a antropologia de Jean-Paul Sartre (1942). Baseado na ideia de uma fonte insuperável e irredutível – que é a sua teoria da consciência –, Sartre advoga que a unidade dessa consciência sempre se produz na transcendência, como uma existência humana em situação, na práxis histórica. A antropologia, para ele – entendida como o objeto primeiro do filosofar –, é o estudo dessa práxis histórica. Trata-se de uma investigação do homem e do humano como a realização (sempre parcial) da unidade da consciência na transcendência. Segundo Sartre (1966, p. 95):

> [...] enquanto interrogação sobre a práxis, a filosofia é ao mesmo tempo interrogação sobre o homem, quer dizer, sobre o sujeito totalizador da história. Pouco importa que esse sujeito seja ou não descentrado. O essencial não é o que se fez do homem, mas o *que ele faz do que fizeram dele*. O que se fez do homem são as estruturas, os conjuntos significantes que as ciências humanas estudam. O que o homem faz é a própria história, a superação real dessas estruturas numa práxis totalizadora. A filosofia situa-se na charneira. A práxis é, no seu movimento, uma totalização completa; mas nunca atinge senão totalizações parciais, que serão por sua vez superadas.

Para nossos propósitos, aderimos à compreensão de que, na transcendência (entendida como atualidade da situação concreta e social), o homem ocupa-se de superar as estruturas em que reflete a unidade de sua própria práxis histórica, e de que isso é o mesmo que fazer história. Aderimos à compreensão de que a antropologia é o estudo dessa práxis histórica e da tentativa humana de superá-la. Mas, nem por isso, precisamos onerar a antropologia com a suposição de que tal práxis, bem como as tentativas de compreendê-la e superá-la, estaria animada por uma fonte insuperável e irredutível, que é a consciência (na qualidade de ação nadificadora, ato de liberdade sempre em curso).

Que haja tal fonte, ou que ela se imponha na práxis histórica como uma exigência transcendental de unificação, isso é para nós uma questão a discutir e não um princípio, como parece ser para Sartre. Eis em que sentido nós conjecturamos, como um eventual motivo (ausente, por exemplo, nas formações psicóticas) que justificasse as ações de superação das identidades historicamente constituídas, a copresença de uma alteridade radical, qual outrem (ou função id). Se é verdade que, na práxis histórica, nos ocupamos de operar sínteses do passado em direção ao futuro, tais sínteses não parecem ser decorrência de uma exigência interna ou transcendental, antes um efeito da presença do estranho que se apresenta a nós segundo a demanda do semelhante. Preferimos pensar que a práxis histórica está motivada muito antes pela alteridade do que por uma suposta unidade que nos antecederia.

O desvio clínico rumo a uma dimensão antropológica é, para nós, o desvio na direção daqueles temas em que se exprime uma práxis histórica pela qual o consulente sente orgulho, honra, desprezo, medo, enfim, com a qual está identificado. Evidente que não é incomum que os consulentes repitam histórias (qual fala falada) sem se aperceber dos sentimentos que nutrem por elas, assim como não é incomum as pessoas não perceberem o quanto estão vinculadas a determinadas representações frequentes em seus discursos. Se tais representações mobilizassem o clínico – porque sentisse admiração pelas ideias, valores, instituições ou conquistas mencionadas pelo consulente –, o profissional poderia perfeitamente compartilhar seu sentimento, abrindo para ambos uma linha de comunicação em torno de algo que lhes é comum e ao lado de que se sentem irmanados. Dessa forma o clínico trabalharia para a construção de um vínculo eminentemente antropológico, em que a humanidade de cada qual poderia refletir-se.

É certo que, em geral, os consulentes trazem às consultas vivências de desconstrução dos valores antropológicos a que estavam identificados. Ou, ainda, costumam vir às sessões para falar daquilo que perderam, ou que ainda não ganharam. São discursos sobre vulnerabilidades antropológicas que estejam vivendo, como nas situações em que necessitam lidar com os efeitos de acidentes e desastres, adoecimentos e lutos. Nessas ocasiões os consulentes por vezes precisam pedir ajuda, muito embora não saibam como, a quem ou por que fazê-lo. É aí então que os clínicos são requisitados a atuar como cuidadores, mais do que como terapeutas ou analistas, pois, em situações de vulnerabilidade antropológica, os sujeitos estão desprovidos das condições humanas que lhes permitiriam uma práxis exercida de forma autônoma. Eis por que os clínicos, na função de cuidadores, precisam ir muito além do consultório, participando efetivamente das situações pontuais que o exigirem perto do consulente. Os clínicos vão a hospitais, cartórios, abrigos, acompanham seus consulentes onde eles estiverem para, assim, ajudá-los na reconstrução de suas humanidades. Em certa medida, o trabalho dos clínicos incorpora aspectos do trabalho do clínico dogmático, como se representasse para o consulente os saberes e poderes dos quais este estaria necessitado. Todavia, diferentemente do clínico dogmático, o clínico gestáltico (na função de cuidador dos vínculos antropológicos) não exerceria esse saber, já que seu interesse não é resolver o problema antropológico do consulente, não é fazer por ele, representá-lo de fato. Trata-se tão somente de auxiliá-lo a reencontrar em si a disponibilidade para ao menos pedir ajuda, inteirar-se do que quer e pode fazer, servindo-se do clínico como seu auxiliar.

Por fim, vale dizer que, mesmo atuando como cuidador das relações vinculares que constituem a dimensão antropológica (ou função personalidade) vivida pelo consulente, isso não significa que as outras funções do self não se façam presentes ao clínico. Elas estão todas ali, no campo de presença que ele compartilha com o consulente. E a eleição de uma e de outra é uma construção coletiva no aqui e agora da situação clínica. O mais importante é que o clínico esteja disponível ao exercício do desvio, da passagem de uma dimensão a outra, sempre que a situação no campo assim o exigir, procurando favorecer uma tolerância ante a ambiguidade de cada qual, especialmente dele próprio. Afinal, tal como o consulente, também o clínico é uma totalidade aberta, dividida, ao mesmo tempo identificada a determinadas representações veiculadas pelos consulentes, ocupado com projetos políticos nascidos na relação clínica, afetado por algo estranho, qual outrem.

CAPÍTULO 5
AS CLÍNICAS GESTÁLTICAS

FORMAS CLÍNICAS COMO AJUSTAMENTOS CRIADORES

EM CADA EXPERIÊNCIA DE contato estabelecida em regime clínico (ampliado), o que importa ao clínico é, em tese, deixar-se arrebatar por aquilo que, no campo clínico, emerge como figura. Importa a ele, por conseguinte, deixar-se desviar (*clinamen*) para, assim, pelo inédito que possa lhe haver surgido, provocar outros desvios (*parênklisis*), dessa vez no discurso, na ação e nas identificações escolhidas pelo consulente. Na passagem das sessões, dos encontros com o grupo, das visitas às famílias nas comunidades, paulatinamente o clínico vai se apercebendo de certo estilo de desvio que o acomete. Mais do que isso, é como se, entre ele e seus consulentes, certa "forma de se ajustar" ante o que provoca desvio se mostrasse, especialmente quando o desviante revela-se como vulnerabilidade.

O modo de o clínico e o consulente reagirem à vulnerabilidade do afeto (função id), à vulnerabilidade política em face do desejo (função de ato) de um terceiro, ou à vulnerabilidade das representações (função personalidade) ameaçadas por um tirano (que pode ser um estado de exceção, um regime totalitário) desenha formas ao mesmo tempo distintas e regulares, as quais não podem ser exclusivamente imputadas ao clínico ou ao consulente. Trata-se, em verdade, de ajustamentos criativos no campo clínico, modos singulares de os envolvidos operarem diante dos fatores que provocam desvio. Foi essa percepção que motivou PHG a criar, apoiados na tese das três funções do sistema self, uma ficção sobre diferentes ajustamentos criadores produzidos na experiência clínica. Dependendo da vulnerabilidade de uma função ou de outra, do efeito desviante que uma ou outra provocasse, o clínico e o consulente criariam um tipo de resposta; respostas estas que nada mais são que as "formas clínicas da Gestalt-terapia".

Tal como se pode ler na terceira parte do segundo volume do *Gestalt-terapia*, PHG concebem pelo menos três lugares diferentes que poderiam ser ocupados por um clínico, os quais são pensados com base na presença ou ausência, em um contexto que envolve o clínico e o consulente, das funções atribuídas a um sistema self (entendido como campo psicossocial). Esses lugares são a psicose, a neurose e a aflição. Segundo eles (1951, p. 235), "como distúrbio da função de *self*, a neurose encontra-se a meio caminho entre o distúrbio do *self* espontâneo, que é a aflição, e o distúrbio das funções de *id*, que é a psicose". PHG mencionam três tipos de formas clínicas, cada uma delas relacionada à vulnerabilidade de uma função própria do sistema self (e não a patologias ou características específicas de sujeitos ou pessoas). Não se trata de um ensaio de psicopatologia, ou de uma descrição complexa sobre as propriedades da alma humana. Os autores têm em conta tão somente os ajustamentos criadores que alguém poderia criar em regime clínico quando uma ou outra dimensão do sistema complexo de contatos (que é o self entendido como campo relacional) estivesse vulnerável, independentemente da causa dessa vulnerabilidade. É nesse sentido, então, que eles vinculam, à vulnerabilidade da função id, um tipo de criação a que chamam de psicose. À vulnerabilidade da função personalidade – entendida como a dimensão antropológica do self –, os autores relacionam um tipo de ajustamento criador denominado "*misery*", que preferimos traduzir por "sofrimento" (em vez de "aflição", como na versão brasileira). Na segunda parte daquele mesmo livro, fizemos um estudo aprofundado sobre esse tipo de vulnerabilidade e de ajustamento, respectivamente. Por fim, como efeito da vulnerabilidade da função de ato, PHG fazem menção à neurose, a mais discutida de todas as formas clínicas gestálticas.

No presente capítulo, queremos propor aos nossos leitores uma nova forma de apresentação das clínicas gestálticas, a qual agrega à divisão das funções de campo – estabelecida nos termos da teoria do self – as reflexões éticas, políticas e antropológicas que introduzimos no capítulo anterior. Assim, tendo em vista que a função id vincula-se à dimensão ética da experiência do contato (o acolhimento à presença ou ausência de outrem), a clínica da psicose é eminentemente ética, é uma maneira de se posicionar diante da vulnerabilidade da função id. Já a clínica do sofrimento, cuja gênese se dá na vulnerabilidade da função personalidade – que é a dimensão antropológica do sistema self –, é por nós considerada um modo de ajustamento antropológico. Por fim, pensando que a vulnerabilidade da função de ato tem uma gênese política, a clínica da neurose, por se tratar de uma maneira de operar ante tal vulnerabilidade, é uma clínica política. Evidenciamos as consequências práticas dessa forma de ler as clínicas gestálticas noutras obras. Na primeira delas, *Fenomenologia e Gestalt-terapia* (Müller-Granzotto e Müller-Granzotto, 2007), estabelecemos um estudo minucioso sobre as formulações teóricas de PHG em torno dos ajustamentos neuróticos (ou de evitação), bem como sobre a ética e o estilo de intervenção gestálticos em tais ajustamentos. Recentemente, a obra *Psicose e sofrimento* (Müller--Granzotto e Müller-Granzotto, 2012), na qual discutimos, de modo pormenorizado, o caráter eminentemente ético da experiência com os sujeitos das formações psicóticas e o caráter acima de tudo antropológico da experiência com os sujeitos que, por motivos éticos, políticos e antropológicos, foram privados das representações sociais que constituem, para cada qual, uma identidade (função personalidade).

Mas, ainda neste quinto capítulo, queremos compartilhar com os leitores nossos estudos iniciais sobre a necessidade de ampliarmos as clínicas políticas da Gestalt-terapia. Isso porque, atentos aos incrementos das formas de dominação biopolítica, cujos efeitos se fazem sentir em todos os cantos, inclusive em nossos consultórios, sentimos a necessidade de incluir outras formas de reagir (criadas pelos sujeitos em situação de vulnerabilidade política). Estamos aqui propondo, ao lado da neurose, como clínicas essencialmente políticas, as atenções aos ajustamentos banais e aos ajustamentos antissociais. Trata-se, em nosso entendimento, de novas clínicas gestálticas que venham ampliar as possibilidades de intervenção, ou seja, de provocação de desvio, que constituem o estilo gestáltico de fazer clínica.

QUADRO 4 – VULNERABILIDADES DAS FUNÇÕES E AJUSTAMENTOS CRIATIVOS.

FUNÇÃO QUE FIGURA	MOTIVO DE FUNDO	RESPOSTA CRIATIVA	FORMA CLÍNICA
Id	Vulnerabilidade ética	Formações psicóticas	Ajustamentos Psicóticos (ou de busca)
Personalidade	Vulnerabilidade antropológica	Pedido de socorro solidário	Ajustamentos de Inclusão Psicossocial
Ato	Vulnerabilidade política	Manipulação neurótica	Ajustamentos Neuróticos (ou de evitação)
		Fuga ao conflito	Ajustamentos Banais
		Aniquilação do meio social	Ajustamentos Antissociais

A CLÍNICA ÉTICA E OS AJUSTAMENTOS PSICÓTICOS (DE BUSCA)

COMECEMOS FALANDO DAQUELAS SITUAÇÕES clínicas em que as ações da função de ato, no consulente, parecem desorientadas, como se não dispusessem de hábitos (motores e linguageiros) que lhes fornecessem direção. Ou, então, ocupadas em encontrar essa orientação ausente, não importando a exploração das possibilidades abertas pelos dados na fronteira de contato. O contato conosco parece acometido de uma espécie de "rigidez (fixação)" (PHG, 1951, p. 34), tal como aquela que se pode observar nos comportamentos genericamente denominados de psicóticos. Psicose, aliás, é o nome que PHG (1951, p. 235) dão a essa configuração do sistema self. Trata-se de um quadro provavelmente relacionado a um comprometimento da função id, que se mostraria incapaz de disponibilizar, de maneira organizada, um fundo de codados (excitamentos ou intenções). Os sujeitos da psicose seriam funções de ato que não encontrariam, diante das demandas ambíguas – em parte formuladas segundo o sistema de pensamentos, valores e sentimentos que constituem a realidade social (ou outro social), noutra parte destinadas à indeterminação dos hábitos e à virtualidade dos desejos –, os correlativos indeterminados e virtuais correspondentes à função id. E eis então que se ocupariam da realidade (dos pensamentos, valores e sentimentos) não apenas para responder às demandas da ordem da inteligibilidade social (que são relacionadas ao sistema de pensamentos, valores e sentimentos), mas também para simular aquilo que não encontram, exatamente, a função id. A essas simulações denominamos de ajustamentos de busca de suplência à função id.

AMBIGUIDADE DAS DEMANDAS

Contra as representações sociais compartilhadas pelo senso empírico relativamente ao que desencadearia em um sujeito um comportamento psicótico, não acreditamos que tais comportamentos sejam aleatórios, espontâneos ou imotivados. Ao contrário, sempre podemos identificar nas formações psicóticas um tipo de efeito desencadeador, geralmente uma demanda insistente ante a qual os sujeitos não sabem como se comportar. Mas que tipo de demanda provocaria uma resposta psicótica?

Aqui talvez seja o caso de retomarmos uma distinção que, na obra *Psicose e sofrimento* (Müller-Granzotto e Müller-Granzotto, 2012), fizemos entre as demandas por inteligência social e as demandas por excitamento e desejo. Ou, o que é a mesma coisa, precisamos aqui recuperar a diferença entre nossa atenção aos conteúdos objetivos que constituem nossa realidade e nossa atenção àquilo que, em nossa realidade, possa parecer "interessante", precisamente as vivências afetivas e aquelas da ordem da falta (entendendo-se por afeto e falta a maneira individual como os excitamentos e desejos, respectivamente, são vividos).

As demandas por inteligência social dizem respeito à nossa curiosidade em torno daquilo que pode ser aprendido e comunicado. Trata-se das perguntas pelas quais tentamos aprender algo sobre o que nosso interlocutor possa estar informado. Ou, conforme o que vimos no Capítulo 2, acerca das funções de campo, as demandas por inteligência social são as formas de comunicação em torno dos elementos que constituem a função personalidade: instituições, valores, pensamentos e sentimentos. Por meio de tais demandas, procuramos aproximar-nos das significações que constituem nossas múltiplas realidades objetivas: nosso trabalho, nome, procedência; as artes que apreciamos ou somos capazes de produzir; as tecnologias pelas quais nos interessamos ou o patrimônio que conseguimos acumular; os títulos recebidos ou a biografia que podemos compartilhar, enfim, tudo que possa ser representado como realidade (histórica, atual, ficcional etc.).

Já as demandas por excitamento e desejo dizem respeito à nossa curiosidade por aquilo que não podemos representar como realidade, mas supomos coexistir como uma dimensão íntima, misteriosa, que acompanharia todas as representações sociais elegidas por nosso interlocutor ou por nós mesmos[1]. Conforme vimos no Capítulo 2 do presente livro, nossas representações sociais podem veicular, em torno dos valores semânticos compartilhados, um fundo de perdas (às quais também denominamos de excitamentos) que se denunciaria como afeto – fundo este a que a teoria do self classifica como função id. Ou, ainda, aquelas mesmas representações poderiam exprimir um horizonte de interesses que não estão esclarecidos pelos valores semânticos veiculados na comunicação objetiva, como se o interlocutor repetisse um padrão de comportamento que não sabe dizer bem o que seja, ou buscasse algo que lhe faltasse, que lhe mobilizasse a ir mais além da realidade. Trata-se, noutras palavras, de um fundo de excitamentos (vividos como repetição) que são articulados num horizonte de desejo (vivido como falta). De sorte que, quando demandamos algo da ordem da inteligência social, simultaneamente vinculamos um interesse por um fundo (função id) ou por um horizonte (função de ato) em torno da realidade social demandada. Esse interesse é o que denominamos de demanda por excitamento e desejo.

Ora, nem sempre as demandas por inteligência social estão investidas de uma demanda por excitamento e desejo. Ou, ao menos, nem sempre estas – sempre implícitas àquelas – logram o *status* de figura ou aspecto principal. Muitas vezes nossa comunicação está estritamente pautada na transferência de informação (cognitiva, moral e sentimental), não importando a presença ou a ausência de um aspecto afetivo ou faltante. Tal é o caso das tarefas objetivas que precisamos ou decidimos cumprir, como dar ou pedir informação sobre um endereço a um transeunte, realizar ou submeter-se a uma cirurgia, impetrar uma medida jurídica ou dela defender-se, ensinar por ofício ou por apreço medidas de segurança a quem delas está necessitado, participar de concursos como examinadores ou candidatos, desempenhar atividade pública ou privada que implique a segurança dos semelhantes... E o que nossa experiência clínica nos tem ensinado – conforme procuramos mostrar na obra *Psicose e sofrimento* (Müller-Granzotto e Müller-Granzotto, 2012) – é que os sujeitos a quem consideramos psicóticos não reagem de modo psicótico às demandas por inteligência social quando estas não estão investidas de demandas por excitamento ou desejo, ou quando estas últimas não são perceptíveis. Ao contrário, na maior parte do tempo, caso não estejam vivendo um estado de surto, os sujeitos da psicose respondem tranquila e produtivamente às demandas por inteligência social. Eis o que permite àqueles frequentar a escola, desempenhar com maestria determinado ofício laboral, aprender e ensinar, emocionar-se e responsabilizar-se, entre outros exemplos. Em algum sentido, podemos dizer que esses sujeitos estão fixados nas realidades das quais podem dispor, não se deixando afetar por algo estranho (função id) ou desejável (função de ato) que lhes possam ocorrer.

A situação social muda, entretanto, quando as demandas por inteligência social caem no segundo plano. Quando as demandas afetivo/faltantes tornam-se figura, ou quando roubam o protagonismo das demandas por inteligência social, os sujeitos psicóticos submetidos a tais demandas reagem de modo estranho. Tudo se passa como se eles não pudessem lidar com as demandas afetivo/faltantes. Ou, ainda, a ambiguidade das demandas veiculadas pelos interlocutores parece representar grandes dificuldades para os sujeitos das psicoses, como se eles não pudessem ou quisessem participar da intimidade (ou virtualidade) desencadeada pelas demandas afetivo/desejantes. E eis que, nesse momento, eles começam a produzir formações psicóticas (mutismos comportamentais, alucinações, delírios dissociativos e associativos, identificações maníacas ou depressivas). Se o apelo afetivo/faltante implícito à determinada demanda é muito forte (por exemplo, quando o interesse em que sejamos reconhecidos em nossa generosidade é mais importante que a própria oferta objetiva que fazemos a um sujeito), em se tratando de um sujeito que, por alguma razão desconhecida, noutros momentos teve comportamentos psicóticos, não é impossível que ele se fixe a elementos gráficos ou sonoros da própria demanda (fixação esta a que chamamos de ecolalia), como se assim ficasse desincumbido de oferecer o afeto ou desejo demandado.

De onde se segue nossa conclusão de que, quando observamos comportamentos psicóticos, sempre podemos encontrar vestígios ou, pelo menos, fortes indícios da presença de uma demanda afetivo/faltante ante a qual o sujeito parece fracassar.

Noutras palavras, as respostas psicóticas sempre são precedidas por uma demanda social cuja característica é a ambiguidade marcante das representações sociais utilizadas, ao mesmo tempo destinadas a conteúdos objetivos (realidade), a excitamentos (afetivos) e desejos (faltantes), quando estes dois últimos tornam-se a figura dominante. O que ademais nos leva à hipótese de que a psicose está relacionada à impossibilidade de o sujeito fazer contato com as perdas (excitamentos) e com as faltas (desejos) que se sobrepõem aos valores antropológicos compartilhados. Mas por que isso aconteceria ao sujeito das formações psicóticas?

SOBRE AS PROVÁVEIS CAUSAS, POSSÍVEIS CONSEQUÊNCIAS E POLÊMICOS TRATAMENTOS

Não é uma tarefa simples especular sobre as razões das dificuldades enfrentadas pelos sujeitos psicóticos (das formações psicóticas) quando submetidos a demandas por excitamento e desejo. Ao mesmo tempo que é fácil observar que todas as formações psicóticas são precedidas por tais demandas (às quais os sujeitos das formações psicóticas não conseguem responder), motivo pelo qual tais demandas haveriam de provocar – nos sujeitos das psicoses – respostas propriamente psicóticas repousa num campo totalmente especulativo. Nesse sentido, podemos conjecturar causas anatomofisiológicas, e respectivas consequências neurológicas, como se lográssemos desvelar os elementos físico-químicos e orgânicos que aumentassem a probabilidade do aparecimento das respostas psicóticas. Mas essas conjuturas com frequência são objeto de interpelações epistemológicas e políticas que envolvem desde discussões filosóficas sobre os fundamentos das hipóteses psiquiátricas até discussões clínicas sobre a real eficiência dos tratamentos propostos.

A busca por uma causa anatomofisiológica que pudesse explicar as respostas psicóticas – ou, conforme preferirmos, o fracasso de alguns sujeitos diante de demandas por afeto e desejo – é muito antiga. E não é nosso objetivo recuperar essa história, nem mesmo descrever as diferentes hipóteses anatomofisiológicas, até porque elas são extremamente polêmicas. Interessa-nos apenas dizer, genericamente, que as diferentes teses anatomofisiológicas distinguem entre causas traumáticas (como a ocorrência ou não de acidentes pré-natais ou puerperais envolvendo o sujeito), causas genéticas (como a possível trissomia do 21 ou a trissomia do 18), a presença ou não de anomalias bioquímicas (como a galactosemia ou fenilcetonúria), a caracterização ou não de distúrbios endócrinos (como o hipertireoidismo congênito), a ingestão sistemática ou não de determinadas substâncias (como no caso das drogadições), a presença ou não de um vírus que tivesse ultrapassado a barreira hematoencefálica, ou causas sistêmico-comportamentais (como a existência ou não de outros casos de psicose na família, a presença ou ausência ostensiva dos pais) e assim por diante. A consequência desses quadros seria, hipoteticamente, a geração de diversas "anormalidades". As mais importantes, para o interesse da neurologia e da psiquiatria, são aquelas relacionadas à produção desses "mensageiros químicos que operam entre células nervosas adjacentes" (Diamond, 1998, p. 39) aos quais denominamos de neurotransmissores. Em tese, em função das causas supramencionadas, alguns sujeitos produziriam mais, outros menos neurotransmissores do que o normal observado nas populações pesquisadas. Imagens geradas por emissão de pósitrons ou imagens de ressonância magnética funcional "provariam" essas "irregularidades". Apoiada na "tese" do envolvimento de tais neurotransmissores na produção de determinados comportamentos e funções, a alteração destes confirmaria as anormalidades na produção dos neurotransmissores.

No caso da esquizofrenia, acredita-se que nela ocorra um considerável incremento na transmissão de dopamina entre o tronco cerebral e a região límbica (transmissão mesolímbica). Em tese, os neurônios pós-sinápticos (investidos dos receptores conhecidos como D2) localizados na região límbica (hipocampo, giro do cíngulo, amígdala cerebral, entre outras estruturas) seriam inundados pela dopamina emitida a partir dos neurônios pré-sinápticos localizados no tronco, o que desencadearia, entre outros efeitos, a produção exagerada de imagens alucinatórias (ou falsas percepções). Esse quadro recomendaria a administração ao sujeito esquizofrênico de "tranquilizantes maiores" ou "neurolépticos", que atuariam bloqueando os receptores de dopamina D2 – recomendação, entretanto, muito questionada, tanto no que diz respeito aos seus fundamentos quanto no que tange aos seus resultados.

Conforme Diamond (1998, p. 52-104), os neurolépticos conhecidos como "tradicionais" são empregados há muitos anos. A clorpromazina, por exemplo, chegou ao mercado norte-americano pela primeira vez em 1953 – e acredita-se que ela, assim como as demais drogas neurolépticas tradicionais (por exemplo, a tioridazina, a flufenazina e muito especialmente a haloperidol), são capazes de gerar maior conforto aos pacientes, uma vez que diminuem consideravelmente as alucinações. Todavia, elas podem bloquear receptores de dopamina localizados em outras regiões do cérebro (como no córtex frontal, onde a dopamina estaria supostamente associada à motivação; no gânglio basal, onde ela teria ligação com o sistema extrapiramidal e, por consequência, com o tônus muscular; no hipotálamo, onde a dopamina estaria associada ao controle da produção do hormônio prolactina), o que explicaria a existência de uma série de efeitos colaterais indesejáveis (respectivamente, embotamento afetivo, tremores, aumento dos seios e lactação, entre outros). Por isso, foram desenvolvidos novos neurolépticos, conhecidos como "atípicos" (como clozapina, resperidona, olanzapina, queatiapina, ziprazidona, dentre outros), os quais têm uma ação mais seletiva, centrada nos receptores D2, eliminando, portanto, os efeitos colaterais. Alguns deles associam ao bloqueio dos receptores D2 o bloqueio aos receptores de serotonina (5-hidroxitriptamina ou, simplesmente, 5-HT), de sorte que atuem mais focados sobre o que supostamente esteja provocando o que consideram ser um sintoma psicótico ("audição de vozes", "agitação comportamental", "propensão a caminhar em desatino" etc.). Mas a eficiência das substâncias "atípicas", sobretudo em quadros mais severos, com frequência é questionada. O comparativo entre a ação dos dois tipos de drogas é antes estatístico do que laboratorial, o que evidentemente não é suficiente para aplacar as dúvidas dos profissionais sobre a eficácia desses medicamentos na dissolução dos sintomas tidos como psicóticos.

Mas, além da polêmica sobre a eficácia dos medicamentos, há de se considerar todas as polêmicas epistemológicas em torno da tese de que a psicose seria um defeito nos processos de neurotransmissão. Afinal, conforme nos adverte a pesquisadora Caponi, em seu livro *Loucos e degenerados – Uma genealogia da psiquiatria ampliada* (2012, p. 195), "há numerosas controvérsias sobre a precisão e a efetividade desses estudos por imagens que, como ocorrera nos tempos dos frenologistas, partem da premissa questionável de que há uma equivalência perfeita entre as funções mentais e os mecanismos cerebrais identificáveis". A referida pesquisadora menciona uma série de estudos críticos (por exemplo, Uttal, 2002, e Dobbs, 2009), os quais "questionam o valor dessas imagens, considerando-se tratar de representações grosseiras cujo valor foi superestimado" (Caponi, 2012, p. 195). Não há, de fato, como comparar as metodologias para determinação da taxa de colesterol, da taxa de açúcar no sangue, ou da pressão arterial, por um lado, com as metodologias (baseadas em imagens) utilizadas como justificativa para o desenvolvimento e a administração de neurolépticos. As primeiras têm uma ampla fundamentação crítico-epistemológica e verificação empírica, ao passo que as outras, além de dogmáticas, contam com poucos recursos de contraprova. O que, desafortunadamente, favorece a difusão ideológica da existência de doenças mentais na qual, antes, somente reconhecíamos a expressão de uma individualidade.

O profissional psiquiatra, por exemplo, obrigado a responsabilizar-se pelas expectativas de produção dos dispositivos de controle biopolítico dos estados capitalistas, por um lado, e pelas expectativas da indústria farmacêutica, por outro, vê-se compelido a reconhecer no desânimo cotidiano de um sujeito algo mais do que um estado de ânimo ou uma reação momentânea a uma situação desfavorável. O psiquiatra é obrigado a ler no desânimo uma depressão, uma distimia, que estaria atuando sem o consórcio do sujeito adoentado. O sujeito do desânimo, à sua vez, porquanto a suposta doença mental não pode ser verificada da mesma forma como ele verifica sua própria febre, não tem parâmetro para se posicionar diante do problemático diagnóstico que recebera. Afinal, a doença mental é antes uma "anormalidade" comportamental que somente o outro – no caso, um especialista do comportamento humano – pode identificar. Ocasião perfeita para a alienação coletiva em psicofármacos, os quais, por serem destinados a enfermidades de amplo espectro, não são submetidos a avaliações específicas quanto à sua eficiência, apenas a estudos estatísticos muito limitados, porquanto estritamente relacionados a condutas morais, comportamentos e alguns efeitos colaterais físicos (como aumento ou diminuição da concentração de açúcar no sangue etc.).

De todo modo, independentemente das supostas consequências neurológicas, não obstante o caráter incoativo das pesquisas que demonstrariam tais consequências, malgrado o êxito ou o malogro dos tratamentos à base de psicotrópicos, o certo é que em quase todos os sujeitos jovens e adultos que fazem regularmente formações psicóticas podemos identificar diferenças no desenvolvimento motor e na aprendizagem, diferenças estas frequentemente relacionadas a acidentes neonatais ou enfermidades somáticas como as já relatadas – especialmente conforme a observação dos cuidadores. Razão pela qual defendemos a ideia de que o acompanhamento a um sujeito psicótico sempre deve incluir uma avaliação médica (o que não significa que acreditemos que esta seja a avaliação mais importante, uma vez que não achamos que haja avaliações melhores nesses casos). Ademais, as avaliações médicas devem poder ser compreendidas e comunicadas. Conforme costumamos proceder, quando os familiares não reúnem condições epistêmicas para acompanhar as especulações médicas sobre as causas da psicose (especulação esta que aos familiares muito lhes interessa), em se tratando de uma especulação psiquiátrica, dizemos que tudo se passa como se o sujeito das formações psicóticas não tivesse – hipoteticamente – "buracos" (ou conexões sinápticas) por onde os afetos pudessem passar; ou como se fosse "esburacado" (ou conectado) demais, a ponto de não poder reconhecer o que lhe falta ou qual desejo deveria realizar primeiro. E aqui – mais em função do relato dos cuidadores do que das problemáticas estatísticas dos laboratórios – precisamos reconhecer a ajuda que nos fornecem os tratamentos medicamentosos com psicofármacos. Ainda conforme o parecer dos cuidadores, é como se alguns pudessem "abrir" e outros conseguissem "fechar" os buracos (ou conexões) que os sujeitos psicóticos não têm ou têm em demasia, blindando-os diante das demandas que eles não podem suportar.

Nem sempre, entretanto, essas blindagens funcionam ou resistem por muito tempo. E, não obstante o esforço dos profissionais psiquiatras para buscar a substância ou a dosagem adequada ao sujeito, os medicamentos não atuam sobre o meio social desde onde partem as demandas ante as quais o sujeito das formações psicóticas reage mal, o que nos leva a crer que a gênese da psicose (ou da dificuldade de determinados sujeitos diante das demandas por afeto e desejo) também deva ser buscada fora dos corpos dos sujeitos supostamente psicóticos, mais além das especulações anatomofisiológicas. Talvez a gênese da psicose também esteja relacionada a algo ausente ou em excesso na própria relação social que o psicótico estabelece com seu meio, precisamente os excitamentos e desejos, conforme a hipótese de PHG (1951, p. 235).

VULNERABILIDADE DA FUNÇÃO ID

Não obstante serem o ensejo para importantes especulações sobre consequências neurológicas e possíveis tratamentos químicos aos sujeitos psicóticos, as supostas causas anatomofisiológicas, seus efeitos e respectivos tratamentos não lograram até aqui indicar aquilo que conectaria a demanda social (por excitamento e desejo) às formações psicóticas propriamente ditas. Razão pela qual nos sentimos convidados a agregar uma hipótese funcional, tal como a encontramos na teoria do self.

É preciso começar dizendo, todavia, que a especulação funcional – tal como nós a encontramos em PHG – não contradiz a especulação causal sobre uma frequente disfunção anatomofisiológica. Esta poderia muito bem explicar a insensibilidade dos sujeitos da psicose às demandas por excitamento e desejo, mas não descreve o que é a experiência de viver a privação ou o excesso de um excitamento ou desejo (demandado pelo meio social). E, conforme acreditamos, não entendemos a psicose pondo acento apenas no que provocaria a insensibilidade (fracasso da *awareness* sensorial). Precisamos também pensar os efeitos de não podermos sentir algo. O que é o mesmo que dizer que a vivência da ausência ou do excesso de excitamentos produz também seus efeitos, os quais devem poder ser compreendidos em suas singularidades.

E aqui talvez seja o caso de lembrarmos que, mesmo quando os sujeitos psicóticos estão medicados (o que na maioria das vezes propicia a eles conforto), tal não é garantia de que conseguirão responder à demanda a eles dirigida, ou dela se livrar. Afinal, os medicamentos não atuam sobre os excitamentos, não fazem-nos acontecer ou desaparecer. Os medicamentos podem atuar apenas sobre aquilo que está na realidade (os corpos fechados ou esburacados onde os excitamentos haveriam de se manifestar ou a partir dos quais os desejos seriam elaborados). Mas os excitamentos e os desejos, como já vimos, dizem respeito ao que está fora da realidade. Eles não são uma sinapse (se é que podemos nos referir às sinapses como concreção anatomofisiológica do que antes chamamos de buracos ou conexões), mas aquilo que esperamos ou tememos que nos aconteça a partir ou por meio das sinapses. Mesmo que estejamos insensibilizados ou hipersensibilizados, tal sensibilidade não é garantia de um excitamento. Pois, para um excitamento acontecer, é preciso duas outras coisas: que alguém os demande e que eles simplesmente apareçam por eles mesmos. Aqui, ademais, é preciso lembrar que os medicamentos não atuam sequer sobre os demandantes, os quais, às vezes, fazem daqueles motivo para continuar demandando – o que perigosamente pode levar os sujeitos psicóticos ao surto. Razão pela qual, cabe-nos frisar: tanto quanto as causas ou os medicamentos (que haveriam de restituir uma condição mais defendida aos sujeitos das psicoses), também o fato da ausência ou da presença excessiva de excitamentos pode ajudar a compreender o fracasso dos sujeitos (psicóticos) diante das demandas por excitamento e desejo.

É neste ponto que recuperamos a hipótese formulada por PHG (1951, p. 235), segundo a qual, nos comportamentos psicóticos, podemos perceber uma clara vulnerabilidade da função id, como se, não obstante as demandas e os esforços dos sujeitos psicóticos, os excitamentos e desejos requeridos não se apresentariam, não se fariam disponíveis ou, na via oposta, se apresentariam em demasiado. Conforme PHG (1951, p. 235), pode suceder que, em uma experiência de contato, as orientações temporais que a constituam não compareçam. Ou o passado se furta (o que é o mesmo que dizer que o fundo de excitamentos não se apresenta), ou o futuro parece impossível para o sujeito (uma vez que há excitamento demais para articular como um horizonte de desejo). E que efeitos essa configuração então produz? Os sujeitos – quando a função id não se apresenta no campo ou quando se apresenta em demasia – procuram fixar-se à realidade, como se ela pudesse fazer as vezes do excitamento que não veio, ou do desejo que não podem articular por causa do excesso de excitamentos. De onde se segue a impressão de certa "rigidez" (PHG, 1951, p. 34), como se os sujeitos das formações psicóticas procurassem estabilizar-se na repetição de suas criações. E eis então os ajustamentos psicóticos. Em cada um deles (trate-se de um ajustamento alucinatório, delirante ou identificatório), o que os sujeitos fazem é fixar-se à realidade. E o fazem não para sentir o que antes não sentiam. Eles se fixam à realidade para poder substituir o que deveriam poder sentir, mas de fato não sentem, precisamente, os afetos e as faltas (os excitamentos e os desejos).

Alcançamos aqui uma nova matriz para pensarmos a psicose – a psicose a partir de sua gênese psicossocial. Conforme já nos haviam indicado PHG (1951, p. 235), a partir e mais além de uma possível enfermidade anatomofisiológica, psicose é a falência ou vulnerabilidade dessa dimensão ética da experiência de campo, que é a copresença de um fundo de excitamentos (apresentem-se eles como perdas ou como falta articulada na forma de uma ficção ou desejo). Os sujeitos da psicose seriam aqueles que precisariam criar suplências a esse fundo quando ele fosse exigido na relação social. E aqui cabe destacar a peculiaridade de nossa leitura sobre as teses de PHG. É nossa responsabilidade frisar que a hipótese de PHG precisou ser complementada por uma mirada pragmático-social que nós mesmos introduzimos e sem a qual as formulações de PHG não teriam aplicabilidade clínica. Afinal, a ausência (ou excesso) de um fundo afetivo e desejoso somente pode ser denunciada pela presença de demandas sociais ambíguas. De onde se segue uma definição provisória, segundo a qual a psicose, talvez pela peculiar condição anatomofisiológica que acomete os seus sujeitos, seja uma determinada forma de criar com base na realidade, como se esta pudesse fazer as vezes dos excitamentos e desejos demandados no laço social, quando eles não comparecem.

DIFERENÇA EM RELAÇÃO ÀS PERSPECTIVAS FUNCIONAIS CLÁSSICAS

As hipóteses formuladas segundo nossa prática e aqui entregues ao leitor, por certo, destoam das teorias clássicas acerca da psicose. Elas colidem, sobretudo, com as formulações da psiquiatria fenomenológica e com as hipóteses elaboradas nas duas clínicas lacanianas para pensar a psicose[2]. Ainda que psiquiatras fenomenólogos e psicanalistas lacanianos não concordem entre si, ambos compartilham o entendimento de que, na psicose, o sujeito perde a realidade. Ambos dizem que psicose é uma espécie de virtualidade (intencional ou pulsional) que não se representa (historicamente) nem se inscreve (simbolicamente). Em relação a essas duas teses, nossa maior diferença reside no fato de afirmarmos, apoiados em PHG (1951, p. 34), que as formações psicóticas são fixações na realidade, em vez de malogros na inserção dos sujeitos empíricos na realidade histórico-intencional (como agradaria a um psiquiatra fenomenólogo pensar), ou malogros na inserção dos sujeitos pulsionais na realidade simbólico-imaginária (como agradaria ao psicanalista lacaniano dizer). Noutros termos, segundo nossa posição, uma formação psicótica (como a alucinação, o delírio, ou a identificação maníaco-depressiva) não revela que alguém está "fora da casinha", noutro mundo ou realidade, como se fosse incapaz de gestar questões cognitivas, morais e sentimentais[3] do cotidiano antropológico concreto. Ao contrário, psicose é antes uma realidade que procura mimetizar o que nela não se pode encontrar, a saber, a inatualidade (afetiva e desejante) exigida pelo interlocutor.

Para os fenomenólogos, o psicótico é um eu transcendental fracassado – razão pela qual o denominam de outro transcendental. E o é assim por não saber encontrar, em sua realidade empírica, a ocasião para fazer-se unidade histórica, transcendência de si como retomada inovadora do passado. Diferentemente dos psiquiatras fenomenólogos, entretanto, não cremos que a busca por uma unidade histórica transcendental seja um tema para os sujeitos psicóticos. Trata-se antes de uma exigência do interlocutor neurótico – por exemplo, do filósofo ou do psiquiatra na qualidade de representante da segurança psíquica. É para estes que o sentido, a unidade e o saber histórico são importantes. De onde se conclui que, se as construções esquisitas do psicótico, aos olhos do filósofo e do psiquiatra, parecem um transcendental mal-acabado, é porque não percebem que o psicótico está apenas tentando responder às demandas a que foi submetido, como se a realidade contivesse nela mesma as respostas. E aqui há um ponto delicado, que poderia levar alguém a pensar que nossa hipótese é a mesma do psiquiatra. Mas, diferentemente deste, para quem o uso bizarro da realidade demonstra que o psicótico, embora tentasse, não conseguiu organizar-se de forma intencional, nossa leitura defende a tese de que a organização não é bizarra. Ela só parece bizarra do ponto de vista de quem quer algo mais além da realidade – como parece ser o caso do filósofo e do psiquiatra. Mas, do ponto de vista de quem está inserido em uma determinada dimensão antropológica, as respostas são usos muito coerentes da realidade com o objetivo de manter-se defendido da demanda que vem do outro. Não se trata, portanto, de um fracasso na utilização da realidade com fins intencionais. Trata-se do que foi possível ao psicótico fazer ante a demanda insistente a que foi submetido.

Da mesma forma, numa comparação com as clínicas lacanianas, não cremos que as psicoses sejam a incapacidade do inconsciente pulsional para ocupar um lugar no mundo simbólico-imaginário (a que os psicanalistas chamam de grande outro), nem mesmo a incapacidade do inconsciente pulsional para exercer poder sobre o grande outro. As psicoses são antes uma forma de operar com a realidade na ausência de pulsões, como resposta à demanda social por pulsões, quando estas não comparecem ou se doam. De sorte que, conforme aprendemos em nossa prática, a psicose não é a tentativa de reparação de um *télos* fracassado (como a unidade transcendental do tempo sempre por alcançar e, no caso da psicose, impossível de ser estabelecida) nem o efeito de uma gênesis caótica, indomável, incapaz de encontrar sítio na realidade. Na experiência com a psicose não encontramos nem o transcendental nem o inconsciente. Trata-se antes de um uso da realidade, como se nela tudo estivesse dado, como se a ela nada faltasse; razão pela qual, ante a demanda por algo inconsciente ou por algo transcendental, o sujeito psicótico recriaria a realidade de modo ficcional, sem entretanto lograr ultrapassá-la, para frustração dos demandantes.

FIXAÇÃO COMO AJUSTAMENTO CRIADOR: BUSCA DE SUPLÊNCIA À FUNÇÃO ID

Diante das demandas afetivo/desejantes, na impossibilidade de poder dispor de um excitamento que valesse a ocasião de responder a elas, os sujeitos demandados não têm apenas como alternativa isolar-se. Se o isolamento parece ser o caso dos sujeitos a quem consideramos autistas, nas formações ditas alucinatórias, bem como nas delirantes e nas identificatórias (ou formações maníaco-depressivas), os sujeitos envolvidos – e a quem os excitamentos não se apresentaram – parecem ainda assim tentar um tipo de contato com os demandantes, como se a realidade pudesse substituir as perdas e faltas requeridas. Os sujeitos servem-se da realidade – ou de aspectos dela – como se assim pudessem suprir a expectativa dos interlocutores em torno daquilo que está além da realidade. Noutras palavras, os sujeitos das formações alucinatórias, delirantes e identificatórias buscam na realidade o que haveria de substituir a virtualidade demandada na interlocução. De onde se segue nossa decisão de denominar as formações alucinatórias, delirantes, identificatórias – e até mesmo as autistas – de ajustamentos de busca.

Aparentemente, a estratégia de busca é sempre uma fixação. E são os diferentes tipos de fixação que nos orientaram no reconhecimento de diversos ajustamentos de busca. A primeira fixação, muito frequente entre sujeitos que receberam um psicodiagnóstico de esquizofrênico, é aquela a que denominamos de alucinação.

Entendida como ajustamento criativo, a alucinação não tem nenhuma relação com a ideia de falsa percepção da realidade. Ao contrário, trata-se de uma maneira de dispor das percepções e de todas as representações sociais que compõem a realidade, como se elas pudessem ser consideradas de modo independente do contexto geral em que emergiram originalmente. Dessa forma, assim consideradas, as percepções e demais representações dão a entender, mais do que o sentido ou valor que efetivamente pudessem exprimir, um sentido de perda, como se tivessem perdido o todo de que foram extraídas. De onde se segue que possam mimetizar um excitamento, porquanto todos são apenas marcas de uma perda. Mas, dado que os excitamentos ou perdas não se deixam representar na realidade, a fixação em um aspecto, mesmo que a despeito do todo, remete os interlocutores a uma presença, quando se esperaria uma ausência. Os interlocutores não podem nem reconhecer, nos fragmentos elegidos pelo sujeito (das formações psicóticas), um sentido (da ordem da função personalidade), nem sequer a ausência dele (da ordem da função id). De onde se segue que considerem a esses fragmentos (sejam eles sons, imagens, movimentos, ecololias, logolalias) formações bizarras, como se pertencessem a outra realidade. Do ponto de vista das fantasias desejantes dos interlocutores, de fato, as fixações alucinatórias são algo outro, pois estão despidas de toda virtualidade. Mas não se trata de outra realidade, apenas da mesma realidade desencaixada do fluxo metonímico/metafórico que caracteriza os discursos desejantes. De todo modo, é uma tentativa de comunicação.

Outro tipo de fixação – a que consideramos um ajustamento criativo denominado de articulação associativa e dissociativa – é o delírio. Também aqui o sujeito demandado busca na realidade uma resposta às demandas, especialmente às demandas por desejo. Mas, uma vez que não suporta ser atravessado pela miríade de excitamentos que lhe advieram de um fundo indeterminado e impessoal convocado por um demandante, esse sujeito não pode propor nenhuma fantasia, nenhum todo que valha como desejo. A alternativa que lhe cabe – de sorte que ele pudesse manter-se na comunicação social sem ter de operar com o excesso de excitamentos – é eleger um todo na realidade, como se ele fosse um desejo. E aqui, à diferença dos ajustamentos alucinatórios (ou de preenchimento de fundo ausente), nos ajustamentos delirantes o sujeito não se ocupa de um fragmento de realidade e sim de um todo. O sujeito impõe a este toda uma série de transformações. Partes dele são unidas a outras partes (como nos delírios de grandeza e persecutórios), ou, ao contrário, as partes são fragmentadas (como nos delírios dissociativos hipocondríacos) de modo que dissipa qualquer risco de encontro com os excitamentos requeridos de uma só vez. E, em ambos os casos, importa ao sujeito das formações delirantes atuar como se tivesse algo desejável a oferecer e a desfrutar. O que aos interlocutores lhes parecerá por demais bizarro, às vezes ameaçador, perigoso – motivo por que procuram manter distância do sujeito dos delírios.

Já os ajustamentos de identificação (maníaco-depressiva) também são formas de articulação em torno de totalidades presentes na realidade. Mas, à diferença da articulação delirante, o sujeito das identificações (maníaco-depressivas) não se ocupa de produzir, refazer ou desconstruir um todo. Trata-se, ao contrário, de alienar-se ativamente em um todo que tem vontade própria, como se tratasse um desejo já em curso. Nesse aspecto, o sujeito dessas formações psicóticas pode simplesmente assumir a identidade de outro sujeito com o qual então se identifica. Tal identificação pode ocorrer tanto pela via maníaca – como se o sujeito psicótico pudesse ser ou assumir todas as ocupações da pessoa de quem reclama os poderes e que lhe valeriam a possibilidade de enfrentar toda e qualquer demanda por excitamento e desejo – como pela via depressiva – como se o sujeito psicótico morresse junto com a pessoa ou ser com o qual ele se identificou, de sorte que não precisa operar com nenhum excitamento ou desejo, afinal, agora ela também está morta ou desamparada.

Até mesmo o mutismo comportamental dos quadros autistas pode ser considerado fixação na realidade – e, nesse sentido, um ajustamento criador. Dessa vez, a fixação se dá em torno de uma forma de defesa ou de agressão fornecida pela realidade, de sorte que o sujeito possa permanecer alheio ou defendido das demandas por excitamento e desejo. Disso resulta que, se com base em uma hipótese genética a psicose pode ser entendida como o comprometimento de uma dimensão do campo que a teoria do self denomina de função id, por outro, e para essa mesma teoria, a psicose é um tipo de ajustamento criativo cuja característica é a utilização da realidade como se ela fosse um excitamento ou desejo. Trata-se de uma busca, efetuada na realidade, de respostas a demandas que, entretanto, visam a algo que não está na realidade, precisamente, os excitamentos e a articulação deles na forma de desejos. É por essa razão que, aos olhos do interlocutor, as criações psicóticas parecem bizarras. Ainda assim, as buscas empreendidas pela função de ato à qual não se apresenta o fundo de excitamentos (função id) constituem uma via possível no enfrentamento ao semelhante, de onde se segue – como dissemos antes – que denominemos de ajustamentos de busca as produções psicóticas.

PRECARIEDADE DAS PRODUÇÕES PSICÓTICAS

Apesar de estarem firmemente calcadas em elementos da realidade antropológica na qual seus sujeitos estão inseridos, as respostas psicóticas não deixam de ser extremamente precárias do ponto de vista das demandas afetivo/desejantes. Isso significa que, apesar de poderem ser remetidas a elementos sonoros, visuais, gráficos, ficcionais, literários e inclusive científicos do cotidiano, as respostas psicóticas quase nunca fazem "sentido", ou seja, elas dificilmente dão abertura suficiente para que o interlocutor lhes empreste uma nova interpretação, um matiz diferente que represente, para esse mesmo interlocutor, a possibilidade de uma repetição ou novidade, a possibilidade de uma redescrição ou descoberta de hábitos e desejos ocultos até ali. Por conta disso, é frequente que, diante de uma formação psicótica, os interlocutores percam o interesse, frustrem-se, afinal, nunca conseguem roubar do sujeito da formação psicótica o protagonismo. E eis, então, uma situação de precariedade comunicacional, porquanto boa parte de nossa comunicação está justamente sustentada por esse horizonte faltoso e afetivo que nos permite tomar lugar na fala do outro como se fosse a nossa, criando a ilusão de entendimento. O discurso alucinatório, delirante ou identificatório não permite esse câmbio, esse entrecruzamento de leituras, porquanto ao psicótico não interessa perder o controle da situação.

Aliás, esse tema do controle é algo muito importante. Não são poucos os que imaginam que o sujeito da psicose não tem controle sobre o que faz, como se fosse dominado por algo que é mais forte do que ele e leva-o à perdição, ao sofrimento e ao gozo (na acepção psicanalítica da palavra). Ora, essa descrição bem mais se aplica a uma crise neurótica – como na histeria de conversão, por exemplo – do que a um ajustamento psicótico. É o neurótico, como veremos a seguir, em sua tentativa de fazer que seu desejo possa ser assumido por outro, quem acaba atravessado e surpreendido por esse outro. O interlocutor a quem o neurótico manipula acaba sendo investido de um poder que pode ser voltado contra o próprio neurótico, fazendo-o sofrer (ou, o que é a mesma coisa nesse caso, gozar). Mas o sujeito da psicose não sofre nesse sentido. Ele não se deixa dominar e, de fato, seus comportamentos sempre são eleições que perduram enquanto se mantiver presente no campo a ameaça que os exigiram, por exemplo, as demandas ostensivas por afeto e desejo. O psicótico, nesse caso, não é atravessado por sua produção, como acontece com o neurótico – e não podemos dizer que vemos ao psicótico gozar, sofrer, ser vítima de sua própria construção.

Ademais, a produção psicótica pode gerar muito prazer – o qual não pode aqui ser confundido com um atravessamento, com um gozo, em que o psicótico perderia a posição de controle ou atividade. Ao contrário, o prazer é a identificação que o psicótico (e quem vive ao seu redor) cria em torno das construções alucinatórias, delirantes e identificatórias produzidas. Enquanto elas se mantiverem defendendo o sujeito da psicose em relação às demandas afetivas e desejantes e ele for capaz de sustentar – por meio de suas criações – uma identidade social pacífica –, o sujeito não estará em sofrimento. Este só virá nas situações nas quais ele perderá o controle – como ocorre diante do surto.

SURTO E SOFRIMENTO

Se é verdade que as formas de comunicação estabelecidas pelo sujeito das formações psicóticas diante das demandas por afeto e desejo são ao mesmo tempo criadoras e precárias, em que quase não se vê algo assim como o sofrimento, também é verdade que, por vezes, especialmente segundo o rechaço promovido pelo meio social, aquele sujeito experimenta grande sofrimento. E o sofrimento, nesse caso, tem relação com o fato de o sujeito das formações psicóticas ter sido privado dos meios e das representações pelos quais tentava, além de buscar suplências para os excitamentos, construir uma identidade humana e histórica. Como consequência dessa privação, o sujeito das formações psicóticas se vê obrigado a exagerar as formações psicóticas, que agora funcionam ou como um pedido extremo de inclusão na dimensão antropológica (da qual fora excluído), ou como um apelo desesperado para que as demandas afetivo/desejantes cessem (porquanto está muito fragilizado para enfrentá-las). A essa exageração dos ajustamentos de busca denominamos de surto psicótico.

E aqui não devemos confundir o ajustamento de busca com o surto. Do ponto de vista de sua gênese, surto é o fracasso das formações psicóticas em seu intento de atender às demandas afetivas/desejantes dos interlocutores. Às vezes porque os ajustamentos parecem por demais estranhos, outras vezes porque ameaçam o fluxo normal da vida normofaltante (alienada na ótica do consumo), os protagonistas daqueles ajustamentos – ou seja, os sujeitos psicóticos – são alijados de suas próprias casas, comunidades e famílias. Os sujeitos assim alijados não encontram lugar onde possam permanecer ou exercer uma mínima cidadania. E, porquanto as demandas não param, os sujeitos das formações psicóticas perdem o controle de si, perdem a autonomia.

Já do ponto de vista de sua função social, surto não é mais que uma resposta desesperada ao malogro social dos ajustamentos de busca. Trata-se da emergência de um estado aflitivo no qual não encontramos forças (ou recursos sociais) para operar com as demandas e com os próprios excitamentos, caso eles se apresentem. Em outras palavras, mesmo se tratando de um ajustamento de busca falido, sem função social, surto é um pedido de socorro, um pedido de inclusão, razão pela qual reconhecemos nele um dos tipos dos ajustamentos antropológicos (ou de inclusão), como veremos adiante.

O LUGAR ÉTICO DO CLÍNICO GESTÁLTICO

A função do clínico é assegurar o direito de cidadania aos ajustamentos de busca produzidos pelos consulentes – estejam eles em surto ou não. Para tanto, os clínicos devem poder promover o deslocamento seguro dos ajustamentos com menor poder de contratualidade para outros com maior aceitação social, o que de forma alguma se confunde com a eliminação dos ajustamentos psicóticos em proveito de um padrão de comportamento adaptado, frequentemente neurótico. Trata-se, ao contrário, de apoiar o consulente para que ele possa fazer valer seu modo de vida, seus ajustamentos psicóticos nos contextos em que se insere. Disso redunda que as intervenções clínicas nos ajustamentos de busca procuram: a) em primeiro lugar, acolher o ajustamento, dado que ele é a forma possível como o consulente enfrenta as demandas; b) em segundo lugar, identificar a origem das demandas, pretendendo proteger o consulente do risco do surto; e c) em terceiro lugar, habilitar as pessoas que convivem com o consulente a atuar como se fossem acompanhantes terapêuticos (em defesa da ampliação do espaço de mobilidade social do sujeito das formações psicóticas nos diferentes contextos sociais) ou cuidadores (partícipes do sistema de pensamentos, valores e sentimentos que o sujeito das formações psicóticas pode compartilhar e aprender nos diferentes contextos sociais em que é aceito).

Aliás, aqui é o caso de esclarecer que as intervenções gestálticas nos ajustamentos de busca sempre se pautam por uma tríplice estratégia, que envolve, simultaneamente, uma ação ética, uma ação política e outra antropológica. Do ponto de vista ético, clínico é aquele que acolhe as formações psicóticas em regime de confidencialidade. Trata-se de um trabalho de suporte para que o consulente ensaie e aprofunde as estratégias que ele mesmo criou para enfrentar as demandas por excitamento – às quais o clínico com frequência representa (sobretudo quando fala em nome da família), motivo por que deve prevenir-se contra elas.

Do ponto de vista político, clínico é aquele que trabalha ao lado da família e da comunidade no sentido de buscar compreender quais demandas o acompanhado não consegue enfrentar e quais as possibilidades políticas de revertê-las. Isso significa que o clínico – agora na função de acompanhante terapêutico (AT) – trabalhará educando os familiares e a comunidade sobre o que é um ajustamento de busca, quais demandas naquele contexto exigem tal ajustamento e de que maneira todos poderiam colaborar em favor da inclusão do sujeito protagonista nesse ajuste. Trata-se de um trabalho realizado mais nas ruas e nas casas do que num consultório, que consiste em uma fundamental tecnologia de intervenção, sobretudo para os programas de saúde mental da rede pública.

Do ponto de vista antropológico, clínico é aquele que participa das representações sociais que constituem a dimensão antropológica das formações psicóticas. Trata-se daqueles momentos em que nos ocupamos de celebrar, junto com tal sujeito, as conquistas e identidades das quais agora dispõe e que formam sua humanidade. Tal trabalho também inclui ajudar o sujeito das formações psicóticas em suas necessidades, como procurar um médico, fazer um passeio, esclarecer uma dúvida, entre outras possibilidades. O clínico aqui é antes de tudo um amigo do sujeito das formações psicóticas e respectivos familiares.

E, ainda que não seja impossível que um mesmo profissional cumpra as três funções, recomenda-se que se distinga, ao menos, a função ética das outras duas; o que significa dizer: é preferível que a função ética, de uma parte, e as funções política e antropológica, de outra, sejam desempenhadas por pessoas diferentes. E, se é verdade que cabe ao clínico (na função política) a tarefa mais ampla de coordenar o tratamento, cabe ao clínico (na função ética) a tarefa mais delicada de assegurar a inclusão do estranho, dos ajustamentos de busca como tais.

A CLÍNICA ANTROPOLÓGICA E OS AJUSTAMENTOS DE INCLUSÃO

COMO ACABAMOS DE LER a respeito dos ajustamentos de busca, mesmo quando um sujeito fracassa diante das demandas afetivas e desejantes que lhe são dirigidas, ainda assim ele consegue criar uma resposta, fixando-se à realidade de que dispõe e que, nos termos da teoria do self, corresponde à função personalidade. Entendida como conjunto de representações que constituem o outro social junto ao qual experimentamos nossa identidade, a função personalidade assegura os meios sem os quais um corpo de atos não poderia nem repetir uma perda (função id), tampouco criar um horizonte de desejo (função de ato). De onde se segue a centralidade desta função, que poderíamos comparar à fonte energética de qualquer atividade física. Mas, também como vimos quanto aos ajustamentos de busca, pode ocorrer de o próprio outro social privar um sujeito de participar de uma realidade ou de muitas, como se a este último não fosse reconhecido o direito de desempenhar a função personalidade ou dela se servir. É o caso das experiências a que chamamos de surto – e que configuram uma flagrante vulnerabilidade da função personalidade nas situações em que ao meio social não interessa escutar ou tomar parte de um ajustamento de busca. E, tal como no surto, em muitas outras situações os diferentes sujeitos de atos podem ser acometidos de uma privação de realidade, como se não pudessem mais dispor das representações sociais que lhes asseguravam pertinência a determinado grupo ou identidade. É o caso das experiências envolvendo emergências e desastres, adoecimento somático e luto, mas também das experiências em que vivenciamos conflito socioeconômico, ou discriminações de toda ordem, para citar alguns exemplos. PHG (1951, p. 235) denominam tais situações de quadros de perda da espontaneidade social ou, simplesmente, *misery*, termo para o qual, conforme já observamos, defendemos a tradução como "sofrimento", em lugar de "aflição", como adotado pela tradução brasileira. Trata-se, noutros termos, da vulnerabilidade da função personalidade, vulnerabilidade esta que pode ao mesmo tempo ser o ponto de ativação de ajustamentos criativos – que não são mais que discretos pedidos de socorro, aos quais denominamos de ajustamentos de inclusão.

MALOGRO DA FUNÇÃO PERSONALIDADE

São muitas as razões pelas quais em uma relação de campo a função personalidade pode malograr. Podemos classificá-las em ao menos três grandes grupos de causas ou motivos, quais sejam: os antropológicos, os políticos e os éticos. Ou seja, por motivos antropológicos (como um acidente natural), políticos (como um conflito de interesses) ou éticos (como a arbitrariedade de um tirano governando em regime de exceção), podemos perder as representações ante as quais usufruíamos de uma identidade reconhecida publicamente. E, ainda que em todos esses casos venhamos a ter o mesmo sentimento de aflição descrito por

PHG, trata-se de perdas distintas, que tentaremos agora brevemente descrever.

Os motivos antropológicos que podem determinar a falência das representações que constituem nossa vivência da função personalidade dizem respeito aos processos de degeneração e aos acidentes implícitos às práxis e aos objetos que compõem nossa unidade histórica. Trata-se das contingências que acompanham a própria construção e desenvolvimento de representações sociais. É claro que sempre podemos responsabilizar algum agente político pela ocorrência dos acidentes naturais. Por exemplo, o desmoronamento de residências em encostas de morros pode ser atribuído não apenas às fortes chuvas, mas também à política habitacional de determinada comunidade. Ainda assim, a consumação do fato – que gerou a destruição das representações sociais produzidas por essa comunidade (por exemplo, as casas das pessoas) – envolveu um fator extemporâneo às decisões políticas. De onde se segue que os motivos antropológicos, ainda que raramente exclusivos, são possibilidades implícitas às próprias representações sociais. E entre essas possibilidades – as quais consideramos causas antropológicas da destruição das representações que constituem a identidade social de um sujeito ou comunidade – devemos incluir, além das emergências e dos desastres, muitos outros quadros, como o adoecimento somático e o luto.

Já os motivos políticos dizem respeito à presença ostensiva de um desejo dominante, que não só se impõe aos desejos dos dominados como também exige destes a alienação das representações sociais de que dispunham em favor do ideal de vida ou projeto político dominador. Na forma de uma série de estratégias de controle e sedução (dispositivos de policiamento e de saber, conforme Foucault, 1979), o outro social dominador (que nada mais é que a própria estrutura de produção de riqueza com base no consumo) apropria-se das representações sociais dos sujeitos dominados (especialmente das propriedades, dos corpos e do tempo), oferecendo-lhes uma participação no desejo dominante (como se o emprego, o salário e a possibilidade do consumo assegurassem a satisfação de uma falta, a qual, entretanto, foi introduzida pelo próprio outro dominador). O sujeito dominado, abduzido pela promessa de que a participação na sociedade de consumo lhe assegurará uma identidade ainda mais prazerosa do que aquela que ele já tem, abre mão de suas representações (étnicas, geográficas, como sua terra, sua casa) para então buscar o que agora já não é uma representação, mas o desejo do outro dominador, ou seja, o poder de compra, de consumo, enfim, a felicidade. Assume um lugar na "cadeia produtiva de desejo no outro", que se configura no lugar do empregado, do assalariado, que já não é dono de sua própria terra, nem mesmo de seu tempo. E – diferentemente de antes – não pode mais ficar com o fruto de sua atividade (agora denominada de trabalho), pois tal fruto pertence ao outro dominador. Ele só pode apropriar-se de um direito, que é o salário – o qual, todavia, não compra o que foi produzido em troca desse direito. E justamente nesse lugar, em que o dominado poderia perceber o engodo a que foi conduzido quando trocou suas representações pelas promessas do desejo dominador, tal desejo volta à carga oferecendo um poder de consumo que pode ser comprado e amortizado no tempo: a dívida. E o que o sujeito dominado não percebe é que, dessa forma, ele acaba por alienar, mais além das suas representações, o próprio desejo – aqui definido como o tempo futuro. O sujeito dominado fica totalmente preso ao projeto do outro dominador, desprovido de representações que lhe sejam próprias (pois todas estão hipotecadas ao outro), inclusive de desejos próprios (pois precisa pagar as dívidas ou, o que é a mesma coisa, deve trabalhar pelo desejo do outro). E eis que surge um sofrimento político, resultante dessa expropriação das representações e desejos em favor do outro dominador. Nós encontramos tal sofrimento em quase todos os lugares em que haja trabalho assalariado, submissão à lógica do consumo, ou dívida e cobrança abusiva de juros. Afinal, em tais lugares, as pessoas não são mais as titulares das representações com as quais operam. Estas pertencem ao outro dominador. Com exceção do salário, embora exceção mesmo seja encontrar alguém que se reconheça valorizado por meio dele.

Os motivos éticos da destruição das representações sociais são os mais severos. Eles referem-se à exclusão social dos corpos de atos, que assim ficam totalmente desprovidos da possibilidade de conquistar representações sociais e desfrutar delas. E a exclusão aqui deve ser entendida em sua clave maior. Trata-se, por exemplo, das experiências desumanas vividas em condições às quais denominamos de estados de exceção. Ao mesmo tempo que não temos direito de participar de um estado de direito, ou, ao mesmo tempo que não podemos reclamar de um sistema de justiça política à observância de nossas prerrogativas sobre esse sistema, somos por ele vigiados e punidos, sem chance de defesa ou proteção. É como se fôssemos controlados por um soberano que, para poder punir-nos, arvora-se no direito de descumprir as regras segundo as quais nos condenou à punição, como se estivesse acima ou a salvo da própria lei que nos aplica. Esse é o caso dos sujeitos infratores diagnosticados como doentes mentais e aos quais foram aplicadas medidas de segurança que os obrigam a permanecer confinados em hospitais de custódia e de tratamento psiquiátrico (HCTPs). Não obstante a Constituição brasileira impedir que pessoas condenadas pela justiça em nosso país cumpram penas superiores a 30 anos – dado que os doentes mentais são considerados sujeitos inimputáveis, incluindo os infratores, aos quais a justiça somente pode aplicar medidas de segurança, porquanto elas são decididas por juntas médicas sem que o doente tenha direito de questioná-las, e quase sempre renovadas indefinidamente –, muitos doentes mentais condenados por atos ilícitos permanecem confinados em HCTPs cumprindo medidas de segurança por quase toda a vida. Na prática, é como se eles tivessem sido condenados à prisão perpétua sem ao menos ter oportunidade de questionar o veredicto. Podemos, ademais, encontrar situações semelhantes em presídios privados e públicos, onde muitos condenados são privados de assistência jurídica, permanecendo trancafiados e sujeitados ao poder paralelo das facções criminosas inclusive quando suas penas já expiraram. Em ambos os casos, os sujeitos condenados são excluídos do estado de direito, mas obrigados a cumprir as condenações determinadas por esse mesmo estado. Situação que se repete, com muita frequência, no segredo dos domicílios, onde especialmente as mulheres são vítimas das decisões arbitrárias e da violência gratuita patrocinada por varões tiranos, os quais, além disso, praticam contra as mulheres uma violência ao quadrado, que consiste em ameaçá-las caso os denunciem. E aqui também devemos nos lembrar das vítimas da violência racial e homofóbica, dos foragidos nos campos de refugiados ou nos cinturões de pobreza. Todos eles são excluídos das relações políticas, despidos de suas prerrogativas, reduzidos à condição de vida nua (segundo a terminologia de Giorgio Agamben, 1995); o que ademais sujeita-os às arbitrariedades das múltiplas versões do poder soberano governando em estado de exceção.

O SOFRIMENTO

Para um sujeito de atos, a principal consequência do malogro das representações sociais às quais estava identificado é a configuração de um quadro a que PHG denominaram de *"misery"* – e ao qual chamamos de "sofrimento" (ético, político e antropológico). O sofrimento aqui não se confunde com a dor. Esta sempre pode ser relacionada a uma causa anatomofisiológica presente e mais ou menos precisa. O sofrimento, por sua vez, é o efeito de uma representação (que pode inclusive ser anatomofisiológica), mas que agora está ausente, porquanto a perdemos ou dela fomos afastados em decorrência de um conflito ou exclusão.

Nos textos de base da Gestalt-terapia, nós não encontramos uma reflexão desenvolvida acerca do que é o sofrimento como modalidade clínica. Encontramos, sim, muitas reflexões, especialmente de Paul Goodman (2011), sobre os efeitos das pedagogias sociais patrocinadas pelos Estados modernos, as quais, por privilegiarem uma forma dogmática de produzir e ensinar conhecimento, restringem as possibilidades de identificação – e, por consequência, de desenvolvimento da função personalidade – às experiências morais e aos sentimentos correlatos (como a obediência, o respeito e suas polaridades, que são a transgressão e a rebeldia). Para Paul Goodman (2011, p. 200), é fundamental que nós possamos reinventar nossos modos de produzir, transmitir e desfrutar conhecimentos, discursos, enfim, linguagens. De todo modo, inclusive no caso das representações morais, perdê-las pode significar a ruína da identidade social que com muito custo alguém construiu. E a vivência dessa ruína é extremamente aflitiva, pois tudo se passa como se a pessoa tivesse perdido a "pele social" com a qual se comunicava, protegia-se, ampliava-se.

O sofrimento – e correlativo afeto de aflição – sempre está associado à vivência de uma perda, conflito ou exclusão. Mas o sofrimento não é a representação perdida, em conflito ou em função da qual fomos excluídos. Sofrimento é o saldo da perda, do conflito e da exclusão, precisamente, a ausência de uma imagem social pela qual nos sentiríamos incluídos, aceitos, funcionais e respeitados. Nas situações de emergência, por exemplo, o sofrimento está relacionado à impotência diante das ameaças. Os riscos de um acidente iminente obrigam as autoridades civis a desalojar as pessoas que habitam o perímetro ameaçado. A possibilidade de que um vulcão entre em erupção, o risco de um *tsunami* depois de um abalo sísmico em regiões litorâneas, entre outras situações, provocam o deslocamento provisório de famílias, as quais, assim, veem-se afastadas das referências que constituíam sua identidade nuclear. E, além do desconforto de estar vivendo em instalações improvisadas, há o sofrimento – vivido como medo, vergonha, indignação e impotência – pela ameaça que paira sobre as representações ante as quais se sentem literalmente "em casa". Mais dramática ainda é a experiência de quem ficou desabrigado por causa da concreção de um acidente, pois as representações familiares foram efetivamente abaladas, destruídas, machucadas. O desespero, a perdição, a integral falta de tino são aqui expressões maiores do sofrimento, que se impõe como uma condição inalienável. O luto – que se segue à perdição e ao desespero – é outra forma de configuração do sofrimento. Ele diz respeito não apenas à ausência das representações, mas também à impossibilidade de alcançar uma compreensão sobre o futuro, sobre quais representações poderiam substituir ou recuperar aquelas que foram perdidas.

Nas situações de conflito político, o sofrimento não é a representação que perdemos em favor do banco, do agiota, do especulador. Também não é o trabalho futuro, que agora pertence à dívida... O sofrimento corresponde à sensação de falta de alternativa, como se fôssemos acometidos por um esvaziamento, por uma incapacidade de reagir, pois tudo que antes nos inspirava agora pertence a outrem, especialmente nossa expectativa. Nas situações de exclusão, de aniquilação de nossas representações por motivos éticos, o sofrimento não é a ação injusta do soberano, ou a violência generalizada que nos persegue. Trata-se antes da própria exposição, da fragilidade de nossa posição, que nos quita inclusive a possibilidade de formular qual seria a nossa necessidade, a ajuda de que verdadeiramente necessitaríamos. O que nos leva a dizer que, em sua forma genuína, sofrimento é a expressão sem objeto, sem meta, sem origem, pois o sofredor não sabe do que necessita, muito menos como operar ante o outro, uma vez que está despido de referências.

PEDIDO DE SOCORRO COMO AJUSTAMENTO CRIATIVO

A perdição e a desorientação que observamos nos estados de sofrimento não significam que os sujeitos dessas manifestações estejam numa condição absolutamente passiva. Em verdade, as manifestações aflitas, desesperadas e desorganizadas desses sujeitos caracterizam criações muito especiais, uma vez que estabelecidas com o mínimo de realidade da qual eles podem dispor. Trata-se de genuínos pedidos de ajuda, os quais não são formulados semanticamente, como um objeto que nós ou eles próprios podemos compreender de modo claro. Os pedidos são antes aberturas para que nós mesmos possamos participar de suas vidas, são gestos de transcendência em nossa direção e por cujo meio somos convidados a exercer, junto com eles e em seu favor, a humanidade que naquele momento não logram alcançar. Denominamos esses pedidos de ajustamentos de inclusão: são apelos gestuais, não investidos de sentido ou meta, pelos quais os sofredores delegam ao meio que os circunda, especialmente aos cuidadores que deles se ocupam, a condição de um corpo auxiliar, de um semelhante solidário, diante de quem não há outra alternativa senão confiar. E por meio desse gesto, por meio desse apelo, os sofredores fundam a solidariedade humana.

Os ajustamentos de inclusão têm as mais variadas formas. Nas situações de desespero podem emergir gritos, choros convulsivos, paralisias. Nas situações de perda, eles podem aparecer como embotamento, desfalecimento emocional, expressão de desesperança ou desânimo. Quando o que está em questão é um conflito político, o ajustamento de inclusão pode revelar-se como uma depressão, uma recusa do corpo em continuar servindo o outro. Ou, ainda, pode surgir como pânico, fobia, exageração de uma neurose, a qual, nesse momento, vem denunciar que um corpo chegou ao limite do esgotamento. E entre as formas mais radicais dos ajustamentos de inclusão encontramos o surto, que é a expressão muscular da total ausência de referências de realidade. O mais importante a observar, em todas essas manifestações, é que elas são sempre dirigidas a alguém. E não se trata de apelos manipulativos (como se o sofredor quisesse se desincumbir de uma tarefa que ele poderia perfeitamente desempenhar). O sofredor, na condição de sofrimento, não reúne condições para identificar claramente o que é isso de que ele precisa, mas ao menos consegue compreender que precisa de alguém, a quem investe no lugar de auxiliar, corpo solidário.

O grande desafio dos clínicos, nesse momento, é assegurar um espaço e um tempo seguros em que os pedidos de inclusão possam ocorrer e se desenvolver, até encontrar uma expressão semântica que lhes valha a ocasião de buscar, na realidade, uma nova representação que lhes possa servir. Em certa medida, os clínicos deveriam poder ouvir e acolher os restos de representação ainda ativos nas expressões desesperadas, ajudando os sofredores a reconstruir não exatamente o que perderam, mas uma mínima realidade de onde estes poderão formular mais claramente suas necessidades e interesses. Não se trata de interpretar, dar sentido, fazer por quem sofre, ou coisas do gênero, mas de assegurar um suporte para que o sofredor possa ampliar um protagonismo do qual ele nunca desistiu, mas que não exerce sozinho, razão pela qual nos incluiu.

E segundo essa compreensão de que a expressão do sofrimento é um ajustamento criativo, um pedido de inclusão em uma realidade que é a nossa solidariedade, nós discriminamos diferentes contextos de atuação gestáltica no campo do sofrimento ético-político e antropológico. Trata-se das diferentes modalidades de intervenção que há muitos anos desenvolvemos com a equipe de profissionais do Instituto Müller-Granzotto de Psicologia Clínica Gestáltica. São elas: a clínica das emergências e desastres, a clínica do luto e do adoecimento somático (que é especialmente desenvolvida em contextos hospitalares), a clínica das organizações e do trabalho, a clínica do sofrimento ético, que envolve o acompanhamento terapêutico (AT) e as práticas de cuidado às pessoas vítimas de violência racial, de gênero, presidiários e sujeitos psicóticos em surto. Na obra *Psicose e sofrimento* (Müller-Granzotto e Müller-Granzotto, 2012), apresentamos vários estudos sobre essas modalidades clínicas voltadas ao sofrimento e aos ajustamentos de inclusão.

AS CLÍNICAS POLÍTICAS E OS AJUSTAMENTOS NEURÓTICOS (DE EVITAÇÃO)

A HISTÓRIA DA GESTALT-TERAPIA está intimamente ligada à maneira como, depois de Laura e Fritz Perls, outros colaboradores, em especial Paul Goodman, ocuparam-se de estabelecer uma releitura crítica da clínica da neurose proposta por Freud. E se devêssemos elencar o fator decisivo que exigiu tal releitura talvez pudéssemos apontar para a compreensão de que a neurose é muito mais do que o efeito sintomático de um conflito entre a repetição da castração (pulsão de morte) e a substituição da castração por um objeto sexual ou ideal (pulsões de vida). Em toda manifestação neurótica, parece haver um apego dos sujeitos envolvidos a um passado que parece não se dissolver bem como um apego a certo estilo de manter-se apegado. Por outro lado, todavia, tal apego não está desvinculado das demandas atuais por alienação, como se devêssemos todos tomar parte no desejo do outro social. Não apenas isso, a própria situação passada à qual se fica apegado e, principalmente, o estilo de apegar-se parecem o resultados de um conflito que, mais do que a um passado que se quer repetir, exprime um embate político entre minha autonomia para operar com o passado na direção do futuro (desejo) e a exigência do outro social para que eu abandone meus projetos em favor dos destinos que ele arbitrariamente traçou para mim. Dessa maneira, ainda que se trate de um conflito relacionado ao tempo, a neurose é um conflito entre o tempo com o qual eu desejo operar e o tempo que o outro social me impõe como forma de controle de minha mobilidade política. Trata-se, em última instância, de um modo de eu me posicionar frente ao ataque biopolítico estabelecido pelo outro social capitalista, como se eu pudesse resistir às estratégias alienantes que ele me oferece. Em vez de alienar-me, eu me apego a situações e usos do corpo que o outro capitalista não pode dominar nem tornar mercadoria. É por essas razões que, para uma clínica gestáltica, a intervenção nos comportamentos neuróticos tem um duplo sentido político: por um viés, ela consiste em ajudar o consulente a ir além do seu apego ao passado; mas, por outro, ela se traduz no acolhimento à função política desse apego.

NEUROSE DO PONTO DE VISTA DA TEORIA DO SELF E O PRIMADO DA EXPERIÊNCIA CLÍNICA

Conforme vimos até aqui, a teoria do self – tal como proposta por Paul Goodman – compõe-se como uma tentativa de mapeamento das funções e dinâmicas que estejam acontecendo em determinado campo clínico e possam orientar a inserção do profissional em benefício da ampliação da autonomia verbal e motora no consulente. Em tese, o que se espera é que o clínico possa apoiar seu consulente na produção de ajustamentos criativos, que sejam "líquidos" e "fluidos" entre si, apoiados naquilo que para ambos se manifesta como dimensão presente (demandas da realidade social), passada (excitamentos advindos do fundo impessoal de hábitos compartilhados) e futura (horizonte de desejos, no qual o consulente pode recriar, mediante as possibilidades abertas pela realidade presente, os excitamentos oriundos do fundo habitual). Durante as sessões, contudo, dificilmente o clínico consegue reconhecer aquelas funções e dinâmicas – ao menos como a teoria do self as descreve. E isso equivale menos a uma limitação dessa teoria – o que sempre é uma possibilidade a ser considerada – do que à versatilidade das relações de campo, no interior das quais as teorias – inclusive as que os consulentes inventam a respeito de si são sempre desmontadas e reinventadas. Acontece, depois de um período de convivência, que as desmontagens e reinvenções produzidas pelo consulente em sua relação com o clínico começam a desenhar um estilo próprio. É nesse momento que as categorias da teoria do self retornam, não para enquadrar a relação do clínico e do consulente em um gradiente predeterminado, menos ainda como uma verdade diagnóstica que devesse ser comunicada ao consulente. Elas retornam, sim, para estabelecer a diferença que faz, daquela relação clínica, um ajustamento único. E ainda que cada sessão seja por si só uma clínica diferente, tratando-se do interesse que os clínicos têm na consolidação de um saber sobre suas práticas, e apenas em razão desse interesse, as dinâmicas e as funções do self ajudam a reconhecer a regularidade de certos estilos de ajustamento que, doravante, poderão retornar como horizonte de diferenciação (e não como modelo classificatório) do estilo único de cada nova sessão.

O significante "neurose" designa um desses estilos em sentido amplo que se prestam como parâmetro de diferenciação daquilo que possa surgir a cada nova sessão. Nascido das elaborações teóricas sobre a experiência clínica passada, tal estilo não descreve pessoas ou comportamentos individuais (se é que exista algum comportamento que seja individual), e sim uma forma possível de laço social. Sua característica marcante, tal como a teoria do self nos ajuda a descrever, tem relação com uma inexplicável falta de autonomia no consulente para agir e dizer, como se sua função de ato (sua corporeidade agente e falante) estivesse alienada em favor de algo que não se deixasse reconhecer na realidade social. Tudo se passa como se a função de ato (no consulente, mas não exclusivamente) perdesse o posto de articuladora do contato em proveito de outro agente, desconhecido, que sem razão aparente adviria como uma espécie de ação de evitação orientada por um hábito inibitório. Mesmo que os dados ou demandas presentes à sessão, que envolveriam a própria escuta do clínico, continuassem a abrir, para ambos, possibilidades de enfrentamento do mal-estar que estivesse a afligir o consulente, algo emergiria para este como interrupção presente. O processo de contato entre o que pudesse surgir como um excitamento advindo do passado e o que pudesse surgir como uma possibilidade futura de satisfação permaneceria inexplicavelmente interditado. De acordo com a descrição fornecida por PHG (1951, p. 235-6), neurose é:

[...] a evitação do excitamento espontâneo e a limitação das excitações. É a persistência das atitudes sensoriais e motoras, quando a situação não as justifica ou de fato quando não existe em absoluto nenhuma situação-contato, por exemplo, uma postura incorreta que é mantida durante o sono. Esses hábitos intervêm na autorregulação fisiológica e causam dor, exaustão, suscetibilidade e doença. Nenhuma descarga total, nenhuma satisfação final: perturbado por necessidades insatisfeitas e mantendo de forma inconsciente um domínio inflexível de si próprio, o neurótico não pode se tornar absorto em seus interesses expansivos, nem levá-los a cabo com êxito, mas sua própria personalidade se agiganta na *awareness*: desconcertado, alternadamente ressentido e culpado, fútil e inferior, impudente e acanhado, etc.

A AUTORREGULAÇÃO DAS ELABORAÇÕES TEÓRICAS SOBRE A EXPERIÊNCIA CLÍNICA

Podemo-nos perguntar, porém, o que são esses hábitos inibitórios inacessíveis? Como eles se formaram? Como se manifestam? Podem eles ser atribuídos pelos clínicos aos consulentes? Tal atribuição não forçaria os consulentes a se enquadrar "no estereótipo da concepção científica do terapeuta" (PHG, 1951, p. 90)?

Segundo PHG (1951, p. 89), "toda escola de psicoterapia tem alguma concepção da natureza humana que é reprimida e regredida na neurose, e visa 'recuperar' essa natureza ou fazer com que 'amadureça'". Todas elas formulam teorias que, em verdade, estão baseadas em determinada hierarquia de valores. No entanto, isso não significa, ainda para os autores, que as teorias de psicoterapia sejam empreendimentos sectários. Ao contrário, eles consideram que, "de modo geral, as diversas teorias não são logicamente incompatíveis, e, com frequência, complementam-se primorosamente e, de forma indireta, comprovam-se mutuamente" (1951, p. 89). Inspirados na pragmática de John Dewey (1922)[4], PHG (1951, p. 89-90) vão dizer que, de fato, o que diferencia as teorias são as motivações específicas que cada qual herdou da situação vivida por seus criadores:

> Freud lidava com uma série de pacientes crônicos com sintomas espetaculares: histerias, obsessões, fobias, perversões. Tanto em consequência como, em seguida, por causa disso, empregou a interpretação dos símbolos como método; portanto, ele estava fadado a chegar a determinada teoria da infância e da natureza humana. Contudo, os junguianos passaram a tratar, por um lado, de psicóticos institucionalizados, e, por outro, de pessoas de meia-idade que tinham tido "esgotamento nervoso", e por esta razão desenvolveram terapias artísticas e conceberam uma teoria cheia de ideias de uma cultura superior e primitiva, com ênfase reduzida na sexualidade. Mas Reich lidou principalmente com pessoas mais jovens que, frequentemente, ainda não haviam casado; e tanto seus pacientes quanto suas descobertas ditaram um método fisiológico. Por sua vez, Sullivan lidou com esquizofrênicos ambulatoriais, e tinha pouca coisa a que recorrer além de usar métodos conversacionais e tentar estabelecer a autoconfiança de seus pacientes. Moreno, ao lidar com delinquentes num internato, desenvolveu um método de terapia de grupo, uma situação que, em princípio, deveria desenfatizar os fenômenos de transferência e contribuir para uma sociabilidade mais receptiva. (PHG, 1951, p. 89-90)

Mas, em alguns momentos, os teóricos não dão a devida importância às motivações que os fizeram produzir. Em virtude disso, esquecem a pré-história de suas próprias produções e cedem à ilusão retrospectiva de interpretá-la com base nos resultados que alcançaram. O que deveria ser um efeito das necessidades situacionais dos pesquisadores torna-se, em certas ocasiões, uma razão em si, uma verdade abstraída do vivido e à qual esse vivido deverá, desde então, se submeter. Nesse momento, por apego às suas concepções, muitos clínicos não hesitam em sacrificar a experiência, forçando seus consulentes a se enquadrar em expectativas teóricas já formuladas. É assim que, para fazer justiça ao modo como Freud produzia seus conceitos e atentos ao primado que toda experiência clínica tem em relação ao pensamento que a formula, PHG (1951, p. 94) vão afirmar que o bom método em clínica é aquele em que "o envolvimento do terapeuta não é simplesmente como objeto da transferência do paciente". Quem, de antemão, se aferra a esse destino, como uma meta a ser alcançada, ou como uma garantia de êxito, trai a gênese clínica das noções de que se serve. Ao contrário disso, PHG (1951, p. 95) acreditam que o clínico deve estar "em seu próprio crescimento dentro da situação, colocando sua pré-concepção em jogo", o que envolve submeter suas concepções a uma espécie de capacidade de autorregulação que a própria experiência imporia. Da perspectiva da prática clínica, os conceitos não caracterizam um saber determinante, eles são recursos de um infinito trabalho de recriação, de autorregulação do antigo e do novo.

Essa noção, por fim, nos esclarece sobre o uso clínico que os autores do *Gestalt-terapia* fazem do significante "autorregulação", tomado de empréstimo a Kurt Goldstein (1933). Por um ângulo, este significante designa a concepção de natureza humana por meio da qual PHG justificam a primazia que conferem à experiência clínica em contraposição às elaborações teóricas: "a natureza humana básica é em parte dada [...], mas em parte, ajustando-se às diferentes terapias, *cria a si própria*, e esse ajustamento criativo em circunstâncias favoráveis é em si mesmo uma característica fundamental da natureza humana básica" (grifo dos autores). Mas, por outro ângulo, esse significante tem uma função performática ou de autoimplicação: ele próprio deve se submeter à condição que estabelece, o que faz que, ao final, ele não designe outra definição que não seja a de que todas as definições devem poder estar sempre sendo recriadas. Disso advém que a noção de autorregulação, ao mesmo passo que descortina o horizonte dos fins (teleologia) almejado pelo clínico, também designa a falibilidade e contingência desses fins, assim como no caso das elaborações produzidas pelo consulente em uma sessão.

A consequência dessa forma de compreender a natureza e a função da elaboração teórica na clínica é o reconhecimento de que já não faz sentido pensar a experiência clínica em lugares rígidos, como o de consulente e de clínico, ou de dinâmicas fixas, como a de transferência e contratransferência. Já não faz sentido impor aos consulentes um sentido ou verdade acerca do que possam estar vivendo. Os modos de vínculo são diversos e o tratamento clínico desses vínculos não é diferente da pontuação da finitude e da contaminação de um pelo outro: ajustamento criativo. O que permite aos autores estabelecer uma primeira diferenciação clínica e falar da neurose como um tipo específico de laço social em que os ajustamentos criativos estão em parte comprometidos, isto é, parcialmente impedidos de se autorregular.

O SENTIDO ANTROPOLÓGICO DA NEUROSE COMO LAÇO SOCIAL

No capítulo da obra *Gestalt-terapia* intitulado "A natureza humana e a antropologia da neurose", PHG (1951, p. 115) dizem que o homem parece ser, até o momento, o único animal "capaz" de dividir sua ação, parte em proveito do enfrentamento da novidade, parte em proveito da inibição de seus próprios excitamentos espontâneos. Para os autores (1951, p. 125), essa característica não é decorrente de propriedades inatas ou respostas a estímulos previamente determinados: os comportamentos neuróticos são formas historicamente adquiridas, são "aquisições recentes da humanidade", nas quais se exprime uma maneira peculiar de deliberação motora e linguageira em que há inibição inconsciente dos excitamentos espontâneos (função id) e, por conseguinte, dificuldades na autorregulação (comprometimento da função de ato). E antes de entrarmos no mérito da descrição clínica do que possa ser um comportamento neurótico precisamos estar esclarecidos sobre o que queremos dizer quando empregamos o significante "homem". Afinal, como dizem PHG (1951, p. 123), os muitos termos que usamos, "'homem', 'pessoa', *'self'*, 'indivíduo', 'animal humano', 'organismo', são às vezes intercambiáveis e às vezes é necessário distingui-los".

Para eles, "essas dificuldades [terminológicas] podem ser naturalmente evitadas de modo parcial por uma definição cuidadosa e um emprego consistente – e tentamos ser tão consistentes quanto podemos. Contudo, elas são parcialmente inerentes ao tema *"'Homem' que cria a si próprio de diferentes maneiras"* (grifo nosso). É olhando para as criações humanas que vamos reconhecer as diferentes dimensões referidas pelo significante "homem", o qual designa muito mais do que um subsistente empírico. Do ponto de vista da criação ou, na linguagem própria da teoria do self, do ponto de vista das experiências de contato estabelecidas na fronteira entre o passado e o futuro, o homem é um ser-no-mundo e, como tal, um ser de generalidade impessoal. Suas ações estão sempre apoiadas na transitividade dos hábitos sociais, de acordo com o testemunho dos processos de imitação e aprendizagem. Elas são herdeiras de hábitos compartilhados intersubjetivamente, os quais fornecem a cada ação, de modo específico, uma orientação afetiva (excitamento). Mas as ações mesmas, apesar de estarem apoiadas nos hábitos socialmente constituídos, são sempre individuais, uma vez que não podem ser repetidas tais e quais. O que nos leva a uma nova noção de individualidade, que não tem relação com a subsistência empírica do homem, e sim com a singularidade de suas ações, as quais valem por si sós como ações das funções de ego individuais, nos termos da linguagem da Gestalt-terapia. E ainda que *a posteriori* possamos reconhecer e celebrar a familiaridade de algumas entre as ações individuais, de sorte a podermos atribuí-las a um mesmo subsistente empírico chamado "homem", essa atribuição imaginária (que define o que em Gestalt-terapia se chama de função personalidade) não absorve a singularidade de cada ação.

Quando dizem que os comportamentos neuróticos são aquisições humanas recentes, PHG levam em conta as três dimensões fundamentais pelas quais o homem em todo momento se recria. Hipoteticamente, os comportamentos neuróticos são efeitos de hábitos inibitórios que dividem a ação individual na fronteira de contato. Nesse sentido, eles envolvem uma dimensão impessoal, que são os hábitos inibitórios. Contudo, esses hábitos só são importantes à medida que são retomados por ações e, por conseguinte, por individualidades produzidas no interior de cada campo, como tipos específicos de laço social, os quais, por fim, podem ser atribuídos a uma personalidade, a uma entidade empírica que os reúna como uma só unidade histórica. Ainda assim, mesmo podendo ser identificados às características de determinada personalidade, para o interesse clínico os comportamentos neuróticos são eminentemente ações em um campo. Dessa perspectiva, eles coincidem com o próprio laço social que define, por exemplo, a retração muscular do consulente diante de uma pergunta inesperada formulada pelo clínico. Logo, se em alguma medida eles podem ser relacionados ao "homem", trata-se do homem em situação, do homem polarizado em gestos e ações e, assim, imerso em um laço social. E é no interior desses laços sociais – e não nas personalidades com as quais os representamos – que haveremos de encontrar as possíveis razões para a constituição histórica desse estilo específico de ajustamento, em que a ação parece dividida, como se houvesse, a despeito da função de ato que ali pudesse agir, outro agente reconhecível apenas pela orientação inibitória que parece trazer do passado. Esse conflito, ou melhor, esse laço social conflituoso, é o objeto de interesse da Gestalt-terapia quando o que está em foco é a compreensão dos comportamentos neuróticos. Não importa para a Gestalt-terapia saber se os comportamentos neuróticos são estruturas ou características pessoais de alguém ou de uma sociedade, regularidades ou contingências que possam ser atribuídas às pessoas ou aos grupos sociais; todas essas hipóteses caracterizariam uma investigação da função personalidade. Para a Gestalt-terapia importa compreender o comportamento neurótico como um conflito da ação e, assim, como um laço social conflituoso na atualidade da situação (atribuamos tal laço social a uma pessoa ou a um grupo).

O SENTIDO POLÍTICO DA NEUROSE COMO UM MODO DE ENFRENTAMENTO AO CONFLITO SOCIAL

Não obstante toda a pressão do poder midiático internacional – com a cumplicidade de muitas agências de saúde – para difundir a imagem do neurótico como um sujeito fracassado, infeliz e doente, a neurose resiste como uma das condutas sociais mais difundidas. Isso nos obriga a reconhecer, mais além da tensão característica dos comportamentos neuróticos que faz deles laços sociais improdutivos e frequentemente dolorosos, uma motivação política inerente de grande relevância, qual seja ela, o oferecer resistência às demandas de alienação no produtivismo consumista.

É inegável o efeito opressivo que as demandas de produção e consumo exercem nos sujeitos das formações neuróticas. As falas ou queixas neuróticas sempre têm em conta o desejo de um terceiro a quem não podem satisfazer ou suportar. O "neurótico" está sempre se queixando de uma personagem, inclusive relativa a ele próprio, que encarna os interesses do outro social capitalista ao qual não consegue satisfazer. Ele tem dificuldades para pagar dívidas, conseguir emprego, atender às exigências de qualificação do mercado, conviver com a insatisfação dos seus pares. Pior do que isso, muitas vezes, sente-se o responsável por não estar à altura do que se espera dele, razão pela qual precisa recorrer a tratamentos de saúde que o habilitem a uma sociabilidade mais integrada, isto é, mais alienada. Dessa maneira, falar sobre a mãe, pai, irmãos, filhos, chefes, fracassos, doenças, amantes é denunciar uma relação política desigual, uma tarefa econômica impossível de cumprir.

Para o outro social capitalista, entretanto, a queixa neurótica é indicativa de uma doença a ser tratada, é motivo para submeter os sujeitos das formações neuróticas a uma série de "dispositivos de saber", conhecidos como tratamentos de reintegração ao mercado laboral. Usualmente, inclusive, a queixa neurótica é a ocasião para a criação de um mercado que faz do sofrimento um produto rentável à indústria farmacêutica, às ideologias terapêuticas e religiosas. Todavia, com frequência, as terapêuticas oferecidas não logram seus objetivos, uma vez que a reinserção dos sujeitos no produtivismo consumista é, ao mesmo tempo, a intensificação das causas da falência social dos sujeitos neuróticos. Ultrapassando os benefícios provisórios advindos dos salários, premiações, medicações, técnicas terapêuticas e sugestões ideológicas, os sujeitos das formações neuróticas novamente se percebem envolvidos na rotina que os levou ao adoecimento.

Daí advém nossa proposta para reconhecermos, nas queixas neuróticas, um importante protesto contra as formas de dominação biopolítica implementadas aos corpos pelo outro social capitalista. Declarar-se desorientado, inseguro, incapaz, indignado ou vítima das demandas capitalistas encarnadas por familiares, instituições, ideologias, valores é, simultaneamente, assumir uma posição política de recusa à submissão, por mais sôfrega que ela possa ser. O apego a cenas do passado, a dúvida em relação ao presente e o medo do futuro constituem estratégias de suspensão do peso das demandas de alienação produzidas pelo produtivismo consumista. Motivo por que nós acreditamos que toda intervenção no campo das formações neuróticas deve poder acolher a rebeldia implícita às ações manipulatórias dos sujeitos que se apresentam divididos entre atender à demanda social e defender-se de algo que eles próprios parecem ignorar a respeito de si ou do meio em que estão inseridos.

Isso não quer dizer que pensemos que os comportamentos neuróticos sejam funcionais ou eficientes no combate às demandas capitalistas. Não bastasse o sofrimento que desencadeiam para o sujeito e para quem vive ao seu redor, esses comportamentos não logram demover o outro social de sua posição de poder. Por isso, defendemos a ideia de uma clínica voltada ao acolhimento do sujeito das formações neuróticas. Essa clínica, à sua vez, deve poder ajudar tais sujeitos a compreender a função e o estilo de suas ações de enfrentamento ao outro social. Mas, sobretudo, devem poder ajudar os sujeitos envolvidos a compreender os limites das estratégias neuróticas e a possibilidade de construção de novas alternativas. Para tanto, é fundamental que os clínicos gestálticos estejam atentos à maneira como, em uma formação neurótica, estão relacionados o tempo e o poder político do outro social.

AS PERSONALIDADES VERBAIS, O OUTRO SOCIAL E A INIBIÇÃO DELIBERADA

Como veremos no capítulo a seguir, que versará sobre a gênese sociolinguística das funções e dos modos de ajustamento na criança, é por volta dos 18 meses, quando as formas linguageiras começam a aparecer para a criança não apenas como um dado de realidade, mas como um fundo habitual adquirido, que se inicia o processo que culminará na formação da função personalidade. A fluidez para operar, na forma dos mais diversos ajustamentos (autistas, alucinatórios, associativos, identificatórios ou sincréticos), com o fundo de excitamentos (sejam estes hábitos motores ou verbais), e a entrega passiva aos valores sociais estabelecidos pelos cuidadores (que aqui encarnam a função personalidade, a presença da cultura como outro social instituidor de sentido) não se harmonizam mais. É como se a linha de continuidade entre a vivência sincrética – por exemplo, da crueldade – e a vivência da identificação passiva à condição social de filho tivesse sido rompida. A crueldade para com o irmão mais novo – antes tolerada pelo olhar afetuoso dos pais – é agora censurada e a criança precisa então escolher entre esse modo de satisfação e a manutenção do lugar social que o afeto dos pais lhe assegurou. Uma das alternativas para a criança consiste na autoinibição de seus próprios ajustamentos sincréticos, de seus modos de satisfação até então fluidos. Por outras palavras: uma das alternativas para a criança é a inibição de suas próprias vivências de contato sincrético entre o passado habitual e o futuro de possibilidades. E eis aqui, nessa atitude, a gênese daquilo que, mais tarde, poderia justificar a produção de ajustamentos de evitação.

A produção de ajustamentos diversos mediante um fundo de excitamentos parcial ou integralmente disponível define aquilo que, em Gestalt-terapia, denomina-se de contato. Os excitamentos (que são hábitos motores e linguageiros disponíveis ora de maneira articulada, ora de maneira desarticulada) fornecem, se não a orientação, ao menos o motivo pelo qual a função de ato nos infantes opera com as possibilidades motoras e linguageiras disponíveis no mundo social. No caso dos ajustamentos sincréticos (que são os únicos em que podemos verificar a presença de excitamentos espontaneamente articulados entre si), cada ajustamento é, em simultâneo, uma maneira de repetir uma forma ou hábito adquirido no passado e uma maneira de criar, junto com o semelhante, um horizonte de futuro, uma meta ou falta que exigirá, de todas as funções de ego envolvidas na experiência, a passagem a um novo momento. Há em cada uma dessas vivências de repetição e criação (as quais definem as duas dimensões do contato) uma espécie de satisfação ambígua: por um lado, a repetição gera um afeto indeterminado que inscreve o corpo agente como um ser único; por outro, a criação originada daquele afeto inaugura, para os envolvidos na experiência, um horizonte virtual, que é o desejo. Ao mesmo passo que se satisfazem por conta de uma repetição que não faz sentido (e denota a presença de um fundo de excitamentos denominado, em Gestalt-terapia, de função id), as crianças desejam um sentido virtual que possam produzir (como função de ato) junto dos amiguinhos, dos animais, às plantas, enfim, no meio social.

Melhor do que isso é quando "alguém", às margens da experiência de contato, atribui valor às satisfações vividas pelas crianças. Ou, o que é a mesma coisa: melhor do que as vivências de satisfação é a própria sedimentação, em geral linguística, dessas vivências como valores de troca social. O sistema de valores semânticos, usualmente encarnados pelos cuidadores, vem oferecer aos infantes uma espécie de espelho em que estes poderão ver estabilizados, como objetos de sentido, a satisfação e o desejo que antes viveram de modo itinerante, como instantes de contato entre o passado habitual e o futuro criado. Como decorrência dessa sedimentação, as crianças poderão se identificar aos objetos de sentido e experimentar, mais do que uma satisfação da ordem do sentir e da ação, um prazer da ordem do narcisismo, da alienação no sistema de valores instituídos pela cultura – esse grande espelho social a quem também chamamos de outro social e que define o caráter eminentemente imaginário da função personalidade em Gestalt-terapia.

No entanto, as satisfações da ordem do sentir e do agir e as identificações passivas aos valores do outro social não são complementares. Não demora muito até as crianças descobrirem a incompatibilidade entre esses dois domínios existenciais (ou funções de campo, que são a função id e a função personalidade). Afinal, os objetos de sentido, mais do que espelhar as vivências de satisfação advindas dos ajustamentos criativos, exigem, de tais ajustamentos, adaptação àquilo que já está predeterminado como um valor social. Na prática, as crianças se veem obrigadas a agir de um modo tal que suas brincadeiras possam estar em conformidade com as expectativas dos pais (entendidos aqui como encarnação do outro social). Mais do que se satisfazer e se regozijar, a criança precisa, agora, corresponder ao que dela se espera. E, como isso é impossível de sustentar, a criança precisa tomar uma decisão drástica. Ou ela opta pela supressão do outro social (o que a encaminha para os ajustamentos antissociais, como veremos um pouco adiante neste capítulo), ou, então, decide pela inibição do contato sincrético, mais exatamente, dos excitamentos que estão na base dos ajustamentos sincréticos. Eis então aqui a deliberação inibitória operada pela criança, ou, ainda, a inibição deliberada, a qual, conforme PHG (1951, p. 234), está na base daquilo que possa ser considerado um comportamento neurótico, muito embora não haja absolutamente nada de neurótico em tal deliberação.

Para PHG, a deliberação inibitória é por ela mesma um ajustamento criador. Trata-se da produção de um tipo de interação social cuja característica é a interdição dos hábitos com base nos quais, mais do que repetir, a função de ato pode criar. A função de ato não permite mais adaptar – como nos ajustamentos sincréticos – os excitamentos às possibilidades disponíveis no meio social. A criança, por exemplo, não tentará mais repetir, no corpo do irmão mais novo, os golpes que costumava desferir contra a bola de couro (que retornam aqui como excitamentos ou hábitos), pretendendo provocar no irmão algum tipo de reação (a qual é tão somente o desejo sadomasoquista compartilhado por ambos). E não se trata aqui apenas de uma limitação da ação, como se a criança não tivesse força ou habilidade para afrontar as admoestações dos cuidadores, como é comum acontecer antes dos 3 anos. Não, dessa vez, a criança decidiu ela própria inibir a repetição dos hábitos por cujo intermédio buscava para si uma satisfação cruel, isso é, escolheu não apenas não repetir, quanto não criar nada de novo. Ela simplesmente parou, travou sua ação. É assim que, conforme os autores (PHG, 1951, p. 233), a inibição deliberada sempre tem que ver com a contração muscular, com a interrupção dos movimentos que possibilitariam que uma função de ato operasse criativamente com o fundo de excitamentos (hábitos disponíveis).

CONSTITUIÇÃO DO HÁBITO INIBITÓRIO
Ora, no entendimento de PHG (1951, p. 234), a inibição dos excitamentos (entendidos como hábitos) pode ela própria transformar-se em um hábito. E é tal hábito que, doravante, retornará como elemento concorrente à autonomia da função de ato, procurando impedir que esta possa criar ante uma orientação herdada.

A inibição deliberada é a interrupção do processo de contato, em qualquer uma de suas dimensões, seja ela passada (pós--contato do evento anterior, pré-contato do evento atual) ou futura (contatando e contato final no novo presente). Tendo em vista que essas dimensões são concomitantes ou codadas à atualidade do laço social em que uma função de ato está atuando, esta função pode decidir interditar tanto a assimilação do hábito de um evento anterior como o retorno dele como uma orientação na atualidade. Pode ainda abortar as ações em direção à novidade e, da mesma forma, a entrega passiva ao que de novo surgir na experiência. Por exemplo, e segundo a ficção criada para ilustrar nossa discussão, o menino pode interromper seu ajustamento cruel no instante em que o excitamento estiver se apresentando como relaxamento da tensão advinda da conversa que precedeu a ação cruel (interrupção do pós-contato do evento anterior). Pode ainda interromper seu ajustamento quando o excitamento se apresentar como uma emoção (interrupção do pré-contato). Pode interrompê-lo no instante em que o excitamento se expressar como um desejo, como a fantasia de golpear o irmão mais novo (interrupção do contatando), ou, então, em sua manifestação ativa, que é a ação mesma de golpear (interrupção do contato final). Esses instantes são todos simultâneos; e a função de ato no menino pode fazer malograr o ajustamento cruel abortando um ou outro.

Daqui não resulta que as inibições deliberadas interditem para sempre as ações sobre as quais recaíram. É verdade que a ação inibitória do menino (evento 2) pode, ao menos em um primeiro momento, interromper a realização do desejo cruel que estava em obra desde o evento anterior (evento 1) e, consequentemente, a assimilação dele como um hábito, mas isso não se significa que o evento inibido (evento 1) não possa encontrar, noutro evento (evento 3) posterior à inibição (evento 2), uma ocasião para se realizar e se deixar assimilar. Isso é perfeitamente possível, afinal, o evento inibido, em princípio, é um desejo em busca de realização. Ele é um transcender-se ao futuro. A inibição por ele sofrida é tão somente um retardamento em seu fluir na direção de um novo dado de realidade. E, tão logo o menino encontre um evento de fronteira no qual possa operar de modo cruel, a crueldade (antes inibida) desvanecerá permanecendo apenas como hábito impessoal disponível aos novos eventos de fronteira.

Contudo, também pode acontecer de o ato inibitório ser assimilado como hábito, o que, então, limitará as possibilidades de realização do evento originalmente inibido. Afinal, apesar de não disporem de um horizonte de futuro, uma vez assimilados como hábito, os atos inibitórios acabam elegendo os eventos inibidos como uma espécie de horizonte de desejo, apenas que situado no passado. Eis, então, a configuração daquilo que, em Gestalt-terapia, denominamos de "situação inacabada".

SITUAÇÃO INACABADA E ANSIEDADE

Em decorrência da assimilação de ações inibitórias que a própria função de ato operou contra determinados excitamentos, forma-se um fundo inibitório inconsciente que impede a emergência desses excitamentos. Sempre que um dado na fronteira de contato os provoca, o hábito inibitório incrementa o controle, a ponto de interditar as ações da função de ato. O que se observa na fronteira de contato, então, é um estado ansiogênico generalizado, que não é senão o conflito entre o excitamento requerido e o hábito inibitório. Dizendo de outro modo, e para retomar o que já falamos neste capítulo, para PHG a decisiva característica da neurose vincula-se à ausência, singular e difícil de explicar, de autonomia no consulente para agir e dizer, semelhando a alienação de sua função de ato (sua corporeidade agente e falante) em favor de algo que não se deixasse reconhecer na realidade social. Ou, então, poderíamos também dizer que é como se a função de ato (no consulente, mas não exclusivamente) perdesse, para outro desconhecido agente, seu lugar de articuladora do contato, outro agente que, aparentemente sem razão, surgiria como uma espécie de autoproteção orientada por um hábito inibitório. Assim, ainda que os dados ou demandas presentes a cada sessão clínica, relacionados com a própria escuta do clínico, continuassem a abrir, para ambos, possibilidades de enfrentamento do mal-estar que estivesse a afligir o consulente, algo permaneceria emergindo para este como uma interrupção presente. O processo de contato entre o que poderia irromper como um excitamento oriundo do passado e o que poderia surgir como uma possibilidade futura de satisfação permaneceria inexplicavelmente interditado. De acordo com a descrição fornecida por PHG (1951, p. 235-6), neurose é

> a evitação do excitamento espontâneo e a limitação das excitações. É a persistência das atitudes sensoriais e motoras, quando a situação não as justifica ou de fato quando não existe em absoluto nenhuma situação--contato, por exemplo, uma postura incorreta que é mantida durante o sono. Esses hábitos intervêm na autorregulação fisiológica e causam dor, exaustão, suscetibilidade e doença. Nenhuma descarga total, nenhuma satisfação final: perturbado por necessidades insatisfeitas e mantendo de forma inconsciente um domínio inflexível de si próprio, o neurótico não pode se tornar absorto em seus interesses expansivos, nem levá-los a cabo com êxito, mas sua própria personalidade se agiganta na *awareness*: desconcertado, alternadamente ressentido e culpado, fútil e inferior, impudente e acanhado, etc.

AJUSTAMENTOS DE EVITAÇÃO

Nos sistemas self em que os excitamentos são habitualmente evitados, a função de ato quase não tem forças para operar com a ansiedade desencadeada pelo conflito entre os excitamentos e a inibição reprimida. Para tal, ela estabelece múltiplas estratégias de dissimulação, às quais denominaremos de ajustamentos de evitação[5]. Comparado aos outros modos de ajustamento, o de evitação tem uma singularidade que o distingue. Se, de modo geral, podemos dizer que todos os comportamentos são ajustamentos produzidos pela função de ato (não importando a qual personalidade tal função de ato possa ser atribuída), no caso dos ajustamentos de evitação, percebemos uma espécie de duplicidade, como se um rival que excedesse a função de ato estivesse à frente da ação. Em determinada sessão, quando se esperaria que uma função de ato (no consulente) levasse a cabo o interesse vivo (excitamento) que demonstrara por uma entre as alternativas abertas pela pergunta do clínico, a ação responsiva é interrompida de maneira inexplicável, como se a função de ato (no consulente) tivesse sido atravessada por outro agente, eminentemente defensivo, que se poria a apresentar comportamentos desvinculados das possibilidades abertas pelo contexto atual. Orientado por hábitos acima de tudo inibitórios, esse agente procuraria se desincumbir das possibilidades abertas pelo contexto atual, como se algo estivesse a ameaçá-lo, embora nada nesse contexto representasse ameaça explícita. O interesse vivo na demanda do clínico é solapado por um estado de ansiedade, pelo qual o próprio clínico passa a ser responsabilizado, como se este devesse fazer algo para atenuar aquela tensão. À medida que o clínico, em vão, tenta fazer algo para acalmar a ansiedade, uma discreta satisfação sádica se deixa perceber nas feições do consulente, embora neste não se reconheçam indícios de compreensão do que se passa. Dividido entre a pergunta do clínico e a ansiedade que nele se implantou, oscila entre demonstrações de autonomia deliberada (pela função de ato) e comportamentos de evitação inconscientes, aos quais – como dissemos – vamos chamar de "ajustamentos de evitação" da ansiedade por meio da manipulação do clínico. O clínico fica interessado e, paulatinamente, percebe-se enredado em uma série de demandas, que outro sentido não tem senão responsabilizá-lo pela resolução daquela ansiedade: seja meu modelo (confluência), seja minha lei (introjeção), seja meu réu (projeção), seja meu algoz, talvez, meu cuidador (retroflexão), seja meu fã (egotismo) e assim por diante. Aliás, a conexão entre os ajustamentos de evitação e as demandas específicas dirigidas ao clínico é uma inovação que propomos com o objetivo de aprofundar o entendimento sobre o modo como se estabelece o diagnóstico nas relações de campo, a saber, ele se origina da maneira como o clínico sente-se convocado a ocupar um lugar no discurso e na postura assumidos pelo consulente no aqui e agora da experiência de contato[6].

AS NOVAS CLÍNICAS POLÍTICAS

ATÉ AQUI ESTIVEMOS FALANDO daquelas que poderiam ser consideradas as clínicas tradicionais da Gestalt-terapia, muito embora apenas a clínica da neurose tivesse sido aprofundada por PHG. As outras duas, apesar de anunciadas, permaneceram incoativas, tendo sido objeto de nosso esforço desenvolver, apoiados na teoria do self, a clínica da psicose e do sofrimento ético-político e antropológico (Müller-Granzotto e Müller-Granzotto, 2004, 2007, 2008; Müller-Granzotto, M. J., 2009, 2010a; Müller-Granzotto, R. L., 2005, 2010). Nenhuma dessas três modalidades, entretanto, logra pensar certos fenômenos clínicos típicos de nosso tempo, ainda que não duvidemos que eles estivessem presentes em outras épocas. Referimo-nos àquelas experiências de consultório, mas não exclusivamente, em que não nos sentimos manipulados (como nos ajustamentos neuróticos), nem rejeitados (como nos de busca) ou convocados a uma ação solidária (como nos ajustamentos de inclusão em decorrência do sofrimento ético-político e antropológico). Referimo-nos àquelas experiências em que nos sentimos antes ameaçados, seja pela inconsequência dos ajustamentos que nossos consulentes produzem, seja pela finalidade mesma desses ajustamentos, que às vezes fazem de nós alvos a ser aniquilados.

Em comum, essas experiências põem em tela um flagrante conflito entre as possibilidades políticas (ou desejos) dos sujeitos (de atos) que nos procuram e nossa posição política e antropológica, a qual, por vezes, encarna os desejos, os valores e pensamentos do outro social. Aparentemente, tudo se passa como se aqueles sujeitos não encontrassem lugar para realizar, em face dos nossos desejos e do nosso sistema de pensamentos e valores, os desejos que lhes valessem a ocasião de operar com os excitamentos que nosso encontro houvesse desencadeado. Ou, ainda, tudo se passa como se nossa posição (política e antropológica) significasse para eles a impossibilidade de operar com os próprios desejos, razão pela qual tais sujeitos ver-se-iam obrigados a substituir seus desejos por semblantes de desejo, como se assim pudessem escapar ao conflito. Ou, então, ver-se-iam obrigados a assumir uma postura quase hostil, antes de tudo estratégica, que faria de nós alvos a ser aniquilados. Nos dois casos, reconhecemos dois ajustamentos criadores, duas formas originais para lidar com o conflito político e antropológico constitutivo da vida social dos sujeitos de ato. Entrementes, na medida em que nesses modos de ajustamento o conflito não implica a multiplicação das possibilidades de criação social, porquanto, neles, o sujeito de atos ou se aniquila ou aniquila o interlocutor (no caso, o terapeuta), julgamos possível e recomendável o estímulo a novas formas de vivência do conflito, as quais não necessariamente redundem na aniquilação da interlocução.

CLÍNICA DOS AJUSTAMENTOS BANAIS

AO NOS REFERIRMOS às inconsequências de determinados ajustamentos, temos em mente, sobretudo, aquelas ações em que, sem pensar ou sem se antecipar aos resultados, os consulentes alienam suas possibilidades e interesses em favor de restos de objetos ou de objetos de consumo em massa (considerando-se que nenhum dos dois, verdadeiramente, possa ser visto como um objeto da realidade ou de desejo, já que, não viabilizam a experiência da reflexão, como se exigiria de um objeto da realidade, ou a experiência da transcendência na virtualidade, como se exigiria de um objeto de desejo). Ou, então, temos em mente o fenômeno acusado por Jacques Lacan, de acordo com o qual, aprisionados pela lógica capitalista, os sujeitos transformam-se eles próprios em objetos de consumo em massa, verdadeiros *gadgets*[7] – segundo a gíria eletrônica. Esses sujeitos não têm mais em conta o que pudessem provocar (desejo) ou receber em relação aos semelhantes (reconhecimento social); defendem-se das demandas de excitamento e de inteligência social alienando-se em substitutos aos objetos, independentemente das consequências sociais que essa alienação possa acarretar. O que aí acontece? Trata-se de um ajustamento criador?

SUJEITOS-MERCADORIA

É uma realidade de quase todas as famílias a existência de parentes improdutivos, ou estagnados em algum tipo de atividade repetitiva, incapaz de criar interesse ou respeito. Ou, então, é comum para todos nós termos de conviver com pessoas destituídas de ambições, projetos e desejos, como se a única coisa que lhes restasse fosse reproduzir alguns poucos papéis na periferia das ideologias de massa. Elas parecem não se interessar por ser reconhecidas (como cidadãos, como empreendedores, como consumidores), preferindo desfrutar no anonimato as imagens produzidas em sites de pornografia, *reality shows* e em redes de relacionamento virtuais, ou entregar-se ao entorpecimento produzido por substâncias marginalizadas (como cocaína, álcool, LSD, *ecstasy*, para citar algumas). Em vez de se posicionar nos conflitos e nas disputas de natureza política e econômica, deixam-se governar pelos jogos de azar, pelas previsões místicas e pelos rituais secretos de natureza disruptiva (como nos distúrbios alimentares). São pessoas moldadas às poucas e fugazes possibilidades fornecidas àqueles que desistiram de ocupar um lugar social ou de operar com os próprios desejos; o que, por vezes, significa fazer do corpo (tátil, imagético e discursivo) mercadoria sem valor subjetivo, qual *gadget*. O que não significa haver entre essas pessoas e os *gadgets* uma relação de identificação passiva, como aquela que caracteriza a função personalidade. Ao contrário, os *gadgets* não desencadeiam nenhum tipo de implicação subjetiva. São só geringonças, destituídas de importância e afetividade, destinadas apenas ao consumo sem meta. Quando fazem do corpo-próprio um *gadget*, os sujeitos abdicam da própria capacidade de agir e, por conseguinte, nivelam-se à condição de mercadorias supérfluas.

A vinda ao consultório desses sujeitos-mercadoria é para o clínico algo sempre muito decepcionante. Não se vê, nesses consulentes, nenhum tipo de reflexão, menos ainda contato com o que possam estar repetindo (função id), ou desejando (função de ato). E não se trata de psicose; afinal, à diferença do que acontece nas psicoses, esses consulentes não usam a realidade para responder às demandas afetivas dos interlocutores. Tampouco se trata de neurose, pois a sujeição desses consulentes aos restos da cultura de massa é tão forte que não verificamos neles qualquer tipo de demanda, o que denunciaria a presença de um desejo, ainda que inibido. Ao contrário, os sujeitos declinam de desejar, como se os restos de objeto de consumo ou as geringonças (*gadgets*) com os quais criam um vínculo de "dependência" pudessem "substituir" o horizonte de desejos e o papel social demandado pelo outro capitalista.

Dito de outro modo, os sujeitos-mercadoria não tentam responder (como nas psicoses), menos ainda manipular (como nas neuroses). Também não procuram pedir ajuda (como no sofrimento ético-político e antropológico). Eles simplesmente "substituem" a *awareness* pelo consumo supérfluo e inconsequente, como se nesse tipo de consumo estivessem desincumbidos de sentir (*awareness* sensorial), desejar (*awareness* deliberada) e assumir identidades sociais (*awareness* reflexiva). Parecem antes desertores da própria condição de sujeitos (de ato). Não querem sentir nada: tomam analgésicos para a dor, antidepressivos para a tristeza, reguladores de humor para a alegria, indutores de sono para o sono, cafeína para a vigília. Também não querem fazer nada: alienam-se na sorte e no azar em vez de trabalhar, consomem em vez de se divertir, usam jargões em vez de se comunicar, vestem-se com tecnologia – fones de ouvidos, telefones, *games* – para se conectar a nada. Tampouco querem se refletir em representações sociais que lhes valessem identidades das quais se orgulhassem: mostram-se em restos de semblante – *piercing*, silicone, músculos "bombados", tatuagens, tênis de marca etc. – para não ser vistos; fixam-se em imagens pelas quais não precisam responder, pois as comunidades virtuais não exigem "opinião", "debate", "reflexão" de seus seguidores; acompanham a vida alheia sem o risco de ser interpelados, já que a vida do outro retratado em álbuns e filmes postados na internet não toma conhecimento de minha existência; desprezam a família, a comunidade e a sociedade sem precisar se posicionar, como na anorexia; posicionam-se de modo a que ninguém possa saber, como na bulimia. Nos restos da cultura – sejam tais restos drogas, semblantes fragmentados, *gadgets*, jogos de azar ou identidades disruptivas (como no caso dos distúrbios alimentares) – resume-se toda a vida do consulente, que assim se dispensa de ter desejos ou identidades sociais pelas quais pudesse se responsabilizar. Ao contrário, a substituição dos desejos e papéis sociais por restos de cultura parece ser uma estratégia de banalização das demandas.

Inspirados nos relatos da filósofa Hannah Arendt a respeito do julgamento do nazista Adolf Eichmann, resolvemos denominar de banais a esses ajustamentos. Trata-se de sujeitos que, diante desse outro muito poderoso, que é o outro capitalista, abrem mão dos seus excitamentos e de suas autonomias criativas, mas nem por isso se submetem a ele, elegendo a banalização das demandas como forma de resistência. Nesta nossa proposta conceitual, contudo, não há propriamente adesão à leitura de Hannah Arendt.

BANALIZAÇÃO COMO AJUSTAMENTO[8]

Já no subtítulo do livro *Eichmann em Jerusalém*, Hannah Arendt (1963) faz referência ao significante "banalidade": "Informe sobre a banalidade do mal". O livro é uma compilação dos relatos produzidos pela autora enquanto trabalhou como correspondente do periódico americano *The New Yorker* na cobertura do julgamento do nazista Adolf Eichmann[9], que ocorreu em Jerusalém e culminou com o enforcamento do condenado em Tel Aviv no ano de 1962, sob a acusação de pertencer a um grupo organizado com fins criminosos e de promover, durante a Segunda Guerra Mundial, crimes de genocídio contra judeus e contra a humanidade. Eichmann – segundo as preciosas análises da autora acerca da personalidade do condenado (Arendt, 1963, p. 87) – não aparentava ser um homem doentio ou monstruoso. Sequer tinha um passado de crimes ou vinculação com o movimento antissemita.

> Os atos eram monstruosos, mas o agente – pelo menos aquele mesmo que agora estava a ser julgado – era absolutamente vulgar, nem demoníaco nem monstruoso. Não havia nele nenhum sinal de convicções ideológicas firmes ou de motivos maldosos específicos, e a única característica notável que se podia detectar no seu comportamento durante o julgamento e durante todo o período de investigação policial anterior ao julgamento era algo inteiramente negativo: não era estupidez, mas *irreflexão*.

Eichmann queria apenas ascender profissionalmente em sua carreira de funcionário público do Estado alemão e suas ações não correspondiam mais que à obediência às ordens superiores. Era um homem que cumpria suas obrigações com presteza e diligência. Razão pela qual, diferentemente da opinião majoritária da imprensa à época, Hannah Arendt não consideraria Eichmann um ser de má índole. Tratava-se de um homem acometido de um "vazio de pensamento". Se ele foi culpado e mereceu ser condenado, isso tem relação com o fato de haver se alienado nas decisões de seus superiores sem levar em conta as consequências de seus atos. E eis aqui precisamente a banalidade do mal[10]. Trata-se da qualidade daqueles que, como Eichmann, agem dentro das regras do sistema ou da ideologia a que estão subordinados sem refletir no sentido ético e nos sentimentos morais envolvidos. Ou, ainda, trata-se da qualidade dos sujeitos que não se preocupam com as consequências de seus atos, com o mal que possam provocar, só com o cumprimento das ordens, às quais acatam sem reflexão, como se tivessem sido acometidos por um "vazio de pensamento", o que permitiu a Hannah Arendt (1970, p. 106) falar de um "mal moral" compartilhado por boa parte do povo alemão[11] à época do nazismo de Adolf Hittler:

Era como se a moralidade, no exato momento de seu total colapso dentro de uma nação antiga e altamente civilizada, se revelasse no significado original da palavra, como um conjunto de *costumes*, de usos e maneiras, que poderia ser trocado por outro conjunto sem dificuldade maior do que a enfrentada para mudar as maneiras à mesa de todo um povo.

A partir dessas noções seguiu-se uma reflexão de Hannah Arendt (1975) sobre o lugar ético dos cidadãos ante as ideologias e as leis de sua comunidade. A obediência civil não pode ser sinônimo da alienação da reflexão em favor do Estado. Tal procedimento caracteriza uma espécie de banalização da consciência política.

Diferentemente de Hannah Arendt, todavia, não cremos que a banalidade defina-se pela inconsequência dos atos, pelo mal que possam gerar. Tal forma de definir a banalidade é normativa, balizada por determinada teoria moral. O que significa que, não obstante se prestar à administração dos interesses que constituem o campo amplo da política, tal teoria dificilmente poderia se aplicar ao campo clínico, uma vez que, neste, as demandas morais poderiam limitar a disponibilidade do clínico para os diferentes modos de ajustamento. É por isso que decidimos apartar os significantes "banalidade" e "mal". Mesmo concordando com a autora que o "mal" designa o domínio das consequências pelas quais os sujeitos banais não se responsabilizam, mesmo concordando que tais sujeitos, por sua inconsequência, podem gerar o "mal", para nosso entendimento clínico a banalidade tem um sentido e uma função que podem ser compreendidos independentemente do mal. Ela é, antes de tudo, a atitude de rompimento com as demandas do outro capitalista. Embora não faça caso das consequências que tal atitude possa acarretar, trata-se de um tipo de enfrentamento – quase subliminar – ao outro capitalista. Um enfrentamento que, à sua vez, não se dá pela via do desejo que o sujeito pudesse assumir, mas da banalização das próprias demandas que a ele são dirigidas, sejam elas exigências de alienação em papéis sociais, ideologias ou formas de consumo. O que significa dizer que Eichmann não é banal pelas consequências dos seus atos, e sim, antes, pela forma como trata a ideologia nacional-socialista, a saber, sem implicação subjetiva (função personalidade). Ademais, não é por essa banalidade que ele deveria ser condenado. A banalidade era, talvez, a forma possível como ele e boa parte do povo alemão conseguiam enfrentar o nacional-socialismo. Por outra parte, pelas consequências de seus atos, pelo mal que eles provocaram à humanidade, por nossa adesão deliberada a uma ética das consequências, Eichmann mereceu ser condenado.

Logo, se por um lado concordamos com Hannah Arendt que os sujeitos devem poder ser responsabilizados pelas consequências de seus atos banais, por outro eles devem poder ser ajudados. Afinal, ainda que sejam atos injustificáveis, os atos banais podem ser reações ante as injunções totalitárias do outro social. Por outras palavras, os atos banais, ainda que inconsistentes do ponto de vista do ideal que reconhece a autonomia e responsabilidade de cada ser humano, podem ser compreendidos como uma forma de resistência – ineficiente, sem sombra de dúvida – diante da exigência capitalista de que nos tornemos sujeitos consumidores a despeito de nossos excitamentos e de nossas identidades sociais. E nossa proposta gestáltica perante a banalidade consiste, por um lado, na responsabilização dos sujeitos envolvidos, mas, também, no encorajamento da capacidade de cada qual para enfrentar o outro capitalista.

GÊNESE DOS AJUSTAMENTOS BANAIS

É claro que o nivelamento dos sujeitos banais à condição de mercadoria não é uma falha moral que estejamos aqui a censurar. Não há para a clínica gestáltica um dever ser, a que os sujeitos devessem corresponder, por exemplo, como se todos devêssemos viver fluxos de *awareness*. Ao contrário, nossa postura como clínicos é poder acolher essa diferença, escutar o que aí se diz. E nossa hipótese para entender a banalidade é que a deserção que esses sujeitos operam em relação às suas próprias capacidades de enfrentamento político é também ela um ajustamento criador, uma alternativa inventada diante da impossibilidade de fazer valer os próprios desejos ou de desconstruir a demanda totalitária do outro capitalista, segundo a qual, na identidade do sujeito consumidor, deveríamos poder sintetizar nossos desejos e nossa humanidade, como se o poder de consumo fosse, simultaneamente, uma forma de operar com excitamentos e com nossas identidades sociais. E à medida que não se pode operar com os próprios desejos, tampouco satisfazer às expectativas do outro capitalista, promove-se a "substituição" dos desejos e identidades sociais por sobras sociais, como se essa atitude inconsequente pudesse lesar o outro capitalista, sem que os sujeitos tivessem de enfrentá-lo com base nos próprios desejos. Não se trata aqui de um quadro de sofrimento ético-político e antropológico. À diferença destes, os sujeitos não são aqui privados da sociabilidade. Eles não são propriamente excluídos (o que exigiria deles ajustamentos de inclusão). Eles são, sim, obrigados a assumir um papel específico, que é o papel de sujeito consumidor (de certos produtos, rituais, ideologias). Isso significa que teriam de abrir mão não apenas dos outros papéis que pudessem desempenhar, mas também dos excitamentos e dos desejos que, por meio dos excitamentos, pudessem realizar na mediação da realidade, agora dominada pela ideologia do consumo. A única forma de resistir é, paradoxalmente, fugir do conflito, alienando-se nas próprias mercadorias que devessem consumir, tornando-se uma delas ou, o que é a mesma coisa, banalizando-se.

A REDUÇÃO DE DANOS COMO UMA ESTRATÉGIA DE ENFRENTAMENTO AO OUTRO CAPITALISTA

O tratamento ao sujeito banal é uma demanda do próprio outro capitalista. Afinal, porquanto se transformaram em sujeitos-mercadoria, os sujeitos (agora banalizados) deixaram de desejar, isto é, deixaram de consumir novas mercadorias e, assim, movimentar o mercado capitalista. Reabilitar o desejo por novas mercadorias: eis a expectativa do outro social capitalista em relação aos sujeitos banais. E, na contramão da expectativa capitalista, acreditamos que não devemos tirar de todo o objeto da alienação banal (a droga, a imagem, o vício etc.). Afinal, não podemos esquecer que esse objeto seja, talvez, uma forma de resistência em face do outro social. Provém daí nossa simpatia pela política de "redução de danos": ela é um acompanhamento que, ao mesmo tempo que preserva as poucas formas de defesa construídas pelo sujeito banal, mobiliza nele alternativas de enfrentamento, já que, na redução de danos, não se trata de reabilitar um consumidor, mas um sujeito crítico em relação às causas de sua banalização.

O conceito de "redução de danos" existe há mais de 30 anos, tendo seu primeiro emprego registrado nos anos 1980, especialmente nos países europeus (com destaque para a Inglaterra e a Holanda). Tal conceito define uma reação da saúde pública desses países diante da explosão das epidemias do HIV e das hepatites que visava, sobretudo, empreender medidas de acompanhamento do uso controlado de substâncias psicoativas injetáveis, a fim de estimular o contato entre os consumidores e os agentes governamentais de saúde. Não se tratava de interromper o uso das substâncias, antes monitorá-lo mediante a oferta de materiais descartáveis (como seringas, agulhas) e preservativos, para com isso minimizar a expansão das hepatites, da aids e demais doenças sexualmente transmissíveis. Também preocupado com o advento da aids e a urgência do controle dessa epidemia principalmente entre usuários de drogas injetáveis, o governo brasileiro reconheceu, em 1998, a redução de danos como estratégia de intervenção a ser adotada como política pública antidrogas. Entre suas características principais – afirma a pesquisadora Denise Doneda (2009, p. 28) –, a redução de danos põe o usuário de drogas como "protagonista das ações a ele dirigidas, contribuindo para uma nova conceituação da autonomia desse usuário e seus significados diante do produto, da forma de administração da droga, seus determinantes culturais, econômicos e sociais".

Nas modalidades de banalização relacionadas ao escamoteamento do conflito, como é o caso das formações disruptivas, tais como a anorexia (em que o sujeito despreza a família, a comunidade e a sociedade sem precisar se posicionar) e a bulimia (em que o sujeito posiciona-se de maneira tal que ninguém possa saber), a estratégia de intervenção também consiste no encorajamento dos sujeitos. Eles devem poder ser mobilizados a assumir e a executar o desejo de enfrentamento ao outro social, geralmente representado por algum familiar, parente ou figura de poder, contra o qual não conseguem fazer valer os próprios desejos. É característico no atendimento aos sujeitos com "distúrbios alimentares" que venham acompanhados pelos representantes do outro social que não podem enfrentar, como se nos indicassem explicitamente a quem devemos ajudá-los a combater. É por isso que, no atendimento a anoréxicos, por exemplo, costuma dar muito resultado apartá-los dos acompanhantes (em geral parentes cuidadores), autorizando a raiva que possa haver contra estes. Na bulimia, da mesma forma, costumam ter êxito as intervenções em que tentamos deslocar para o domínio da palavra a violência contida no ato de provocação do vômito. Certa vez atendemos uma consulente que, ao término de cada sessão, preocupava-se em fazer apontamentos para que nada fosse omitido à sua mãe. Esse aparente bem-sucedido consórcio – justificado por uma incondicional admiração pela progenitora – valia para a consulente o financiamento de todos os caprichos cosméticos, mas também um espartano regime de educação corporal, moldado conforme as exigências estéticas da mãe. Até que a presença de uma lesão nas cordas vocais desesperou a consulente porque ela jamais confessaria seu ritual bulímico. Por que ela omitiria à mãe pan-óptica tal ação? Concluímos que no vômito noturno havia bem mais do que a tentativa de se livrar do excesso de calorias ingeridas. Havia também a raiva que a consulente não conseguia exprimir à mãe. Em verdade, a consulente não conseguia sequer assumir para ela mesma que lhe parecia odiosa a convalescença do pai em decorrência das humilhações que sofrera da parte da mãe. E os vômitos só acabaram quando ela finalmente conseguiu tomar o partido do pai.

De modo geral, acreditamos que o trabalho de "restituição do lugar de protagonistas aos sujeitos que desistiram de sua capacidade ativa em favor de restos da cultura de massa" é a estratégia mais eficiente tanto para a redução dos danos advindos da alienação irresponsável, sem reflexão (como diria Hannah Arendt), quanto para o enfrentamento da verdadeira causa do esvaziamento da capacidade crítica desses sujeitos, precisamente, o totalitarismo do outro capitalista, constitua-se ele na forma de uma demanda de consumo ou de uma demanda de adesão cega a uma ideologia. Resgatar, nos sujeitos banais, a revolta, a indignação e a capacidade reativa é o mesmo que fortalecer, em cada qual, a função de ato pela qual eles haverão de mobilizar desejos (políticos) apoiados nos excitamentos disponíveis e nas identidades sociais críticas (em face das demandas totalitárias).

CLÍNICA DOS AJUSTAMENTOS ANTISSOCIAIS

Assim como o sujeito banal, o antissocial não está alienado na cultura, no outro social (capitalista). Ele também tenta destruí-lo. Todavia, à diferença do banal, ele lança mão de seus excitamentos e produz desejos (políticos) de confrontação cuja meta, em última instância, é repetir a satisfação advinda da supressão da presença do outro social. Diferentemente dos ajustamentos banais, portanto, nos ajustamentos antissociais os sujeitos enfrentam abertamente o outro autoritário. Não se trata de um expediente paranoico, como se o sujeito induzisse o outro social a ocupar uma posição que justificasse o enfrentamento. Ao contrário, o sujeito agora parece não precisar de motivos para enfrentar o outro social, e o faz de um modo que este sequer percebe estar sendo aniquilado. Podemos aqui nos perguntar por que se fixam a expedientes supressivos, mesmo quando o meio social não lhes fornece motivo para que aconteçam.

CARACTERÍSTICAS DOS AJUSTAMENTOS ANTISSOCIAIS

Seja na atenção básica, no trabalho no território em que vivem as famílias, ou nos consultórios particulares, é relativamente frequente entre os profissionais de saúde o sentimento de desconforto associado ao medo proveniente de uma ameaça que se anuncia na postura assumida por determinados usuários ou consulentes, os quais, não obstante a forma sedutora com a qual nos investem no lugar de cuidadores ou defensores, aos poucos nos impõem condições constrangedoras que inviabilizam nosso trabalho. Não se configuram como ações manipulativas, como nos ajustamentos de evitação, em que somos requisitados a nos responsabilizar pela ansiedade dos sujeitos demandantes, como se pudéssemos ou devêssemos fazer algo que eles próprios não querem fazer. Em vez disso, tudo se passa como se, sob o pretexto de uma solidariedade ético-política, ou de uma encantadora manipulação neurótica, fôssemos enredados em uma trama cujo desfecho fosse nossa aniquilação ou, pelo menos, a aniquilação de nossos valores e instituições[12]. Tornamo-nos confidentes de crimes, contravenções e vulgaridades, cujo relato – por parte do consulente – nos constrange, constrangimento que ao consulente parece divertir. Ou, então, somos enredados em jogos relacionais, como aquele em que determinada pessoa começa a fazer terapia para destruir a relação terapêutica que havíamos estabelecido com o amigo dela – e por quem, ademais, fomos recomendados. Sentimo-nos obrigados a sair da condição de clínicos para defender nossa própria moralidade ou profissão, uma vez que nos sentimos ameaçados por inverdades e estratégias belicosas estabelecidas pelos consulentes. A esses consulentes, muito mais do que qualquer ajuda profissional, interessa nosso mal-

-estar por havermos sido denunciados em nosso constrangimento ou parcialidade. Interessa o poder destrutivo que possam exercer sobre nós, o medo que possam gerar e com o qual parecem se satisfazer.

Certa ocasião, recebi na condição de clínico um pai de família que dizia não se sentir feliz. Era carinhoso com as filhas e tinha uma vida afetiva bem estabelecida com a esposa. Aparentemente, dispunha de todas as motivações de que precisava: sexo, carinho, ocupação, dinheiro etc. Mas não conseguia deixar de realizar, a cada três meses aproximadamente, o assédio a um homem sujo pelo ofício da borracharia e em quem pudesse fazer felação. O relato minucioso das várias etapas do processo de aproximação à vítima, do cálculo dos riscos, da descrição do ato, das anatomias, dos cheiros e das vezes em que fora agredido parecia muito mais importante que as lamentações pelo perigo de contaminação a que involuntariamente a esposa estava submetida. Cada sessão tornava-se mais e mais insuportável, sobretudo pela forma obstinada como o consulente me observava. Cada mínima reação era logo interpelada: "O que estou dizendo te incomoda? Tens medo de mim?" Todas as minhas tentativas para frustrá-lo, para impor a ele limites, pareciam causar um efeito contrário: paulatinamente ele se tornava mais ameaçador. Até o momento em que senti necessidade de informá-lo de como me percebia atendendo-o: "Sinto-me açoitado por tuas palavras". Não sei de onde o significante "açoite" surgiu – certamente de meu próprio processo clínico. O importante foi o efeito que tal significante desencadeou no consulente, que ato contínuo associou minha fala a uma fantasia que ele já contara acerca de uma suposta cena infantil, quando tinha aproximadamente 9 anos, em que seu pai, um motorista de caminhões de transporte de carga suína, açoitara o próprio irmão, na ocasião pré-adolescente, flagrado praticando sexo com uma porca. Segundo meu consulente, ele se servia dessa imagem do pai carrasco para repetir algo que o satisfazia, isto é, destruir aqueles em quem pudesse depositar confiança. Ou, então, servia-se da figura do tio "pervertido" para justificar a cumplicidade que buscava nos borracheiros contra aqueles que os pudessem testemunhar, por exemplo, o terapeuta a quem as histórias eram contadas. Também se servia de meus significantes, como o "açoite", para mais uma vez repetir, dessa vez contra mim, a supressão de minha condição de autoridade. Todavia, minha serenidade acolhedora desmontou sua construção. Recusando o lugar do tio açoitado e o lugar do pai carrasco, introduzi para meu consulente a condição da tolerância, tolerância à dificuldade que, como ele, também eu tinha para me relacionar com a autoridade.

Desse momento em diante, o trabalho terapêutico continuou focado em um tema inédito, muito gratificante para o meu consulente, que era o investimento em relações com pessoas de autoridade (como professores, chefes, mestres em artes marciais, entre outras), com quem ele pudesse se sentir reconhecido e benquisto. Finalmente, e de acordo com o que ele mesmo me disse, começou a sentir prazer, porquanto o prazer, diferentemente da satisfação advinda da realização de uma fantasia (em que buscasse repetir a supressão ao outro), é uma experiência da ordem da identificação passiva ao outro social, a outro social que, de modo diverso do outro capitalista ou autoritário, reconhece a autonomia do sujeito de atos.

O que, enfim, nos ajudou a compreender que, por mais desagregadoras que possam ser as consequências desse tipo de conduta, os sujeitos das condutas antissociais são protagonistas de uma reação criativa – ainda que perigosa e frequentemente ineficiente – às injunções do outro autoritário contra o qual precisam lutar para não ser aniquilados. Contudo, o outro autoritário em questão não necessariamente está estabelecido na realidade. Ele pode ser uma criação, uma fantasia do sujeito de atos no presente da situação. Nos termos dessa fantasia, o sujeito das condutas antissociais ocupa-se de repetir no presente o hábito supressivo do passado, de maneira independente daquilo que possa de fato estar sendo exigido na atualidade da situação. O que nos leva a crer que, assim como na evitação, em que a divisão do sujeito pode estar associada ao retorno espontâneo da inibição de uma fantasia passada, nos ajustamentos antissociais os comportamentos podem estar relacionados ao retorno de um hábito supressivo (ainda que, diferentemente da evitação, o hábito não esteja atrelado a uma fantasia inibida). Trata-se de fantasias presentes (e não de situações inacabadas do passado), em que o hábito supressivo retorna junto com os recursos da realidade dada, incluindo-se aí os registros biográficos (que, como tais, pertencem à atualidade da situação). O nome desse expediente é fetiche: produção atual de fantasias supressivas mediante hábitos supressivos.

GÊNESE DOS AJUSTAMENTOS ANTISSOCIAIS

Na segunda parte do segundo volume do *Gestalt-terapia*, PHG (1951, p. 141) apresentam um pequeno estudo sobre o que podemos entender por antissocial. Para eles:

> [...] esforçamo-nos para mostrar que no organismo, antes que se possa denominá-lo de algum modo uma personalidade, e na formação da personalidade, os fatores sociais são essenciais. [...] É nesse sentido que podemos falar de um conflito entre o indivíduo e a sociedade e denominar determinado comportamento de "antissocial". Nesse sentido também devemos certamente denominar certos costumes e instituições da sociedade de "antipessoais".

E antes de considerarmos o antissocial como um delinquente precisamos perceber que se trata de alguém que procura "aniquilar" (e não destruir) aquilo que ameaça sua capacidade de sobrevivência social (PHG, 1951, p. 148). Desse ponto de vista, o antissocial é um comportamento criativo, um ajuste diante da ameaça que vem do mundo social. Como vamos mostrar no capítulo a seguir, acreditamos que a gênese das condutas antissociais possa estar associada às vivências de desistência estabelecidas pelas crianças em relação às identificações ao outro social, quando este apresenta-se muito autoritário. Tendo em vista que as identidades imaginárias fornecidas pelo outro social exigem ou provocam a interdição das ações desejantes realizadas pelas crianças, estas desistem das imagens às quais se associaram (ou foram obrigadas a se associar). Em vez da entrega passiva aos rituais e valores impostos, as crianças operam pequenos atos supressivos, os quais, não obstante declinarem do prazer (ou desprazer) advindo da identificação ao outro social, geram para elas certa satisfação. E eis a base daquilo que, mais tarde, pode retornar não apenas como uma decisão política ante o outro social, mas como uma práxis supressiva, a que chamamos, como dissemos, de fetiche.

A presença do outro social na vida de uma criança é um acontecimento tardio e muito importante. Supomos que tal não aconteça antes de a criança haver começado a participar dos jogos de linguagem que constituem nossa comunicação por conceitos. Trata-se do momento fundamental em que percebemos, em cada um dos jogos de linguagem, a presença de um "agente", de uma intenção que não se confunde com a própria palavra empregada e institui a dimensão da autoria, da propriedade, da identidade imaginária mais além da corporeidade das palavras. Diante desse agente, a criança agora se sente convidada a oferecer, também ela, uma identidade imaginária própria. A criança compreende haver também para ela um eu aquém de seus gestos. O que é o mesmo que dizer que a descoberta do outro social aquém das palavras e das coisas viabiliza para a criança o prazer de uma identidade que até então não tinha e a que podemos denominar de personalidade. Doravante, a criança irá operar não apenas com excitamentos no campo da virtualidade que é a ação. Ela vai fruir de uma unidade já presente na realidade, que não precisa ser construída, mas já se pressupõe dada pelo testemunho do semelhante, encarnação do outro social.

Porém, como nem sempre a identidade que a criança alcança mediante o outro social está em conformidade com as ações que ela está acostumada a implementar de maneira espontânea segundo os hábitos adquiridos, estabelece-se um conflito, como se ela devesse optar entre tais ações e a identidade alcançada. Noutras palavras, apesar do prazer advindo da identidade alcançada junto do outro social, a manutenção dessa identidade pode exigir da criança a renúncia em relação a certas ações mobilizadas segundo o hábito. E eis que se estabelece um conflito, para o qual uma das possíveis soluções é a supressão do outro social ou, pelo menos, de determinadas identidades que ele exige ou fornece.

As crianças podem fazer isso de diferentes maneiras, o que inclui a destruição de objetos (como os brinquedos), a resistência em aceitar certos alimentos oferecidos pelos cuidadores com os quais elas estão em litígio, o uso da agressividade física e verbal contra esses cuidadores, entre outras formas de desobediência. As crianças se mostram insolentes, como se estivessem denegando seu pertencimento àquela rede social. Passam a mentir, uma vez que a mentira é uma forma de burlar a expectativa social à qual não se tem mais interesse em atender. Por meio dessas atitudes, as crianças excluem-se das identidades sociais a que poderiam (ou deveriam) pertencer, o que significa que elas também abrem mão do prazer (ou do desprazer) que poderiam sentir nessas situações. Elas não são exatamente excluídas – ainda que o lugar social que lhes fosse oferecido implicasse a renúncia a certas ações desejantes e, por conseguinte, à satisfação (a qual, conforme vimos no segundo capítulo, não se confunde com o prazer). Nos casos de exclusão social, que caracterizam os quadros de sofrimento ético-político e antropológico, os sujeitos são privados da possibilidade de desfrutar de uma identidade social, embora se trate de uma identidade submissa. E esse não é o caso dos sujeitos que, por sua diferença política, decidem excluir-se dos laços sociais a que foram convidados (ou obrigados). A supressão ao outro social – e aos valores, sentimentos e instituições que pudesse oferecer – é uma decisão livre em favor dos desejos que este mesmo outro social estivesse a ameaçar. Não se trata, ademais, de uma decisão absoluta, especialmente no caso das crianças. Trata-se de um pequeno ato de renúncia que convive com diversos atos de aceitação ao outro social, porquanto em boa parte das situações as identidades sociais não estão em conflito com os desejos.

É preciso, nesse sentido, reconhecer que as ações de enfrentamento ao outro social são indícios da autonomia do sujeito (da função de ato) para realizar isto que constitui a dimensão política de sua inserção no campo social, ou seja, o desejo. Por conseguinte, as pequenas transgressões e insubordinações são desejáveis porque dizem respeito à sobrevivência dos desejos mais além das identidades sociais estabelecidas. Ademais, elas colaboram para a transformação das instituições, dos valores e pensamentos, procurando tornar o outro social mais sensível à dimensão criativa que define o desejo. O que é o mesmo que dizer, conforme recomendava Paul Goodman (PHG, 1951, p. 148), que a tolerância às pequenas transgressões é a virtude das formas sociais que fazem a crítica de seus próprios valores, pensamentos e instituições: "É na análise e na liberação de agressões que podemos procurar o próximo avanço da sociedade em direção a normas mais felizes". Não se trata de impunidade, pois toda ação deve poder se responsabilizar pelas consequências. Trata-se, sim, da valorização das consequências amplificadoras advindas das atitudes de confrontação ao dogmatismo em que se encarceram os sistemas sociais que não convivem com a livre expressão (a qual, de forma alguma, confunde-se com a imposição ao semelhante) dos desejos de cada sujeito (de atos).

Deve-se considerar, entretanto, a possibilidade de as experiências infantis de enfrentamento ao outro social serem assimiladas como hábitos, isto é, que, uma vez dissolvidas em sua materialidade, restem como formas motoras e linguageiras disponíveis às demandas de excitamento que possam vir a receber nas configurações sociais futuras. É certo que esses hábitos assimilados não pertencerão às crianças ou aos adultos nos quais vierem a se transformar, mas às situações sociais em que estiverem inseridos e nas quais uma demanda de hábitos estiver em vigor. Razão pela qual pode ocorrer de uma demanda social exigir do sujeito de atos de então, mais do que a contrariedade ou a submissão (que corresponderiam a representações sociais específicas), certo envolvimento afetivo que ultrapasse a inteligência social requerida. E o afeto que pudesse emergir na realidade poderia ser carreado justamente por um hábito relacionado a alguma supressão que, do fundo de excitamentos disponíveis (o qual, como sabemos, não diz respeito à biografia de um sujeito, mas à sua participação na história impessoal ou função id), retornasse como orientação intencional. O sujeito de atos, então, transcendendo a resposta submissa ou combativa (que, como dissemos, são papéis sociais), articularia uma fantasia antissocial, como se a submissão ou o combate pudessem simultaneamente desencadear a supressão do demandante ou de qualquer agente representativo do outro social.

E eis então os ajustamentos antissociais, os quais consistiriam na produção de fantasias específicas voltadas para a supressão do outro social. Correlativamente às respostas da ordem da função personalidade, os sujeitos de ato articulariam no campo intersubjetivo uma fantasia cuja meta, ainda que indeterminada (como sucede a toda fantasia), dirigir-se-ia à supressão daquele que representasse o outro social. O nome que damos a tal fantasia supressiva é "fetiche". À diferença da situação inacabada característica dos ajustamentos de evitação, o fetiche não é uma fantasia que ficou retida no passado em virtude da ação de uma inibição. Ele é uma fantasia produzida no presente, sendo esta a razão pela qual, ademais, não está acompanhada de ansiedade (como no caso das fantasias manipulativas produzidas nos ajustamentos de evitação). Depois de minha declaração acerca do açoite que sentia por ouvi-lo, meu consulente não foi acometido por um forte afeto ou por uma formação reativa (como costuma acontecer nas situações em que as manipulações evitativas são frustradas). Havia certo afeto, mas, sobretudo, mobilização produtiva, como se a fantasia que ele estivesse a relatar estivesse sendo inventada naquele momento (e de fato o estava).

Ainda assim, é possível verificar, no modo como o consulente articula as diferentes partes (ou personagens) da fantasia, uma repetição, como se um estilo narrativo se impusesse, ou um núcleo dramático se repetisse. Atribuí essa repetição à presença do hábito supressivo, que cumpriria as vezes de orientação intencional, *awareness* sensorial implícita às deliberações fantasiosas com que provocava em mim certo desconforto, com o qual se satisfazia.

INTERVENÇÃO NOS AJUSTAMENTOS ANTISSOCIAIS

Como vimos, os ajustamentos antissociais são deliberações da função de ato que objetivam elaborar, nos termos de uma fantasia repetitiva que chamamos de fetiche, a repetição de determinado hábito supressivo mobilizado pela circunstância social em que se está inserido. Por vezes, o que parece ser antissocial tem que ver com uma legítima reação política contra o outro autoritário. Outras vezes, o propriamente antissocial é a produção de uma fantasia em que, sem motivo aparente, o outro social é tornado objeto da aniquilação supressiva que o sujeito de atos impõe. Intervir clinicamente nesses casos é, sobretudo, introduzir para o consulente um motivo com que possa se identificar e por meio do qual possa preferir o prazer da identificação a determinados papéis sociais em vez da satisfação da aniquilação.

O primeiro passo da intervenção clínica, portanto, é distinguir até que ponto o ataque que estejamos a sentir é uma reação a uma postura arbitrária que estejamos a ostentar, ou uma fantasia em que nos sentimos convidados a repetir um ritual de supressão que possa nos aniquilar. Caso a configuração de campo aponte para a segunda hipótese, é tarefa do clínico desviar o consulente para aquilo que pudesse ser surpreendente na articulação da fantasia supressiva, precisamente, que houvesse da parte do outro social (seja ele representado ou não por nós) tolerância suficiente para reconhecer, nas fantasias do consulente, uma demanda de inclusão social respeitosa. Ademais, a valorização da capacidade de confrontação que pudesse haver no consulente o deslocaria para um lugar não apenas desejável, mas também louvável, no qual poderia desfrutar de certo prazer. De todo modo, a prudência deve ser a regra de ouro do clínico; afinal, a busca de satisfação (com a supressão alheia) não é uma deliberação da qual o consulente tenha "consciência", e a ingenuidade pode ser desastrosa para ambos.

O SIGNIFICADO POLÍTICO DAS NOVAS CLÍNICAS GESTÁLTICAS

Por mais paradoxal que isso possa parecer, gostaríamos de dizer que as clínicas que fazemos e desejaríamos ver reconhecidas como práticas gestálticas não visam eliminar o sofrimento. Não porque não nos interessemos pelos fenômenos que costumam ser designados pelo significante "sofrimento" ou, pelo contrário, porque tenhamos algum tipo de satisfação sádica em ver nossos consulentes sofrendo (o que, evidentemente, é sempre algo a ser considerado). Não nos opomos a uma clínica do sofrimento, mas às tentativas de eliminá-lo. Afinal, em tempos de globalização capitalista, tais tentativas estão a serviço da ideologia da satisfação sem limites, a qual, por ser inalcançável, não faz mais que girar a máquina do consumo. No ideal de uma vida sem sofrimento, esconde-se uma demanda de consumo cuja consequência é a alienação de nossas vidas, incluindo-se aí os nossos sofrimentos, em proveito da satisfação alheia. E o pior em tudo isso talvez seja que a demanda de consumo impede-nos de perceber a satisfação que há no sofrimento. Isso porque o que às vezes chamamos de sofrimento não é senão o afeto envolvido no trabalho de construção de nossa própria autonomia.

Ora, mais do que diagnosticar uma patologia, menos do que pretender erradicar um sofrimento, nossas intervenções clínicas visam desencadear, nos consulentes, um efeito de apropriação daquilo que eles mesmos possam produzir na relação que mantêm conosco. É por isso que declinamos das categorias psicopatológicas em favor da analítica da forma, tal como nos propõem PHG (1951, p. 46), em sua definição de terapia gestáltica: "A terapia consiste em analisar a estrutura interna da experiência concreta: não tanto o que está sendo experienciado, relembrado, feito, dito, etc.; mas a maneira *como* o que está sendo relembrado é relembrado, ou como o que é dito é dito...". Afinal, a forma (*Gestalt*) é um tipo de "natureza", impessoal e genérica, responsiva aos nossos apelos (quando não se está em um campo eminentemente psicótico), mas que nunca se deixa alienar em uma fantasia de transparência (inclusive fenomenológica), menos ainda em um valor social questionável, como a propriedade privada. Talvez por isso o anarquismo sempre tenha parecido a Paul Goodman a ideologia mais coerente com o ofício ético de uma clínica devotada a essas totalidades que nunca se deixam apreender por inteiro.

CAPÍTULO 6
RUDIMENTOS PARA UMA TEORIA DA GÊNESE SOCIAL DAS FUNÇÕES DO SELF E DOS AJUSTAMENTOS CRIATIVOS NO UNIVERSO INFANTOJUVENIL

TEORIA DO DESENVOLVIMENTO INFANTOJUVENIL NA LITERATURA GESTÁLTICA

APESAR DOS ESFORÇOS DE Michel Vincent Miller (1999) e Gordon Wheeler (1998, 2002), nos Estados Unidos, para produzir uma teoria gestáltica do desenvolvimento infantil inspirada em categorias fenomenológicas muito próximas daquelas empregadas na obra *Gestalt-terapia* (1951), não há ainda, na literatura da Gestalt-terapia, uma teoria do desenvolvimento infantil pensada especificamente com base na teoria do self. No universo brasileiro, temos excelentes profissionais e uma tradição consolidada de intervenção gestáltica na clínica infantojuvenil, por isso cometeríamos impagáveis injustiças se fôssemos citar nomes, pois felizmente são muitos. Mas, no campo da produção bibliográfica, a quantidade de trabalhos publicados não reflete a qualidade dessa tradição. Em contrapartida, os trabalhos de fato publicados são de altíssimo nível e demonstram a preocupação dos autores em fornecer, aos clínicos, uma versão gestáltica dos processos de desenvolvimento na criança e no adolescente. Nossa proposta aqui se limita a incrementar essa versão gestáltica, introduzindo uma leitura de tais processos à luz da teoria do self e respectivas clínicas.

No que se refere às publicações em nosso vernáculo, vale destacar os artigos de Myrian Bove Fernandes (1992, 1995, 1996, 1998) e a dissertação de mestrado de Rosana Zanella (1992), que postulam a necessidade de pensar a problemática do desenvolvimento sob a perspectiva gestáltica, ou seja, sem fazer concessões a um tipo de lógica determinista, que faria dos primeiros acontecimentos da vida da criança o vetor inquebrantável do que viesse a acontecer depois. Myrian e Rosana utilizam-se da obra de PHG para elucidar uma compreensão de desenvolvimento pensada com base na noção de autorregulação. Nenhuma delas, entretanto, inclui as categorias pertencentes à teoria do self, em especial aquelas conhecidas como funções do self: função id, função de ato e função personalidade. E isso, talvez, porque o objetivo de seus trabalhos consiste em pensar mais a prática clínica gestáltica e menos os temas metapsicológicos.

Ainda no campo das publicações, devemos destacar o trabalho de Luciana Aguiar. Apoiando-se em sua respeitável prática clínica, a autora lançou, em 2005, uma obra decisiva para o futuro das investigações sobre a prática clínica gestáltica no universo infantil. Trata-se do livro *Gestalt-terapia com crianças: teoria e prática*, no qual apresenta, além de uma detalhada discussão sobre a sistemática da clínica infantil e sobre as estratégias de intervenção internacionalmente consagradas, uma compreensão do desenvolvimento infantil pelo viés das categorias-chave da Gestalt-terapia apresentadas nas duas primeiras partes da obra *Gestalt-terapia*, sobretudo por meio das noções de *awareness*, de contato e de ajustamento criativo. Ademais, ela empreende um respeitável esforço de integração das categorias diagnósticas empregadas pelos mais renomados gestalt-terapeutas no Brasil e exterior, com a finalidade de configurar uma base de referência para a atuação clínica com crianças. Mesmo assim – e não obstante a menção, no capítulo que se intitula "O desenvolvimento do ser humano sob a perspectiva da Gestalt-terapia", da importância da noção gestáltica de self para compreender o desenvolvimento –, Luciana Aguiar também não utiliza as categorias específicas da teoria do self, como, por exemplo, as funções elementares, cuja gênese queremos agora estabelecer.

Recentemente, no ano de 2010, e com o título *A clínica gestáltica com crianças*, a gestalt-terapeuta Scheila Antony organizou uma coletânea de artigos reunindo importantes contribuições para pensar, por diferentes parâmetros profissionais, as possibilidades de sincronização entre as práticas gestálticas com crianças e adolescentes, as políticas públicas em defesa dos direitos de crianças e adolescentes e alguns referenciais teóricos de inspiração gestáltica que costumam ser empregados por gestalt-terapeutas no mundo todo para fundamentar suas práticas. A colaboração de Miriam May Phillipi em tal obra é um estudo acerca das implicações éticas da ação gestáltica com crianças e adolescentes. Já Sérgio Lízias faz um instigante ensaio sobre a epistemologia gestáltica e a prática clínica com crianças. A organizadora, Scheila Antony, também contribuiu com um artigo versando sobre o modo como articulou sua formação em Gestalt-terapia à sua experiência em um centro de atendimento a crianças e adolescentes. Mais uma vez Rosana Zanella veio presentear-nos com um trabalho sobre as diferentes demandas apresentadas pelas crianças e suas famílias que chegam à terapia. Cláudia Ranaldi disserta a respeito do árduo caminho do crescimento para a criança tímida. Em parceria, Mônica Xavier de Brito e Sheila Antony discutem o abandono, o abrigamento e a adoção, dissecando a realidade das crianças nos abrigos. Por fim, e ainda na mesma coletânea, Myrian Bove Fernandes fecha a obra com inspirado artigo sobre o papel da família no atendimento gestáltico infantil. Apesar da alta qualidade de todas as contribuições, ressentimo-nos, porém, de formulações que buscassem articular o atendimento infantil e os referenciais teóricos utilizados à teoria do self.

Neste ensaio que agora apresentamos, queremos unir forças às reflexões desses colegas e de outros mais, com o objetivo de produzir subsídios que contribuam para a consolidação de uma teoria gestáltica do desenvolvimento infantojuvenil. Não é nosso interesse por ora refletir sobre a prática clínica no campo infantil – mesmo porque tal trabalho já foi magistralmente estabelecido pelas autoras mencionadas. Nossa modesta contribuição visa agregar, às reflexões até aqui dispostas, as categorias empregadas na teoria do self. Buscamos compreender a gênese das funções de campo com que estamos nos ocupando – a função id, a função de ato e a função personalidade –, e nossa hipótese é que elas são aquisições do crescente processo de socialização e dos conflitos que nele se estabelecem.

Assim como Michel Vincent Miller, apoiaremos nossa hipótese nos cursos que Maurice Merleau-Ponty ofereceu na Sorbonne até 1949, na cátedra de Psicologia da Criança. Vamos utilizar os interlocutores de Merleau-Ponty (principalmente Henri Wallon, Paul Guillaume, Elza Köhler e Jacques Lacan) para conjecturar, nas diferentes regiões de desenvolvimento pensadas por eles, a possível gênese das funções do self e os ajustamentos que as crianças possam estar operando. Todavia, não estaremos preocupados com a efetividade dessas regiões ou da cronologia a elas associada. Tais aspectos são hipóteses auxiliares que nos ajudarão a postular uma ficção sobre como, possivelmente, o sistema self se cria e se desenvolve como um empreendimento social.

DESCOMPLETUDE INFANTIL, O SEMELHANTE E OS AJUSTAMENTOS DE PREENCHIMENTO (ALUCINATÓRIOS)

Até por volta dos seis meses depois do nascimento, quando quase se completa o processo de mielinização das terminações nervosas, o corpo humano ainda carece de um sistema consolidado de articulação entre o horizonte externo e o horizonte interno de suas vivências perceptivas. Mesmo assim, ele já manifesta os efeitos dos processos de socialização a que está submetido. Em outros termos, ainda que haja indistinção entre o "interior" e o "exterior", para a criança o semelhante é uma dimensão notável e originária a partir e por meio da qual produz ajustamentos criativos. É verdade que esses ajustamentos ainda não caracterizam genuínas vivências de contato entre o passado assimilado e o futuro de possibilidades, até porque, nessa altura de sua vida, a criança ainda não tem um fundo adquirido, não tem à sua disposição uma função id. Outrossim, ela está restrita a algumas deliberações motoras, as quais independem da existência de um fundo de orientação. Segundo Fritz Perls (1942), trata-se de um conjunto de ações que mesmo um recém-nascido pode desempenhar em resposta aos estímulos ambientais.

Conforme Merleau-Ponty, Paul Guillaume admirou-se com os espasmos esboçados por uma criança de nove dias quando seu campo visual era invadido pela fisionomia adulta. A diferença na intensidade dos movimentos esboçados ante o rosto humano ou os objetos inanimados faz crer que, apesar da aparente "descompletude" (Guillaume, *apud* Merleau-Ponty, 1949, p. 309), a criança é "sensível" aos apelos implícitos no "modo de olhar" empreendido pelo adulto. Não dá para afirmar que ela possa distinguir entre o corpo-próprio e o corpo do semelhante; todavia, as reações que esboça nos permitem conjecturar que é afetada por demandas, as quais, nesse momento, não são mais que "vozes", "olhares", "sensações táteis" e outras tantas mais vividas de maneira parcial e impessoal. Com dois meses de vida, mesmo precisando fixar o olhar na mão do adulto a quem observa, a criança ensaia em sua própria mão os movimentos do observado. Há já aí, senão uma transitividade, ao menos uma capacidade de transcendência e, portanto, de participação no mundo. Mais tarde, por volta dos três meses, e agora segundo o comentário de Henri Wallon (*apud* Merleau-Ponty, 1949, p. 309), as crianças gritam quando expostas a um ambiente com muitas vozes humanas, como se tivessem sido "contaminadas" por aqueles sons. Trata-se de reações alucinatórias diante de acontecimentos que parecem exigir muito mais do que a criança possa oferecer, o que evidencia, por um lado, a ocorrência primordial de uma função criativa, solidária aos eventos de campo que estiverem acontecendo, que é a função de ato; e, por outro, a ocorrência de um primeiro ajustamento criativo, que é o preenchimento alucinatório.

Já na obra *Ego, fome e agressão* (1942), Fritz Perls advogava em favor da tese de que há, mesmo para os recém-nascidos, uma função ativa, não distinta da própria atividade muscular, a que ele denominava de função de ego. Em 1936, o autor apresentou, na Checoslováquia, por ocasião do Congresso Internacional de Psicanálise daquele ano, um trabalho que tratava das resistências orais. Seu objetivo era mostrar, contra o que era cânone na teoria psicanalítica freudiana da época, que mesmo crianças muito pequenas, em fase de formação da dentição, já estavam providas de uma capacidade de deliberação, independentemente daquilo que se supunha ser uma pulsão ou um instinto. Tal capacidade, ademais, precederia a formação do campo pulsional. Perls denominou-a de "função de ego" (a que os franceses traduzem muito bem pela expressão *"function moi"*, em uma clara tentativa de diferenciação entre o ego e o *"je"* – pronome reto "eu" em português – característico da "função personalidade"). Para Perls (1942, p. 205), o ego corresponde a uma função do organismo no meio, no mesmo sentido em que, acredita-se, a respiração tem relação com uma função dos pulmões na troca de gases do organismo: "Pulmões, gases e vapor são concretos, mas a função é abstrata – embora real". É assim que para ele "o ego é igualmente uma função do organismo", mas não uma parte dele. E é para não confundirmos tal noção de ego (insubstancial) com as egologias presentes em muitas teorias do desenvolvimento (por exemplo, nas psicanalíticas) que decidimos – conforme informamos no capítulo segundo da presente obra – denominá-lo de função de ato (numa clara referência à origem fenomenológica da noção de função de ego à qual o autor se refere). Trata-se de uma função que, além do mais, não estaria precedida por uma orientação ou "saber" prévio, motivo pelo qual, no caso das crianças recém-nascidas, as reações motoras (equivalentes da própria função de ego) pareceriam alucinatórias.

De fato, nesse primeiro momento, em que a fisiologia primária da criança ainda não consegue se autorregular integralmente, em que ela ainda não dispõe de um repertório de hábitos adquiridos e, em consequência, de uma orientação intencional espontânea (*awareness* sensorial), a função de ato opera de maneira quase errática. Trata-se de uma espécie de deliberação difusa que é especialmente observável quando as crianças são submetidas aos estímulos e às demandas afetivas que os adultos formulam na forma de vozes, olhares, toque, enfim, de gestos indistinguíveis para a criança. Para lidar com essas demandas, a função de ato alucina reações mediante vários expedientes desvinculados das possibilidades ou expectativas sociais, como o balbucio, a ecolalia, o grito, o choro, a fixação perceptiva, os espasmos musculares, entre outros. Tais reações caracterizam a primeira versão daquilo que passaremos a chamar de "ajustamentos de preenchimento". Como ainda não há, para a criança, um repertório de hábitos adquiridos, um fundo formado e, portanto, uma função id disponível, a função de ato precisa alucinar o fundo por meio do qual poderá, senão responder, ao menos estabelecer uma forma de satisfação possível perante as demandas. Isso significa que tais comportamentos alucinatórios não são, de maneira alguma, patologias (às quais devêssemos denominar de esquizofrenias infantis) ou desvios no desenvolvimento infantil. São ajustamentos criativos, invenções da função de ato para lidar com aquilo que se apresenta mais além das possibilidades materiais da criança nessa idade, isto é, a demanda afetiva. A característica fundamental desses ajustamentos consiste na habilidade da função de ato para preencher a angústia (decorrente da ausência de respostas em face das demandas) por intermédio de sons, movimentos e condutas de fixação, os quais fariam as vezes da função de id até então ausente.

Na criança até os seis meses, é possível, contudo, que a função de ato procure afastar ou aniquilar as demandas que, nesse momento, se apresentam a ela de forma incoativa e sem qualquer sentido. A função de ato pode fazê-lo mediante o isolamento social ou o mutismo comportamental, os quais, caso sejam muito frequentes e se prolonguem depois dos primeiros 36 meses de vida, podem constituir prognóstico de autismo, que é outro tipo de ajustamento criativo. De forma diferente dos ajustamentos de preenchimento, os ajustamentos autistas não se ocupam de produzir, independentemente das possibilidades fornecidas pela atualidade vivida pela criança, respostas às demandas. Para as crianças com menos de um ano, os ajustamentos autistas cumprem tão somente a função de aniquilar as demandas, livrando-as da tensão decorrente de não poder identificar o que delas se quer. A persistência das respostas autistas depois disso indica que uma condição especial se estabeleceu, isto é, que o fundo de excitamentos não se formou.

SOCIABILIDADE INCONTINENTE, OUTREM[1]
E OS AJUSTAMENTOS DE ARTICULAÇÃO (DELIRANTES)

ENTRE OS SEIS MESES e o primeiro ano de vida, temos aquilo que, de maneira hipotética, poderíamos considerar ser a etapa inicial da primeira infância – a que Wallon (conforme Merleau-Ponty, 1949, p. 310) denomina de vivência da "sociabilidade incontinente". De forma diversa de antes, o corpo-próprio e o do semelhante já não são, para a criança, indistintos e com função social incipiente. Possivelmente como decorrência da maturação da fisiologia primária, a criança parece circular entre os horizontes interno e externo de suas vivências perceptivas, não ainda como um indivíduo cônscio de si, mas como habitante de um sistema de equivalências motoras intercambiáveis. Assim como pode ver o dedo esfolado e senti-lo doendo, ela parece entregue a um transitivismo primordial vivido, sobretudo, nas relações parentais, como se pudesse assumir o corpo dos pais, a fim de confiar a eles a dor que estivesse sentindo. As demandas já não são tão indistinguíveis como antes. As vozes, os olhares, os toques estão interligados na forma de jogos sociais elementares, diante dos quais a criança tem uma atitude ambivalente. Em certa medida, podemos dizer que a demanda que ela começa a enfrentar é a inclusão em um "jogo" comunitário, também conhecido como brincadeira.

A principal diferença, entretanto, em relação ao momento da descompletude inicial talvez consista no fato de, mais do que a demanda qualificada, a criança ser agora surpreendida pela expressão, em si, de algo que ela mesma sequer escolheu, que é o hábito motor. Como que por milagre, os primeiros passos – antes ensaiados – dão lugar a um andar "automático", ainda que trôpego, como se essa habilidade já estivesse ali desde sempre, apenas aguardando a maturação óssea e muscular. A criança começa a viver a autodoação de hábitos motores de toda ordem, os quais constituem a primeira aparição daquilo que chamamos de "excitamento disponível" ou "função id". Trata-se, em verdade, da primeira manifestação do mundo intersubjetivo não mais como dado de realidade, mas como outrem, fundo de orientação sensorial ou *awareness* sensorial. Há agora, para a criança (como função de ato), uma espontaneidade que se impõe não mais com base nas demandas na realidade, e sim de uma inatualidade sobre a qual nem ela nem ninguém têm controle. As demandas afetivas, provenientes dos gestos dos semelhantes, que antes se apresentavam à criança – como os olhares, as vozes, os gemidos –, agora parecem brotar em seu próprio corpo como capricho, manha, jeito, enfim, como modo de satisfação: repetição espontânea das marcas do mundo natural e social em seu pequeno corpo. Esse é o sentido profundo da noção de hábito motor e a razão pela qual, mais do que uma aquisição anatomofisiológica ou cognitiva, ele é uma aquisição afetiva ou, simplesmente, um excitamento. Tal significa dizer que o hábito motor, assim como todos os hábitos, não é uma representação de conteúdos determinados. Quando muito, poderíamos dizer que se compõe por vestígios de conteúdos que não existem mais e nunca saberemos se existiram, conformando o rastro de uma origem para sempre perdida que, por conseguinte, desencadeia no meio um efeito de curiosidade, que é o excitamento. Como um excitamento, um hábito não é certo ou errado, bom ou ruim, agradável ou desagradável, prazeroso ou desprazeroso. Ele é um modo de gozo, um modo de satisfação que pode se apresentar como motivo indecifrável daquilo que, por tantas outras razões, decidimos nos tornar ou fazer.

A copresença de outrem, que é o excitamento como hábito motor, não é por si só garantia de que nossa ação possa se apresentar investida de uma orientação. Isso é perfeitamente verificável nas crianças entre seis meses e um ano, aproximadamente. Acontece que, nesse momento, mas não apenas nele, somos atravessados por uma miríade de hábitos que se doam como orientação, a ponto de nos perdermos. À beira do mar, o pequeno caminhante não consegue decidir entre correr, pular, enfiar os pés na areia, gritar ou chutar a pequena onda que alcança sua canela. Mais do que às possibilidades viabilizadas pela realidade material em que está inserido, o menino agora tem acesso a múltiplas orientações motoras que o surpreendem e, naquele momento, valem para ele como excitamentos. Dividido entre tantas orientações, parece atrapalhado. A insistência dos pais para que coloque as conchinhas no balde de plástico não parece concentrá-lo. O limite entre a diversão e a angústia é tênue. Rapidamente o entusiasmo se transforma em irritação. Levanta-se, ergue os braços, grita para o mar, aponta com o dedo na direção do horizonte, olha para o céu, cai sentado, torna a se levantar, cai novamente, e essa sequência parece diverti-lo. A brincadeira que finalmente encontra não está fundada em uma orientação fornecida pela realidade (pelo pai ou pela mãe, por exemplo), nem mesmo por um hábito dominante (que denunciasse uma preferência). Trata-se de uma invenção delirante, de uma "associação mágica" entre as várias configurações da realidade, como se esta mesma pudesse integrar os vários excitamentos que surgiram. O que nos permite reconhecer, nas crianças por volta de um ano, a vigência de um tipo específico de ajustamento que é o "delírio associativo e dissociativo".

Nessas crianças, antes mesmo de se ocupar dos excitamentos, a função de ato parece articular na própria realidade as várias configurações materiais, como se, assim, respondessem ao pedido dos pais e à abundância de hábitos que surgiram. A impressão que temos – ao observar as crianças nessa idade – é de que os excitamentos que as atingem não têm, entre si, uma organização espontânea, tal como aquela que nos permite reconhecer a dominância de um hábito sobre outro, ou uma hierarquia de preferências. Como veremos a seguir, crianças a partir dos seis meses já começam a demonstrar certo "estilo" de comportamento, como se determinados hábitos retornassem com mais frequência, possibilitando-nos afirmar que têm certas preferências. Mas, tal como no caso do menino à beira-mar, tudo se passa como se a função de ato nele não pudesse contar com uma orientação única. Por outras palavras, tudo se passa como se o fundo de excitamentos (que se doou ao menino) não tivesse organização própria. Em vez de um, viriam muitos excitamentos, todos eles com a mesma intensidade ou grau de importância, o que forçaria a função de ato a responder às demandas por excitamento (formuladas pelos pais) utilizando-se da realidade de um modo delirante, como se ela já contivesse nela mesma a amarração (associação) entre os excitamentos que surgiram em abundância. Essas formações, que muito lembram os quadros de paranoia, não são patologias, mas ajustamentos possíveis em face da provável desarticulação do fundo.

SOCIABILIDADE SINCRÉTICA E AS PRIMEIRAS VIVÊNCIAS DE CONTATO COM *AWARENESS*

DO QUE ATÉ AQUI expusemos não se deve concluir que, em seu primeiro ano de vida, as crianças sejam incapazes de estabelecer experiências de contato entre o fundo que paulatinamente vai se formando e as possibilidades abertas pelo meio social e natural. Ou seja, em seu primeiro ano de vida as crianças não produzem apenas ajustamentos autistas, alucinatórios ou delirantes. A partir dos seis meses, alguns hábitos impõem-se como orientação dominante e inauguram a primeira ocorrência daquilo que, em Gestalt-terapia, denomina-se de experiência de contato com *awareness* sensorial. Trata-se dos rudimentos daquilo que, mais tarde, porquanto implicam uma sorte de conflito com o meio social, chamaremos de ajustamentos políticos. Por ora, são apenas combinações rudimentares (ou sincréticas) entre estas duas dimensões já presentes na vida das crianças: o corpo de atos e o fundo habitual. Vejamos alguns exemplos desses ajustamentos.

De acordo com Merleau-Ponty (1949, p. 311), Wallon descreve a experiência da "confiança" que crianças com seis meses têm nos seus cuidadores. Quando percebem, em seus ambientes de origem, a presença dos pais, elas imediatamente assumem posturas e comportamentos que as colocam sob os cuidados deles: estendem os braços, por exemplo, na direção deles, ou emitem sons que denotam um tipo de intimidade já desenvolvida em relação a seus pais. Os comportamentos não são bizarros, como no caso dos ajustamentos de preenchimento, tampouco precisam ser ensaiados, como no caso dos ajustamentos de articulação delirantes. Eles acontecem como se fossem precedidos por um "saber fazer" inconsciente, que não é senão o fundo incipiente de excitamentos disponíveis ou, o que é a mesma coisa, hábito motor.

Já aos sete meses, as crianças mostram-se capazes de denunciar aos seus cuidadores uma exclusão que estejam sofrendo.

Porém, esta experiência é sempre desencadeada pela presença de alguém que possa produzir a exclusão do infante. Eis, então, a primeira versão da frustração, da "frustração primária", que é equivalente ao rompimento do transitivismo motor entre a criança e seu cuidador principal. Desse ponto de vista, a frustração primária é um ajustamento criativo cuja característica é a luta pela retomada de uma ligação de dominância, dominância em relação ao corpo do semelhante, como se o olhar, a voz, o toque pudessem recuperar uma posição perdida. Ante a presença de um terceiro, a criança denuncia o risco da exclusão ao mesmo tempo que reclama a exclusividade, o que faz retomar o hábito de dominância buscando impedir qualquer forma de divisão entre ela e seu cuidador. Não se trata ainda de uma identificação personalista, de um narcisismo imaginário, que pudesse ser vivido como uma representação de si no corpo do semelhante, como veremos um pouco adiante. Trata-se, sim, de um narcisismo fundamental, fundado na ação e, nessa direção, impossível de ser representado ou alienado em uma imagem ou valor social. Esse é o motivo por que, quando retorna nas relações adultas, não pode ser deslocado, sublimado, enfim, elaborado por outros meios que não a própria repetição da posse.

Já a partir dos nove meses, acredita Wallon – e ainda conforme Merleau-Ponty (1949, p. 318) –, a criança parece capaz de retomar, na forma da "crueldade", a vivência da separação em relação ao seu cuidador principal. Como ajustamento criativo, a crueldade é uma espécie de "simpatia sofredora" por alguém que dá à criança a oportunidade de reviver a "sensação" de exclusão. Nos termos de um comportamento agressivo, a criança retoma – junto de alguém por quem nutre simpatia – o gesto de separação infligido pelo terceiro. Dessa vez, contudo, é a criança que exclui. Suas ações não são justificadas por motivos ou razões, tampouco acompanhadas de avaliações ou valores, não obstante a insistência do meio social para que se responsabilizem moralmente: "Coitadinha da outra criança!", ou "Não faça isso que é feio!", e por aí afora. Em verdade, ainda não há, para a criança nessa idade, qualquer tipo de *awareness* reflexiva sobre o que ela esteja fazendo, ou sobre a vinculação entre seus atos (na atualidade da situação) e as vivências de separação em relação aos seus cuidadores. Trata-se apenas de um excitamento que exige repetição e continua a produzir efeitos por toda a vida. Se, na criança com um pouco mais de um ano, ela aparece nas condutas agressivas como o chute, a mordida, o tapa, ou em condutas de exclusão física, como o fugir, o esconder-se, nos adultos, a crueldade reaparece em um sem-número de comportamentos, embora em geral acompanhados de avaliações morais (introjetos).

A crueldade infantil, ademais, abre espaço para que, por volta dos 14 meses, a criança possa alcançar uma primeira experiência de si, uma primeira apropriação de si, que é o "reconhecimento pela dominância", o reconhecimento mediante o "poder". Não é, ainda, uma relação imaginária, em que a criança pudesse reconhecer seu ser em uma imagem na qual se alienasse. O reconhecimento de si (por intermédio do poder) não é diferente do reconhecimento das possibilidades que ela tem quanto a esse outro corpo que se apresenta a ela na realidade, que é o corpo do semelhante. A criança ainda não se identifica a esse corpo (o que seria uma relação imaginária), mas quer dominá-lo. Logo, o ser que quer se reconhecer é o ser da dominância, e o meio de que tal ser dispõe para fazê-lo provém justamente do fato de as possibilidades dominadas estarem disponíveis. Essa percepção nos leva à maneira como Friedrich Hegel, na obra *Fenomenologia do espírito* (1808), aborda a problemática do reconhecimento da consciência por via da antológica figuração da "relação dialética entre o senhor e o escravo". Comentando Wallon, Merleau-Ponty (1949, p. 318) vai dizer que a experiência de "reconhecimento pela dominância" é, simultaneamente, a compreensão de uma "falta de poder" diante do semelhante. Tal como em Hegel, para quem o senhor só pode se reconhecer como senhor por meio do consentimento do escravo – o qual, por sua vez, por consentir com a dominância do senhor, nega a si mesmo, inviabilizando-se e, por conseguinte, ao próprio senhor, que assim se descobre em falta em relação àquele que o poderia reconhecer e, consequentemente, em relação a si mesmo –, também para a criança o reconhecimento de seu próprio poder passa pela constatação de que o semelhante, em geral alguém três meses mais novo, a ela deve se submeter. Mas isso implica, da parte da criança mais nova, uma renúncia ao seu próprio ser e, como resultado, a interdição do reconhecimento que a criança mais velha poderia alcançar. Diante da negatividade do semelhante (criança mais nova), a criança mais velha descobre sua própria negatividade. Dessa maneira, ela, tal como o "senhor" hegeliano, precisa se dedicar a um novo semelhante, e assim sucessivamente, o que abre a cadeia de deslocamentos metonímicos que define o desejo. A vivência do reconhecimento, em verdade, é apenas a experiência do desejo de reconhecimento, a qual é infinita.

E na experiência do desejo de reconhecimento não imaginário, da mesma forma, a criança experimenta sua própria parcialidade ante a presença do semelhante, reconhecendo, por esse meio, aquilo que doravante vai exprimir como sexualidade. Esta não é mais que o reconhecimento, na forma de uma tensão corporal, da presença sempre iminente do corpo do semelhante, ao qual se quer dominar. Sexualidade, nesse sentido, não tem relação a determinado órgão ou sistema corporal, mas à mobilização motora e sensível da criança quanto à possibilidade de se haver com o corpo do semelhante. Assim sendo, a sexualidade pode ser vivida de múltiplas formas, porém sempre como uma postura corporal perante aquilo que escapa ao domínio, que é o corpo do semelhante. Ademais, há nessa experiência uma sorte de frustração. Afinal, a criança nunca consegue alcançar algo que pudesse dominar integralmente. Mais além da experiência da frustração primária, na qual experimenta um rompimento em sua ligação com o cuidador, na experiência do desejo (reconhecimento pela dominância) a criança depara com seu próprio limite, com sua dependência em relação ao semelhante. Trata-se de pequenas vivências de frustração, as quais, à medida que se intensificam, vão constituir a base para que, mais tarde, depois dos 3 anos, a criança delibere a inibição de seu próprio fundo de excitamentos. Por conseguinte, as frustrações constituem a gênese dos ajustamentos de evitação que, a partir dos 3 anos, tornar-se-ão muito comuns nos comportamentos das crianças, dos quais falaremos ainda neste capítulo.

Por ora, vale recapitular que confiança, frustração primária, crueldade e desejo são exemplos de experiências de contato em que, segundo um hábito adquirido, produz-se um ajustamento criativo, ao qual Wallon e, na esteira dele, Merleau-Ponty (1949) denominam de sociabilidade sincrética, um tipo de combinação (entre o corpo de atos e o fundo de hábitos) sem a interferência conflituosa da função personalidade (que ocorrerá mais tarde). Nessas experiências, em que a criança opera, junto às possibilidades oferecidas pela atualidade social, com um fundo de excitamentos disponíveis – sem precisar antes aluciná-lo ou delirá-lo –, verificamos a presença das duas primeiras funções elementares de um sistema self, que são as funções de ato e de id. Em nenhuma de tais experiências, contudo, nem mesmo na experiência de desejo, constatamos a presença da função personalidade. Esta é uma aquisição tardia, que depende da autodoação, para a criança, de hábitos linguageiros. Por outras palavras, é preciso que a função id, além dos hábitos motores, agora forneça, à função de ato, uma orientação linguageira. Somente assim a função de ato poderá reconhecer aquilo sem o que uma personalidade não pode nascer, a saber, o "outro social[2]".

O OUTRO SOCIAL, O ESPELHO E A FORMAÇÃO DA PERSONALIDADE

A PARTIR DO PRIMEIRO ano de vida, acredita Wallon (conforme Merleau-Ponty, 1949), os processos de socialização vividos pelos infantes se intensificam enormemente. Além dos cuidadores, outras pessoas começam a fazer parte do mundo da criança e, sobretudo, outros hábitos começam a se doar para ela como "fundo de excitamentos". A função id parece se amplificar, de sorte a incluir, além dos hábitos motores, formas eminentemente instituídas nas relações sociais, as formas *linguageiras*, sejam elas orais, visuais ou tangíveis, apareçam por meio da voz, de certas formas de escrita ou performance. Trata-se, na realidade, de uma segunda forma de apresentação do outrem, de uma segunda caracterização do fundo de excitamentos, o qual, doravante, mudará para sempre a vida das crianças. Afinal, à medida que assumem os muitos aspectos doados como forma linguageira, elas descobrem a presença de uma dimensão até então insuspeitada em suas vidas: o outro social. Revelado nos pensamentos, nos valores e nas instituições humanas, ultrapassando a transitividade motora e linguageira vivida até ali, o outro social desafia a criança a novos ajustamentos e abre para ela uma nova função de socialização, que é a personalidade vivida como narcisismo imaginário.

DAS FORMAS LINGUAGEIRAS À FUNÇÃO PERSONALIDADE

É QUASE UNANIMIDADE ENTRE os teóricos que se ocupam do desenvolvimento infantil que, por volta de seus 18 meses, as crianças começam a experimentar um segundo grande "milagre" em suas vidas. Inicia-se para elas aquilo que poderíamos convencionar chamar de segunda etapa da primeira infância. Tal etapa coincide com o momento em que, mais além dos hábitos motores, as crianças testemunham em si mesmas o desabrochar das formas linguageiras. Não que antes disso elas já não estivessem às voltas com tais formas. Desde os primeiros balbucios (característicos dos ajustamentos de preenchimento) até os ensaios de linguagem "privada" (típico ajustamento de articulação de hábitos gestuais que ainda não funcionam como linguagem), as crianças já se ocupavam com rudimentos linguageiros. Mas estes não eram ainda hábitos disponíveis. Quando muito, eram hábitos motores não integrados ao fundo de outros hábitos (o que justificaria os esforços delirantes das crianças com menos de 18 meses no sentido de constituir uma linguagem "privada"). Ou, ainda, aqueles rudimentos seriam dados produzidos na realidade social, verdadeiras demandas por inclusão no universo desse jogo complexo que é a linguagem adulta. Contudo, tal como sucedeu antes às crianças de seis meses em relação aos hábitos motores, as crianças por volta dos 18 meses são surpreendidas pela ocorrência de uma segunda versão do outrem, o qual agora emerge do fundo como hábito linguageiro a orientar a fala. Por conta desse novo hábito, dessa nova versão do outrem, a fala nas crianças parece agora "verter" de suas bocas (tratando-se de uma criança que ouve) ou de suas mãos (se forem crianças surdas inseridas em uma comunidade de praticantes da linguagem de sinais), sem que elas tenham de primeiro ensaiar os movimentos orais ou manuais requeridos. É como se, por um passe de mágica, elas começassem a entender o uso de certos modos de fala, a ponto de habilitar-se a empregá-los em contextos diferentes. Por conta da autodoação do outrem, agora como hábito linguageiro, a função id (que se manifesta a essas crianças) sofre uma grande ampliação, habilitando os pequenos falantes a participar de uma prática social que antes não compreendiam de modo algum, ou seja, os jogos de linguagem na forma dos quais os adultos e as crianças mais velhas trocam demandas especiais, porquanto referidas a esse "terceiro" até então ausente da vida dos pequeninos: o outro social.

De fato, enquanto ainda não falam espontaneamente, as crianças são indiferentes aos valores semânticos e às significâncias associadas ao ato motor de vociferar ou gesticular. A expressão "Ique" pronunciada pelo menino de 14 meses em resposta à pergunta de seu pai ("Quem é o meu filho amado?") não significa que a criança tenha se "identificado" a esse nome. Tanto é verdade que a mesma pergunta feita em um contexto geográfico distinto (na casa dos avós, por exemplo), ou a menção do nome "Ique" por parte de um familiar distante não tem efeito sobre a criança. Enquanto não começa a falar espontaneamente, ela não consegue entender a demanda por identidade veiculada pela pergunta de seu cuidador. Todavia, quando finalmente se torna sensível aos hábitos linguageiros, quando as formas linguageiras começam a se doar de maneira espontânea e, em especial, quando passa a notar a diferença nos modos de emprego dessas formas, o emprego inusitado que elas recebem na voz do semelhante, a criança finalmente "enxerga" o que até então era invisível: o "mentor" das palavras, o "dono" das frases, a "coisa" por detrás ou junto do nome pronunciado, o "valor social" que as condutas linguageiras (por exemplo, os palavrões) possam ter. Enfim, a criança vislumbra o outro social mais além dos expedientes motores e gestuais que constituíam, até ali, o transitivismo primordial vivido na forma de múltiplos ajustamentos irreflexivos, não posicionais de uma identidade imaginária. Se é verdade que, na forma da dominância, a criança acabava por descobrir, mais do que suas tentativas de controle motor, a inalienabilidade do semelhante, a ponto de passar a desejá-lo, tal experiência ainda não dava a ela a dimensão da "autoria" ou, talvez, da "autonomia" presente ao desejado por detrás das falas. Agora, porém, a criança passa a perceber que há "alguém" que se move, que fala, que também deseja. Há, por detrás da pergunta dirigida a mim, alguém que quer saber de mim e, provavelmente, um "alguém que sou eu" por detrás da minha resposta. O outro social funda, para a criança, o "mundo humano" mais além das relações sociais vividas até ali de maneira sensorial, sem "interioridade" imaginária. O outro social introduz, para a criança, a demanda por identidade, implanta em sua existência motora a presunção de que há, para ela mesma, autoria.

Essa descoberta, para a criança, é marcante. A partir de então, ela não vai mais simplesmente brincar, falar, se mover. Ela terá de encontrar "alguém" que lhe faça compreender "o porquê" do que se passa. Não lhe satisfaz mais apenas fazer: é preciso que haja alguém (encarnação do outro social) para confirmar a existência de si como autor do feito. É necessário o testemunho da mãe, do pai, do irmão, do primo, enfim, de qualquer um ao lado de quem ela possa encontrar a si. As pessoas passam a cumprir para ela a função de espelho. O que não quer dizer que não tivesse o espelho em conta há muito tempo. Antes dos seis meses, as crianças não eram capazes de desempenhar, ante a imagem especular, outro comportamento que não a fixação alucinatória; depois dessa idade, a imagem especular passa a ser integrada em uma série de jogos associativos, que incluem o corpo tangível da própria criança. No entanto, a associação entre a imagem da mão e a mão ela-mesma não é diferente da associação que a criança faz entre a imagem e a possível presença de alguém por detrás do espelho físico. Suas reações, até um pouco antes da aquisição da linguagem, não são muito diferentes daquelas mostradas pelos chimpanzés, como bem observa Köhler (1927), segundo comentário de Merleau-Ponty (1949, p. 310-3). Antes de falar, a criança espera do espelho físico uma espécie de abertura motora, como se tal objeto pudesse dar continuidade à ação que ela iniciara. Depois da aquisição da fala, o comportamento da criança em relação ao espelho muda completamente. Ela não se decepciona mais de não haver ninguém atrás dele, ou de ele não ter profundidade tátil. É como se o espelho não precisasse mais prolongar para a criança a ação que ela implementara. Ele simplesmente deve fazer como as palavras: revelar onde está o correlato íntimo do outro social, onde está a resposta à pergunta que o outro social lhe formulou: "Quem és tu?"

Poderíamos elaborar teoricamente esse fenômeno dizendo que a passagem do espelho físico ao espelho linguístico é um ajustamento criativo estabelecido pela função de ato (na criança) para lidar com o outro social que possa se manifestar com as formas linguageiras empregadas na realidade social ou atualizadas pela criança apoiadas no fundo. Não é a linguagem que se tornou para a criança um espelho. Em verdade, ele é que se tornou linguagem. E não apenas o espelho físico: toda a imagem (visual, sonora, tangível etc.) transformou-se para a criança em uma linguagem, em uma versão do outro social e, nesse sentido, em uma demanda de identidade. Daí em diante, qualquer animal que se possa ver na natureza, qualquer figura estampada em um livro de histórias comportará uma pergunta, uma espécie de pedido dirigido à criança: "Será que o gatinho gosta da gente?", ou "Veja, mamãe, o desenho está piscando para mim!"

DIFERENÇA ENTRE IDENTIFICAÇÃO PASSIVA (FUNÇÃO PERSONALIDADE) E IDENTIFICAÇÃO ATIVA

A CONSTRUÇÃO DESSE ESPELHO, da representação imagética do outro social, nem sempre é tão rápida assim. O outro social nem sempre é uma evidência para a criança, e é isso que possivelmente explica os múltiplos ajustamentos de associação e dissociação que muitas crianças fazem com as formas linguageiras já adquiridas e, assim, já disponíveis ao uso. Apesar de conseguirem falar, elas ainda não "entendem" o que estão dizendo, ou, ainda, elas se percebem dizendo algo que não conseguem compreender, como se o outro social se dissimulasse, não aparecesse por inteiro. Eis, então, que essas crianças precisam retornar aos ajustamentos de associação e dissociação delirante. À diferença de antes, não estabelecerão associações ou divisões entre hábitos motores, ou entre rudimentos de fala. Elas já dispõem das formas linguageiras e, portanto, a questão agora é articular, como uma só demanda, como um só pedido, o outro social que se anuncia nas entrelinhas daquelas formas. Não se trata mais de uma linguagem privada, mas de uma tentativa social de construção de um sentido, de um pensamento, de uma autoria; o que nos conduz a criações peculiares, como a de um menino de 2 anos que ficava de boca aberta diante do livro do irmão mais velho, na esperança de que as palavras pulassem para dentro dela e começassem a narrar a história (tal como fez a personagem Emília em uma de suas aventuras no Sítio do Picapau Amarelo, conforme a ficção criada por Monteiro Lobato). Ou, então, como é muito mais frequente, testemunhamos aquelas experiências de construção de um amigo invisível, ou de um amigo oculto, que não é mais que um delírio associativo em que as crianças reúnem os elementos que poderiam dar sentido ao que se quer delas nos laços sociais em que estão debutando. Quando tais associações falham, permanecendo a demanda não identificada, a criança pode operar a fim de tentar aniquilar as muitas significações linguageiras de que dispõe. Ela então se ajusta de maneira dissociativa, ou seja, procurando aniquilar os vestígios do outro social. É o caso de uma menina de 28 meses que levantava a tampa do lixo e gritava dentro do cesto, como se, dessa forma, todas as palavras pudessem ser levadas embora.

E, mesmo para aquelas crianças que tenham conseguido compreender a presença do outro social, tal não significa que as coisas tenham ficado mais fáceis. Afinal, o outro social quer saber muitas coisas! E não há no repertório de formas linguageiras que se atualizam para as crianças com menos de 2 anos tantos recursos assim. Em outras palavras: pode acontecer de a criança não encontrar, no outrem que se apresenta a ela, nas formas linguageiras de que dispõe como fundo de excitamentos, uma resposta pronta. A alternativa para ela, por conseguinte, é produzir essa resposta. Para tanto, terá de pedir auxílio ao próprio outro social, ou, mais precisamente, a algo que, na realidade social, represente o outro social. Esse expediente também é um tipo de ajustamento criativo, a que chamamos de "identificação ativa".

A identificação ativa é uma espécie de transição entre a ação criadora da função de ato e a alienação própria da função personalidade, como veremos a seguir. A identificação ativa pode ser positiva ou negativa. Na identificação positiva, a criança associa-se a outro social que a ajude a articular as formas linguageiras de que dispõe, procurando produzir sua própria identidade. Ela, então, empresta a identidade de alguém – como no caso do filho de W. Stern: ao nascer-lhe uma irmã, ele "identifica-se com a irmã mais velha e atribui-se o nome dela: acredita, assim, estar assumindo características da mais velha" (Merleau-Ponty, 1949, p. 320). É assim que pode enfrentar a demanda que lhe ocorre ante a chegada da caçula: "O que é ter uma irmã mais nova?" Provavelmente, a mais velha soubesse. Mas em momento algum esse saber retorna ao filho como uma aquisição que ele pudesse reconhecer como sua. Ou, no sentido inverso, em momento algum a criança entrega seu ser a esse saber (tal como acontece quando já pode fazer uso da função personalidade).

Na identificação negativa a criança não encontra, na realidade social em que está inserida, uma imagem à qual pudesse se associar para responder à demanda do outro social. Nesse caso, a criança pode "fazer-se de morta", o que caracteriza uma desistência diante do outro social. Trata-se de uma identificação negativa, a que também podemos chamar de depressiva. Esse é o caso do menino de 3 anos que, não encontrando nada que pudesse esclarecê-lo sobre os motivos de a mãe haver ido embora (afinal, ela havia morrido), decidiu dormir para sempre, o que o pouparia de pensar na questão. Ora, tanto quanto a positiva, a identificação negativa é um tipo de ajustamento criativo. E, em ambas, trata-se de uma tentativa de articulação da realidade aspirando a desincumbir o sujeito de atos de ter de lidar com os excitamentos linguageiros nos quais fora iniciado.

Mas, uma vez que tenha as respostas, a criança alcança a possibilidade de se entregar a elas, em uma "identificação passiva" que é a "alienação". Estabelece-se, aqui, a primeira formação da "função personalidade". Também para PHG (1951, p. 188) a função personalidade é a alienação de nossa existência em uma imagem, em uma "réplica verbal" de nós mesmos. As imagens, as réplicas de nós mesmos são assumidas como verdadeiros "introjetos" que, daí em diante, passam a significar nossa unidade imaginária perante o semelhante. Em certa medida, assumir um introjeto é exercitar a função personalidade, o que traz para nós uma consequência teórica bem importante, a saber, que a personalidade não tem relação alguma com uma substância ou identidade inata. Ela é uma construção sociolinguística, fruto de um paulatino processo de alienação em uma imagem construída de maneira sociolinguística, isto é, construída por referência a esse interlocutor tardio, que é a cultura, o universo de introjetos surgidos como outro social em nossas vidas.

A vivência da personalidade, no entanto, não deve ser confundida com uma operação mental, desprovida do colorido emocional típico dos ajustamentos sincréticos. Ao contrário, trata-se de uma experiência que desperta o interesse da criança e a diverte. Nesse ponto, vale lembrar os comentários que Merleau-Ponty faz a respeito da apropriação lacaniana da noção de espelho proposta por Wallon (1945): a experiência do espelho, segundo Lacan (1949), é muito mais do que a apreensão cognitiva da própria imagem (como pensava Wallon). Trata-se de uma vivência prazerosa ou desprazerosa que eleva nosso narcisismo à condição de objeto da fruição. Afinal, a partir do momento que adquirimos uma imagem, tornamo-nos espetáculo para nós mesmos. Ou, nas palavras de Merleau-Ponty (1949, p. 315):

> É que se trata de uma *identificação no sentido pleno que a análise dá a esse termo, a saber, a transformação produzida no sujeito quando ele assume uma imagem*. A criança torna-se capaz de ser espectadora de si mesma. Já não é apenas um eu sentido, mas um espetáculo; é o alguém

que pode ser olhado. A personalidade, antes da imagem especular, é o *Id*. A imagem vai possibilitar uma outra visão da personalidade (alguma coisa que se pode e deve ser), elemento primeiro de um *superego*. Isso pode ser considerado como a *aquisição de uma nova função; contemplação de si, atitude narcísica*, e por esse fato assume uma importância capital. (Grifo do autor)

É por isso que, para a criança, exercitar a função personalidade é experimentar uma espécie de amor-próprio, o qual, doravante, vai se tornar uma das mais importantes moedas de troca social no campo sociolinguístico. Esse amor-próprio, contudo, nunca coincide integralmente com aquilo que a criança faz ou sente. Isso porque se trata de uma imagem construída por referência ao outro social; trata-se de um "introjeto" a partir da cultura, conforme a linguagem tradicional da Gestalt-terapia. Nesse sentido, não pode açambarcar tudo aquilo que se manifesta para a criança (o fundo de hábitos que a excitam ou, simplesmente, a função id), menos ainda equivaler tal e qual à ação que a criança realiza sempre de modo individual e intransferível (função de ato). E eis aqui, nessa pequena diferença entre as produções da função de ato com base na função id, por um ângulo, e os valores imaginários da função personalidade, por outro, o fundamento daquilo que os teóricos do desenvolvimento infantil vão chamar de "crise dos três anos". Ora, diante dessa pequena diferença entre as produções da função de ato e os valores imaginários da função personalidade, diante da possibilidade de eventuais conflitos entre o que para si mesmo é um excitamento ou uma identificação ao outro social, a criança decide retrair-se por inteiro, o que significa, por um lado, inibir seus excitamentos e, por outro, declinar de certas identificações. Vejamos isso com mais detalhes no item que segue ao quadro síntese dos conceitos empregados até aqui.

QUADRO 5 – DEMONSTRATIVO DA GÊNESE DAS FUNÇÕES E DOS DIFERENTES AJUSTAMENTOS PRODUZIDOS PELAS CRIANÇAS ANTES DOS TRÊS ANOS

Correlação com as teorias do desenvolvimento	O que é dado (ou atual) às crianças como demanda social	O que é codado (ou inatual) às crianças Função id awareness sensorial	Como as crianças lidam com os dados Função de ato (sujeito da ação ou awareness deliberada)		Como as crianças identificam-se no campo social (outro social) Função personalidade, eu/ou awareness reflexiva
0 a 6 meses (campo primordial) "Descompletude" (Paulo Guillaume)	– Fisiologia primária ainda não totalmente mielinizada (a qual se completa entre o 3º e o 6º mês) – Corpo próprio e corpo do semelhante indistintos e sem função social – Demanda afetiva na forma de voz, olhar, toque indistinto	**Ausência de fundo** (a retenção e a articulação intencionais estão em formação)	**Ajustamentos autistas**	**Ajustamentos de preenchimento**	
			Criança recusa as demandas por meio de respostas: mutistas agressivas hebefrênicas	Criança reage com curiosidade alucinatória, contágio de gritos, fixação no olhar e no corpo do semelhante (contato sem awareness)	

6 meses aos 3 anos: (1ª infância) Sociabilidade incontinente e sincrética (Henri Wallon)	– Percepção do corpo próprio e do semelhante como um sistema de equivalências motoras intercambiáveis – "Demanda por inclusão em um jogo"	**Há retenção, mas a articulação ainda não está consolidada**	Autodoação de um hábito motor	**Ajustamentos de articulação**	**Delírio dissociativo e associativo**	A função de ato na criança delira conexões entre os codados que se impõem pelo olhar, pela voz, pelos movimentos do semelhante e, mais tarde, pela fala: associação mágica	**Ajustamentos sincréticos** Sociabilidade sincrética em que se verificam os primeiros contatos com *awareness* (em que há o afeto) confiança: 6 meses frustração: 7 a 9 meses crueldade: 9 a 14 meses reconhecimento pela dominação ou desejo: depois de 14 meses	Expressão e pré-comunicação na linguagem infantil, a qual não faz laço social, parecendo uma linguagem privada, sem reconhecimento do outro social
Estádio do espelho (Jacques Lacan)	– Demanda por identidade (por personalidade): caracterização do outro social		Autodoação de uma gestualidade verbal		**Identificação positiva e negativa**	Mesmo não conseguindo se alienar, a função de ato na criança delibera servir-se da gestualidade motora e verbal do semelhante como espelho de sua própria unidade	**Gênese dos ajustamentos políticos:** primeiras vivências inibitórias, supressivas e de fuga	– Alienação em uma imagem espacial específica atribuída e confirmada pelo outro social – A criança doravante não apenas sente em si um espetáculo: narcisismo. – Isso equivale à formação de personalidade verbal própria (eu) e do semelhante (tu)

A CRISE DOS TRÊS ANOS: CONFIGURAÇÃO DOS AJUSTAMENTOS POLÍTICOS

Os teóricos do desenvolvimento infantil têm especial interesse no terceiro ano de uma criança. A conquista da autonomia motora e linguageira, bem como a ampliação do círculo social, poderia nos levar a esperar um incremento nos ajustamentos sincréticos e nas relações imaginárias vinculadas ao prazer. Mas não é o que em geral acontece. A criança quebra a lógica de um desenvolvimento linear e progressivo e, paradoxalmente, retrai-se como se aquilo que, antes, era convidativo e prazeroso agora se tornasse algo ameaçador e doloroso. Talvez a mudança mais significativa, conforme Elsa Köhler (1926), consista no fato de que, aos 3 anos, a criança deixa de atribuir seu corpo e seu pensamento a outrem. O que, então, se passa?

De fato, se observarmos uma criança de 3 anos, perceberemos que ela deixou de se confundir com as situações de vivência transitiva e com os papéis sociais aos quais estava identificada. Agora "ela é alguém que está aquém de suas diferentes situações", assim como "aquém dos diferentes papéis" assumidos a partir de sua alienação ante o outro social (Merleau-Ponty, 1949, p. 332). É verdade que, por meio da função personalidade, ela conseguiu fazer de si mesma um espetáculo; no entanto, de agora em diante esse espetáculo não pode mais ser público. Tanto a transitividade gozosa das vivências sincréticas como o prazer e o desprazer implicados no narcisismo imaginário não podem mais ser compartilhados. Tudo se passa como se ela devesse "representar-se uma situação em vez de apenas viver nela". A fala não parece mais atrelada à ação e mesmo sua atenção se desloca: "Ela realizando seu ato" torna-se "ela vendo-se agir" (Merleau-Ponty, 1949, p. 322).

Ao pensarmos no aspecto que diz respeito à participação do semelhante em suas atividades, podemos reconhecer que, até então, a criança deixava explícito que precisava ser ajudada por um corpo auxiliar, fosse ele alucinado, delirado, ativamente escolhido por um ato de identificação ou disponível em uma vivência de contato sincrético. Ou, então, nos casos em que houvesse logrado uma função personalidade, ela deixava explícito que necessitava de alguém que encarnasse a demanda de identidade que caracteriza o outro social. Agora, porém, a criança parece preferir deliberar sozinha. Por isso, reage ao olhar alheio de modo diferente: se até então ela se sentia encorajada, a partir dos três anos a sensação de estar sendo olhada causa nela muito desconforto. Se estiver no meio de uma brincadeira e for flagrada por tal olhar, a criança simplesmente interrompe o que está fazendo. O olhar do semelhante não é mais uma oportunidade para a ampliação das possibilidades motoras, eminentemente lúdicas, tampouco ocasião para a vivência do autorreconhecimento narcisista. Ante aquele olhar a criança já não se sente encorajada, ela não se percebe confirmada. Ela se sente constrangida.

E não se trata de vergonha, como bem observa Merleau-Ponty (1949, p. 323): "Não se deve confundir constrangimento de ser olhado com vergonha (vergonha da nudez, por exemplo, que só aparece por volta dos seis anos) ou com o medo de ser repreendido". Afinal, o "constrangimento de ser olhado" é um ato, uma ação que a criança inflige a si mesma ou ao semelhante com o objetivo de interromper a situação que esteja sendo vivida, seja ela transitiva ou imaginária. Trata-se, nesse sentido, de uma rejeição de si ou de uma supressão do semelhante. Tais atitudes não envolvem pedidos dirigidos a alguém, como no caso da vergonha e do medo, os quais, por seu turno, são processos mais complexos, que só alguns anos mais tarde adquirirão na criança uma forma estabilizada. A vergonha e o medo consistem em pedidos dirigidos ao semelhante com o propósito de implicá-lo na situação que se esteja vivendo. Logo, envergonhar-me é confessar que me sinto identificado ao semelhante naquilo que possivelmente rejeito nele. O medo da repreensão, igualmente, é uma maneira modificada, invertida, de dizer a alguém que o reprovo. Ora, vergonha e medo são dois tipos de ajustamentos criativos de evitação, típicos dos comportamentos neuróticos.

É significativo que o fato de, aos 3 anos, a criança aparentemente declinar de se ajustar de modo sincrético aos jogos que estejam sendo desempenhados no laço social, ou recusar o prazer que possa advir de assumir uma imagem, um papel, uma personalidade em face das demandas sociais não significa, em hipótese alguma, que ela tenha perdido essas habilidades. A função de ato e a função personalidade na criança não desapareceram. O que então aconteceu? Há, para essa questão, diferentes respostas, que não nos propomos investigar, mesmo porque a quase totalidade delas se ocupa de produzir uma ficção em torno de determinados "fatos" que pudessem explicar o retraimento nas ações e nas representações imaginárias da criança. E, para não termos de lidar com a tarefa infinita de rejeição dos contraexemplos que se poderiam lembrar, preferimos estabelecer a analítica da forma como as funções de self na criança possam estar operando. Nossa hipótese é que talvez haja se formado um conflito entre as funções nos moldes dos conflitos que Freud (1923b, 1924a), em sua segunda tópica, reconheceu haver entre o Isso e o Eu (de sorte a desencadear uma psicose) e o Eu e o Supereu (o que nos levaria à neurose), embora, como vimos nos capítulos anteriores, os operadores da segunda tópica freudiana (Isso, Eu e Supereu) não tenham equivalência com as funções do sistema self (função id, função de ato e função personalidade). Para sermos mais precisos, talvez devêssemos dizer que, para as crianças com aproximadamente 3 anos, as produções da função de ato (os ajustamentos em geral, em especial os sincréticos) poderiam entrar em rota de colisão com as identificações imaginárias ao outro social produzidas como função personalidade. Tal conflito poderia se estabelecer, hipoteticamente, porque, depois dos três anos, a criança começaria a perceber que o amor imaginário assegurado pela generosidade do outro social (que os pais encarnam) não é capaz de açambarcar a multiplicidade do outrem, a diversidade das formas habituais que a ela se doam como excitamento nos ajustamentos diversos, sobretudo nos sincréticos. Sustentar a identificação ao outro social seria, para a criança, renunciar, ainda que parcialmente, àquilo que se manifestasse a ela como outrem, como excitamento. Desse ponto de vista, o amor imaginário oferecido pelo outro social teria se tornado barreira à vivência sincrética de outrora. Para as crianças depois dos três anos, tudo se passaria como se os pais de agora, encarnação do outro social, não coincidissem mais com os pais da experiência da confiança (que talvez seja um dos ajustamentos sincréticos mais primordiais). Haveria entre eles uma distância impossível de ser percorrida, o que explicaria por que a criança agora não mais quereria entregar-se às situações, preferindo representar-se nelas; afinal, em nenhuma experiência ela estaria inteira.

Eis, então, a crise dos três anos, entendendo-se por isso um conflito entre os ajustamentos sincréticos e as identificações imaginárias: por um lado, a entrega ao transitivismo não confirma as expectativas do outro social; por outro, o prazer advindo da concordância ao outro social não pode incluir a totalidade do que se vivia no transitivismo (ajustamento sincrético). A criança é colocada diante de um dilema: ou "desiste" de suas identificações ao outro social, "suprimindo" o prazer narcisista que tais identificações fornecem – o que vai exigir dela comportamentos antissociais –, ou, então, "rejeita" o transitivismo dos hábitos – o que vai demandar da criança uma ação direta sobre seu próprio corpo, uma "inibição" dos excitamentos que se atualizam para ela. As duas reações constituem a gênese de dois novos ajustamentos, os quais vêm se agregar àqueles já constituídos, quais sejam: ajustamentos de preenchimento, de associação e dissociação, de identificação ativa (positiva e negativa), sincréticos e, agora, antissociais e de evitação (ou de autoinibição) – os quais são os primeiros ajustamentos propriamente políticos (porquanto fundados no conflito entre a função personalidade e a função id).

A gênese dos ajustamentos antissociais localiza-se nas vivências de renúncia estabelecidas pelas crianças em relação às identificações ao outro social. Em virtude da frustração que tais identificações podem representar para a continuidade dos ajustamentos sincréticos, as crianças decidem declinar de continuar ligadas às imagens às quais se associaram. Em certa medida, a criança compreende os riscos que corre e atribui, ao outro social, a responsabilidade por tais riscos. Consequentemente, delibera romper com o outro social, o que significa declinar do prazer que experimentava em decorrência da identificação imaginária a ele. A criança o faz de diversos modos: quebrando brinquedos, falando palavrões que agridam os interlocutores, recusando alimentos associados às expectativas dos cuidadores, voltando a fazer xixi na cama etc. Trata-se de pequenas transgressões por meio das quais as crianças denegam suas identificações às expectativas sociais. Além disso, é nesse momento que começam surgir as mentiras, que as crianças entre 4 e 5 anos dominam com maestria: mentir é denegar a identificação que se experimentou a determinada imagem, seja ela uma ação, um estado ou uma paixão que possam ser representados na linguagem. Também verificamos um tipo bem específico de agressividade contra o próprio corpo, a qual não se confunde com os comportamentos sadomasoquistas (uma vez que estes são apenas ajustamentos sincréticos em que se vive a crueldade ora de modo ativo, ora de modo passivo). A autoagressividade, nesse momento da vida da criança, consiste em uma tentativa de aniquilamento das características sociais representadas pelo corpo, tentativa essa que envolve desde atitudes de ocultação deliberada de partes de si (como se tivesse vergonha, quando na verdade não se trata de vergonha, mas de uma denegação), até fantasias sobre sua própria origem: "Sou realmente filho dela?"

Essas experiências não produzem, evidentemente, prazer, pois o prazer é a identificação ao outro social. Mas podem ser assimiladas como hábitos, ou seja, sempre podem voltar e, nesse sentido, gerar excitamento ou satisfação. Disso decorre que vivências sistemáticas de "supressão" ou, o que é a mesma coisa, vivências sistemáticas de "denegação" do outro social, conforme são assimiladas como fundo de excitamentos, podem retornar à fronteira de contato, agora não mais como deliberações supressivas, e sim como ações antissociais inconscientes, como modos de satisfação desvinculados das demandas sociais. O retorno de tais vivências sempre estará vinculado a um tipo de produção atual da função de ato nas crianças (supostamente já bem mais crescidinhas, com mais de 6 anos), que é a repetição de determinada imagem ou representação social por cuja aniquilação a criança tem especial preferência: fetiche. Eis os ajustamentos antissociais. Eles consistem na repetição inconsciente de ações supressivas contra determinadas imagens às quais os protagonistas ativos sempre retornam na forma de fetiche.

Diante do conflito (crise dos três anos) envolvendo, por um lado, a salvaguarda dos ajustamentos sincréticos e, por outro, a manutenção das identificações ao outro social, a criança também pode – inversamente ao que vimos a respeito das ações supressivas – operar em favor das identificações e contra seus excitamentos. Assim, em vez de suprimir as imagens que encarnam as demandas que infligem, aos excitamentos vividos pela criança, alguma sorte de barreira, ela pode "rejeitar" seus excitamentos mediante "atos de inibição" da atividade muscular (pelos quais aqueles excitamentos poderiam ser realizados ou, o que é o mesmo, repetidos). Os atos de inibição sempre são posturas ou comportamentos de contenção dos movimentos de expansão na forma dos quais os hábitos de outrora ganhariam sobrevida, repetição, recriação; o que é o mesmo que lograrem satisfação. Trata-se, como já dissemos, de ações de defesa que a função de ato na criança delibera em decorrência de uma ameaça que ela possa sofrer em face das barreiras impostas pelo outro social. A partir dos três anos, a criança já tem mais autonomia para deliberar proteger-se contra aquilo que põe em risco as ligações inquebrantáveis que tem com seu fundo de excitamentos. Inibir-se, aqui, é ao mesmo tempo proteger o sincretismo do qual ela nunca se separa.

Ora, é importante remarcar aqui que, diferentemente dos atos supressivos (que se ocupam de aniquilar determinadas imagens sociais), os atos inibitórios não são tentativas de aniquilamento dos excitamentos. Por conta da ação dos atos inibitórios, os excitamentos são rejeitados, mas não suprimidos. Conforme Merleau-Ponty, em afinidade com a posição de Wallon: "Parece que a crise dos três anos é mesmo um momento decisivo, mas o sincretismo é rejeitado, mais que suprimido". Se é verdade que a "criança toma consciência da distância entre o eu e outrem, percebe que existem barreiras"; se é verdade que, por causa dessas barreiras, seu "transitivismo é rejeitado" (Merleau-Ponty, 1949, p. 323), isso não significa que seus excitamentos deixaram de existir ou de produzir efeitos. Mesmo que a criança continue a inibi-los até a vida adulta, os excitamentos transitivos que a ligam ao semelhante continuarão presentes ao então adulto; tal como no caso de um amante que decidiu não influenciar mais sua amada: "Seja qual for sua atitude, ela agirá sobre o outro, até mesmo pelo simples fato de recusar-lhe a aproximação. É um paradoxo não querer interferir na vontade do ser amado. Amar é aceitar sofrer a influência por parte do outro e exercê-la também sobre ele" (Merleau-Ponty, 1949, p. 323). Afinal, "se estamos ligados a alguém, sofremos com seu sofrimento. Estar ligado a alguém é viver sua vida, pelo menos em intenção. A experiência de outrem é necessariamente alienante para mim. Amar é afirmar mais do que se sabe" (Merleau-Ponty, 1949, p. 323-4). E mesmo que declinem do amor que possam sentir, das formas de satisfação que ainda sintam vibrar, as crianças – assim como os amantes – continuam a comunicar, nos intervalos de seus gestos e na forma de uma tensão característica, que é a ansiedade, que ainda têm esperança de viver o transitivismo de outrora. Ainda nos termos de Merleau-Ponty (1949, p. 324), "toda relação com outrem é [...] algo que se realiza em estado de insegurança". E, se é verdade que "a experiência que se tem de outrem sempre pode ser alvo de dúvida", também é verdade que a "indivisão com outrem subsiste noutro nível [...] O transitivismo é superado no plano da vida comum, mas não o é no plano dos sentimentos". É nesse sentido que, segundo a formulação que tomamos de PHG (1951, p. 235), os excitamentos, quando inibidos, não desaparecem. Eles permanecem vivos como "situações inacabadas", estados ansiogênicos à espera de uma nova oportunidade de expansão, de uma nova ocasião para se repetir na realidade material presente. Por outras palavras, a deliberação inibitória não faz o excitamento morrer. Faz dele uma situação inacabada. Ou, ainda, ela apenas adia o retorno do excitamento, que aguarda como situação inacabada e, dessa maneira, como estado de tensão, ansiedade.

Acontece, entretanto, que as ações inibitórias deliberadas, à medida que continuam sendo operadas pelas crianças, tornam-se hábitos motores assimilados, tal como sucedeu aos atos de denegação ou supressão das identificações imaginárias ao outro social. E, uma vez tornadas hábitos ou ações inconscientes, as inibições de outrora adquirem o poder de retornar à situação presente sem a necessidade de deliberação, no que elas não divergem dos hábitos supressivos. Mas, à diferença destes, aquelas não se dirigem a uma realidade atual (a um fetiche produzido pela função de ato, por exemplo). As inibições inconscientes ou, o que é o mesmo, os hábitos inibitórios continuam sendo inibições daqueles excitamentos anteriormente inibidos (de forma deliberada), ou seja, eles continuam inibindo o que está no fundo do sistema self como situação inacabada específica. Nas palavras de PHG (1951, p. 234): "A excitação [que permanece como situação inacabada] não pode ser esquecida, mas o controle deliberado pode ser esquecido e permanecer inconsciente.

Isto ocorre simplesmente porque, sendo um padrão motor, depois de algum tempo a situação [de controle deliberado] é aprendida [como hábito]". De onde se seguem duas consequências problemáticas e complementares: por um lado, as situações inacabadas, outrora inibidas por um ato deliberado, agora continuarão inibidas, apenas que de maneira habitual, já que o ato deliberado se tornou hábito inibitório. Por outro, as inibições, agora habituais, impedirão a função de ato de operar com as situações inacabadas, o que fará a ansiedade aumentar enormemente. O que então fazer?

As crianças, depois dos três anos, dão mostras de que estão sofrendo de ansiedade. Os sonhos se tornam muito ostensivos e elas com frequência conseguem verbalizar um mal-estar que não sabem identificar. Sentem-se ameaçadas por algo que não conseguem definir, o que as leva a assumir posturas defensivas desproporcionais aos desafios que efetivamente estejam acontecendo na atualidade das relações sociais. Mas, logo em seguida, sobretudo em função da postura que os cuidadores assumem nessas situações, as crianças em estado de ansiedade encontram uma forma de atenuar o mal-estar sentido. A disponibilidade quase incondicional dos cuidadores abre para a criança a possibilidade de ela transferir, a eles, a causa, o motivo, enfim, o ônus da situação que estão vivendo. Por isso, os pedidos que fazem aos cuidadores agora comportam uma demanda especial, que é a demanda de responsabilização pela ansiedade presente à situação. Eis, então, os ajustamentos de evitação (da ansiedade decorrente da inibição habitual), também conhecidos como comportamentos neuróticos. Doravante, as crianças aprendem que, ante o mal-estar que sentem e não conseguem identificar, há alguém que lhes pode ajudar ou, talvez, mais do que isso, "fazer por elas".

As crianças entre 5 e 9 anos tornam-se peritos manipuladores. Desenvolvem inúmeras estratégias de transferência da responsabilidade pela ansiedade às pessoas à sua volta. Trata-se de comportamentos que, além de liberar momentaneamente as crianças do mal-estar que impuseram a si mesmas, constroem laços sociais fortes com os semelhantes, principalmente com os cuidadores. Depois de certo tempo, porém, os parceiros do sintoma das crianças não suportam mais ser manipulados. Declara-se para eles o engodo na ação infantil, e aquilo que, até certo ponto, foi uma relação amorosa transforma-se em intolerância. Pode sempre acontecer de os cuidadores encontrarem, nas demandas manipuladoras das crianças, uma espécie de complementação de seus próprios ajustamentos de evitação. Mas mesmo isso tem um limite. E o que costuma acontecer é a falência do laço social, a qual pode acontecer na forma do desinteresse, da indiferença e até da agressão gratuita. É nesse momento que as crianças sentem a necessidade de outros vínculos sociais em que possam continuar desempenhando seus ajustamentos de evitação, o que inclui, muito especialmente, a experiência clínica. Se até os três anos o consultório era interessante às crianças como espaço livre para a produção de ajustamentos que, por vezes, a demanda ostensiva presente em suas realidades sociais não permitia que fizessem. Depois dos três anos, sobretudo a partir dos cinco, o consultório passa a ter outra função, que é a de viabilizar os ajustamentos de evitação que, talvez, a criança não esteja mais conseguindo realizar em seus espaços sociais. Essa pequena crise social – capaz de levar as crianças ao consultório – é apenas uma antecipação de outra, mais abrangente, que as atingirá na adolescência. Sucede que as transformações orgânicas e sociais vividas pela criança – agora adolescente – privam-na de dados com os quais poderiam continuar a repetir as manipulações. Instala-se um quadro de sofrimento ético-político e antropológico, bem como a necessidade de um novo tipo de ajustamento.

A ADOLESCÊNCIA E OS AJUSTAMENTOS DE INCLUSÃO ÉTICO-POLÍTICA E ANTROPOLÓGICA

A ADOLESCÊNCIA É UM momento muito peculiar na trajetória de todos nós, porquanto vivemos a intensificação de algo que já estava em curso havia muito tempo em nossa história, a experiência da exclusão. Depois dos seis meses, a separação temporária em relação aos cuidadores já dava uma dimensão da exclusão, posteriormente revivida, na posição inversa, como crueldade infantil. Contudo, lá a exclusão referia-se à nossa participação nos ajustamentos sincréticos. Não estava em jogo nossa personalidade, já que não a tínhamos adquirido ainda. Só depois dos três anos é que essa função nos foi habilitada em decorrência da autodoação dos hábitos linguageiros e da constituição da figura do outro social em nossa vida. E, mesmo aí, se é verdade que a presença do outro social às vezes acarretava a interdição de nossos ajustamentos sincréticos, se é verdade que, em nome da salvaguarda destes, nós mesmos excluíamos o outro social na forma de ajustamentos antissociais, não era usual, todavia, que pudéssemos sofrer, da parte desse outro social, uma exclusão no campo da personalidade, no campo de nossas identificações imaginárias. E é exatamente esse tipo de exclusão que se torna "figura" no período denominado de adolescência.

INCLUSÃO ÉTICA E PRODUÇÃO ANTISSOCIAL

A forma dessa exclusão é muito variada. Talvez a mais elementar passe pela desconstrução de nossa imagem corporal. O corpo de antes era um corpo totalmente alienado aos cuidados do outro social. A percepção de si, do próprio valor, da beleza ou feiúra, força ou fraqueza, passava por esse olhar encarnado nas palavras dos pais, amigos, parentes etc. Essa percepção era, simultaneamente, a entrega ao espelho, a transcendência imaginária em favor dos valores instituídos na linguagem dos cuidadores. Decerto tal alienação exigia das crianças algum esforço de inibição deliberada dos excitamentos. Afinal, se o espelho é o domínio do que faz sentido ao outro social, o excitamento é o que se põe por fora do sentido, como aquilo que é impossível de compreender e, nesse sentido, de alienar. Logo, trata-se de algo que a criança deve inibir em nome da paz com o outro social. A vivência da sexualidade, por exemplo, é uma entre aquelas que a criança precisou inibir. Em tal vivência, operava-se o contrário do que era exigido pelo outro social: enquanto este exigia a entrega da criança aos valores sociais, na sexualidade exigia-se a entrega das imagens ao afã de dominância que ela sentia se repetir espontaneamente em si. No entanto, o corpo imaginário do outro social era muito mais poderoso. Mais do que isso: ele era capaz de oferecer algo que as experiências (sempre malogradas) de dominância corporal (que definem a sexualidade infantil) não podem oferecer, a saber, o prazer. Por causa disso, não era assim tão difícil para a criança declinar de seus impulsos (dos excitamentos que se atualizavam em seu corpo) em proveito das ofertas lúdicas do outro social.

Na adolescência, porém, o corpo sofre muitas transformações anatomofisiológicas. E, talvez, pior do que estas sejam as mudanças que o outro social manifesta em relação ao modo como passa a ver o corpo do agora adolescente. Não há mais lugar para aquela acolhida quase incondicional de antes. As formas lúdicas nas quais a criança de outrora se alienava são agora recusadas pelo outro social, que as substitui por novas demandas, demandas de responsabilidade. O agora adolescente não só deve declinar das imagens de antes, como ainda se responsabilizar ele próprio pela produção de novas imagens acerca de si.

Isso em parte explica o afloramento desenfreado da sexualidade. O crescimento anatômico forneceu melhores condições para a retomada (nas meninas) e a ampliação (nos meninos) do metabolismo hormonal reprodutivo, mas foram as condições sociolinguísticas que fizeram cair os motivos pelos quais, anteriormente, poderia ser vantajoso para a criança declinar dos excitamentos envolvidos nos ajustamentos sexuais em proveito de uma personalidade verbal. Agora é o outro social que não sustenta mais essas personalidades; por isso, não há mais por que o agora adolescente inibir o que até então inibia. A retomada da sexualidade é tão intensa que, por vezes, adquire ares de ajustamento antissocial. De fato, não é impossível que os adolescentes se sirvam da sexualidade para fazer ajustamentos antissociais. Com mais frequência, entretanto, encontramos meros ajustamentos sincréticos, cujos excitamentos dominantes são aqueles relativos à dominância do corpo alheio.

INCLUSÃO ANTROPOLÓGICA E O GRUPO COMO SUPLÊNCIA À FUNÇÃO PERSONALIDADE

Cometeríamos um equívoco se pensássemos que os ajustamentos sincréticos de fundo sexual tão mais avolumados na adolescência fossem apenas resultantes dos dois fatores mencionados, isto é, da ampliação das condições anatomofisiológicas e da falência parcial das identificações infantis antes buscadas no outro social. Os ajustamentos sincréticos de fundo sexual também cumprem outra função, que é a produção de novos laços sociais, agora no campo das relações simétricas com aqueles que se encontram no mesmo estado de angústia perante o outro social. É, sem dúvida, uma retomada do desejo de dominância, uma repetição dos atos de conquista deste que nos faz falta, precisamente, o corpo alheio. Mas, também, trata-se aí de uma tentativa visceral de construção de uma imagem de si. Os adolescentes procuram nas vivências sexuais o que antes viviam com o outro social: o reconhecimento personalista. Em virtude disso, não se trata apenas de viver algo erótico com outro corpo: trata-se também de encontrar, noutro corpo, uma referência para o meu. O narcisismo, da ordem da função personalidade, nunca esteve tão próximo do excitamento, da ordem dos ajustamentos sincréticos (no caso, de fundo sexual). Eis então a paixão, que não é senão essa tentativa de viver a identidade narcísica junto de um corpo de excitamentos reais.

Por um lado, essa experiência dá, à busca de identidade, um colorido carnal, próprio aos excitamentos. Por outro, dá, aos excitamentos, ainda que provisoriamente, a ilusão da completude (ou dominância) sexual tão desejada. A vivência torna-se quase absoluta e os adolescentes juram poder se bastar: os dois elementos fundamentais de suas existências (o narcisismo personalista e o empuxo dos excitamentos) parecem se complementar, como nunca dantes. A crise dos três anos parece estar resolvida. O outro social e o corpo de excitamentos encontraram um bom termo no parceiro por quem se está apaixonado. Tal como na mitologia de Aristófanes, é como se o adolescente tivesse encontrado sua outra metade.

Essa experiência, contudo, como toda paixão que venhamos a desenvolver, tem vida curta. O desejo de dominância que operamos com o corpo sincrético, não alienado no outro social, não busca uma suplência imaginária. Ele busca sim o corpo faltante, o corpo faltoso. Importa à sexualidade ter em conta aquilo que se deve dominar, aquilo que ainda não está dominado, sendo por isso que a paixão favorece mais a nossa função personalidade do que a nossa função id. O que sustenta a paixão é a ilusão de que, naquele corpo sexuado, reencontrei meu valor ante o outro social. O outro social, em verdade, nunca está apartado das relações, ele sempre retorna como esse terceiro, como testemunho da grandeza de uma paixão, em quem, muitas vezes, os adolescentes (e todos os apaixonados) querem produzir efeitos, em especial furor. Daí os beijos públicos, as demonstrações ostensivas de uma atração que, em aparência, se basta, mas, certamente, está consagrada ao terceiro, ao outro social. E é pior quando este outro social é encarnado em alguém, que assim se torna o valor simbólico da relação, seja ela cobrada na forma do ciúme (em relação a outro adolescente) ou da contestação (contra uma autoridade, como o pai, a mãe, ou o irmão, por exemplo). Ao excitamento, todavia, não interessa esse jogo, ele quer conquistar o que lhe falta, e é preciso haver falta para ele continuar querendo, sendo essa a razão por que, em certo momento, também a ele pode interessar o terceiro. Aliás, algumas vezes esse terceiro se torna mais interessante que o próprio parceiro, e as paixões ganham uma sobrevida. Todavia, tão logo esse ímpeto de conquista seja interditado, tão logo o ciúme volte-se contra os excitamentos, então, caso já não se tenha estabelecido uma neurose, é hora de dizer adeus. Ou, então, pelo menos, é hora de ampliar a relação e incluir, nessa paixão a dois, mas matizada pelo terceiro, um terceiro ainda mais poderoso, que vem efetivamente substituir o outro social infantil junto de quem o adolescente perdeu seu lugar, qual seja esse terceiro: o grupo. O grupo de referência de um adolescente é o outro social substituto ao outro social infantil.

Se é verdade que a decepção com os pais, ao lado de quem antes vivia uma experiência de acolhimento personalista, fez do adolescente alguém amargurado, por vezes até revoltado com a exclusão promovida por seus antigos heróis, também é verdade que ele jamais declinou de querer recuperar esse lugar. Mais além da paixão por um(a) amante, o adolescente reencontra a possibilidade do reconhecimento personalista no grupo de amigos, uma experiência que, por vezes, lembra em muito os ajustamentos de busca, especificamente associativos. Afinal, aquilo de que se trata em um grupo de adolescentes muitas vezes passa pela articulação dos excitamentos que cada qual não compreende em seus laços sociais. Aqui os adolescentes discutem várias temáticas, não para operá-las na realidade, porém para compreender o que eles próprios sentem. Os adolescentes não estão engajados em um projeto demandado pelo outro social, eles não querem responder aos planos dos adultos. Querem tão somente descobrir o que com eles se passa, com base no que eles próprios possam produzir. No entanto, por outro ângulo, a vivência nos grupos é uma reconstrução da personalidade – daquela que perderam ou da qual foram excluídos quando deixaram de ser vistos como crianças. Dessa vez, então, as atividades do grupo têm em vista chamar a atenção de outros grupos ou de pessoas adultas que cumpram a função de outro social. E os clínicos devem ter sensibilidade para perceber quando a convivência em um grupo significa, para o adolescente, uma busca de seus próprios excitamentos ou uma tentativa de reintegração social.

INCLUSÃO POLÍTICA, CONSUMISMO E BANALIDADE

Por vezes, contudo, a construção de uma nova identidade social é para o adolescente uma missão quase impossível. Não tanto por causa de um eventual luto (por haver perdido a identidade infantil) ou dos conflitos que possa estar enfrentando com os cuidadores ou com outros grupos horizontais. A dificuldade pode advir da forte sujeição que o adolescente – assim como a quase totalidade da população – sofre em relação ao poder midiático global. Maior fonte de difusão e consolidação dos "dispositivos de poder e de saber" promulgados pelo outro social capitalista, os meios de comunicação forçam os adolescentes a integrar o que, muitas vezes, é impossível para eles, ou seja, o mercado consumidor. Ora pelas limitações econômicas da família, ora pela impossibilidade de conquistar sua própria autonomia, os adolescentes não conseguem atender à demanda de consumo, tampouco impor a ela o estilo próprio que tivessem desenvolvido junto dos cuidadores ou dos grupos que passaram a integrar. Os próprios grupos acabam se tornando vítimas da lógica consumista do outro capitalista, que faz das mercadorias mais do que motivo de satisfação, uma razão de *status* social. E não é impossível, nessas situações, que ao adolescente pareça mais fácil a fuga ao conflito estabelecido entre as demandas capitalistas e as próprias ambições. Para tanto, os adolescentes podem escolher alienar-se em geringonças alijadas do mercado de consumo, ou, então, omitir-se por meio de condutas disruptivas (geralmente em torno da alimentação), ocultando de si mesmos o desconforto sentido em decorrência da pressão social. Em ambos os casos, os adolescentes e seus grupos operam uma substituição banal, um tipo de confrontação ao outro capitalista pautado na redução da subjetividade (de ato) à condição de sujeito-mercadoria sem valor de troca ou estima. E é justamente nessas situações que o uso de drogas lícitas e ilícitas torna-se bem mais (ou bem menos) do que uma estratégia de inserção e reconhecimento ante um grupo social, para se tornar uma política de esvaziamento perante o risco da defrontação com o outro capitalista e consequente fracasso. Tal como a alienação em geringonças eletrônicas, ou como a dissolução anônima em personagens produzidos em jogos virtuais compartilhados na internet, a drogadição é uma forma de esvaziar-se, como se assim pudéssemos evitar posicionar-nos diante deste contra quem quase nada podemos, que é o mercado consumidor. Apresente-se ele na forma da mídia oficial ou da delinquência antissocial, o mercado consumidor interdita ao adolescente as alternativas de desenvolvimento e enriquecimento que não são aquelas já estabelecidas e, de modo geral, não favorecem a autonomia dos jovens. Encorajá-los a buscar formas de organização alternativas aos papéis predeterminados pela lógica do consumo é uma tarefa difícil, não apenas pela exiguidade de meios que permitissem aos adolescentes a construção de verdadeiras alternativas, como também pela violência disciplinadora do outro capitalista, que se serve de todos os recursos para assegurar o controle biopolítico sobre os corpos desses futuros consumidores.

SENTIDO ÉTICO, POLÍTICO E ANTROPOLÓGICO DAS INTERVENÇÕES NOS AJUSTAMENTOS PRODUZIDOS POR SUJEITOS INFANTOJUVENIS

TAL COMO VIMOS NO Capítulo 5 desta obra, também nos contextos em que os protagonistas sejam sujeitos infantojuvenis, as diferentes criações ou ajustamentos produzidos podem estar relacionados às funções de campo. Ou seja, dependendo de qual função esteja vulnerável, teremos um tipo distinto de ajustamento, o que o clínico perceberá em função do lugar a que é convidado a ocupar.

Se a vulnerabilidade for ética, isto é, caso os sujeitos infantojuvenis tenham dificuldades para reagir às demandas por excitamento e desejo, é muito provável que eles ofereçam, como resposta, ajustamentos de busca (na realidade) de suplências aos excitamentos e desejos demandados pelo outro social. Para as crianças muito pequenas, tal vulnerabilidade está relacionada ao próprio processo de desenvolvimento das estruturas antomofisiológicas, diante das quais os excitamentos e desejos, mas também as representações sociais, demandados poderiam se manifestar. E, se essas crianças respondem de forma mutista, alucinatória e articulatória, trata-se de uma "psicose" funcional, à qual denominamos de ajustamentos de busca. O clínico – quando procurado para intervir, por exemplo, em comportamentos mutistas, alucinatórios e articulatórios produzidos por crianças com menos de três anos – tem muito pouco a fazer quanto a elas que não seja participar de suas produções. O mais importante, entretanto, é ele (o próprio clínico ou um acompanhante terapêutico) ajudar os cuidadores a identificar e fazer o "cálculo" das demandas que estão dirigindo a essas crianças. A questão sempre é saber até que ponto as crianças têm condições de responder às demandas, as quais, com frequência, têm como objeto excitamentos linguageiros (por exemplo, perdas afetivas vividas pelos cuidadores) e desejos (por exemplo, a "pressa" dos cuidadores para reconhecer, no filho, determinados "talentos" ou "habilidades"). E, se o trabalho de educação é aqui a intervenção mais adequada, importante é perceber que os sujeitos que primeiramente precisam ser educados são justamente os cuidadores.

A vulnerabilidade ética, todavia, pode se manter durante toda a infância, ou, ainda, incrementar-se na adolescência, quando as demandas por excitamento e desejo são especialmente intensas, conforme comentamos antes. E nessa ocasião, portanto, é necessário que os clínicos possam acolher as produções buscadoras dos sujeitos infantojuvenis. Trata-se, sobretudo, de destinar uma atenção não demandadora a esses sujeitos e, ao mesmo tempo, oferecer-lhes um tipo de suporte pedagógico para que suas produções buscadoras possam assumir uma forma mais sociável e, portanto, menos submetidas ao risco do rechaço social. Porém, caso os sujeitos infantojuvenis já se encontrem em sofrimento por causa da rejeição social que estejam vivendo, é importante que os clínicos também conscientizem os cuidadores acerca da necessidade de um trabalho com os demais familiares, comunidade e escola. Trata-se de recomendar o trabalho de um acompanhante terapêutico (AT) que fará justamente essa mediação política entre os ajustamentos funcionais dos sujeitos infantojuvenis que vivem uma vulnerabilidade ética e as expectativas e preconceitos compartilhados pelo meio social. A meta do tratamento, em todos os casos, é ajudar os sujeitos infantojuvenis e os cuidadores a encontrar amigos, pessoas solidárias junto de quem possam desenvolver e compartilhar representações sociais pacíficas.

Se a vulnerabilidade dos sujeitos infantojunvenis for política, se eles tiverem dificuldades para desempenhar uma autonomia produtiva (seja ela lúdica, pedagógica, desportiva, artística, sexual etc.), é provável que reajam aos conflitos por meio de comportamentos evitativos, antissociais e banais. Já desde muito cedo, por volta dos 3 anos (conforme a convenção dos teóricos do desenvolvimento infantil), as crianças começam a negociar a concretização de suas fantasias usando expedientes comportamentais sedutores (ou manipuladores), aos quais chamamos de evitativos (ou neuróticos), ou estratégias de engano e confrontações (que são os ajustamentos antissociais); o que não exclui que se acovardem em atitudes de destruição da própria ação e das representações às quais estavam identificadas (ajustamentos banais). Na adolescência, especialmente, essas respostas transformam-se nas principais estratégias de convivência com o outro social, uma vez que os jovens já não dispõem do respaldo das representações sociais infantis pelas quais eram, sobretudo, protegidos. Não podendo contar com a tolerância da qual antes desfrutavam com os adultos, para se fazer ouvir e reconhecer os jovens precisam disputar espaços políticos, o que inclui buscar emprego, autonomia, parcerias, entretenimento etc. Para tanto, precisam seduzir, romper, discutir e, em certos casos, para não se submeter, mostrar-se indiferentes. Compreender a função inclusiva dos ajustamentos políticos produzidos pelos jovens é um desafio para os clínicos, pois tal compreensão implica a necessidade de os clínicos declinarem de seus saberes e certezas já consolidados por meio de uma ótica adultocêntrica. O que não significa que não possam intervir provocando desvios criativos nesses mesmos ajustamentos. Entretanto, é preciso compreender o caráter particularmente ambíguo dos ajustamentos políticos produzidos pelos jovens, ao mesmo tempo formas de poder e tentativas de inclusão social.

Se a vulnerabilidade for antropológica, isto é, caso os sujeitos infantojuvenis tenham dificuldades para encontrar um lugar de amparo e aceitação social, então configura-se a mais importante das formas de intervenção clínica em crianças e adolescentes. Afinal, nessa situação, privados das representações que lhes assegurariam inclusão social e identidade antropológica, as crianças e os jovens podem correr risco de vida. Esse é o caso das crianças em instituições de acolhida, dos jovens em instituições de reabilitação e proteção, daqueles que vivem nas ruas ou cooptados por organizações criminosas e pela indústria do tráfico. Muitas vezes alijados de contextos éticos – como é o caso dos contextos familiares – em que poderiam experimentar a acolhida ética às suas perdas, outras vezes privados da oportunidade de pertencer a instituições onde poderiam merecer uma educação de qualidade, ou impedidos de pertencer a comunidades e organizações onde desenvolveriam projetos políticos (como são os projetos expressivos, de entretenimento, laborais, para citar alguns), os sujeitos infantojuvenis restam como vida nua, corpos desprovidos de cidadania aos quais não resta alternativa senão pedir socorro. O que conclama ao desenvolvimento de estratégias clínicas ampliadas, comprometidas com políticas públicas de acolhida, proteção e educação de jovens e adolescentes. Os clínicos são aqui agentes de inclusão social e, especialmente, cuidadores dos frágeis vínculos sem os quais os sujeitos infantojuvenis não podem cultivar uma intimidade e desenvolver uma autonomia política.

Em todos os casos, o mais importante, do ponto de vista das clínicas gestálticas, é a abertura para o acolhimento àquilo que não está de antemão pensado ou compreendido pelas formulações teóricas, sentimentos morais ou expectativas políticas dos profissionais. Em todos os contextos, incluindo os contextos protagonizados por sujeitos infantojuvenis, importa aos clínicos gestálticos praticar o desvio em relação aos próprios marcos teóricos das clínicas gestálticas, sempre em benefício da inclusão da diferença, do que faz diversificar os ajustamentos em que estamos envolvidos, sejamos clínicos ou não. Afinal, para as clínicas gestálticas, importa autorizar a livre repetição e recriação dos ajustamentos, os quais nunca são características individuais, menos ainda categorias diagnósticas de pessoas, mas estilos coletivos – também conhecidos como sistemas self – de incorporação de diferenças. Se estamos aqui falando de clínicas gestálticas, de clínicas pautadas pela ideia de um todo de indivisão sem síntese (a que podemos chamar de self), a presença da diferença é a única garantia de que continuamos abertos e inclusivos, o que significa dizer, gestálticos.

NOTAS

INTRODUÇÃO

1. Desejo é uma tradução do substantivo italiano *desiderio*, a qual, à sua vez, vem do latim, *desiderium*. É formado pelo prefixo *de*, o qual significa o movimento específico de cima para baixo (como também podemos encontrar noutras palavras portuguesas de origem latina, como decantar, decapitar, defenestrar, por exemplo), mais o radical *siderium*, que pode ser traduzido como estrela, astro, corpo celeste. Nesse sentido, *desiderium* provavelmente fosse a descrição da queda de um cometa. Porquanto os latinos – assim como os gregos – acreditavam que os astros deveriam fazer movimentos circulares e uniformes, *desiderium* significava queda, desaparecimento, desvio celeste. E as pessoas provavelmente associavam a esse desvio as mais diferentes interpretações, por exemplo: aviso do destino, mudança, privação, perda de algo ou de alguém, novidade que as estrelas trarão, falta provocada por mudança ou perda e assim por diante. De toda sorte, desejo sempre está relacionado a algo que muda o curso normal das coisas.

2. Segundo as considerações de Ayres (Ayres *et al.*, 2003), optamos por substituir as categorias psicopatológicas utilizadas para descrever os sujeitos envolvidos em ajustamentos conflituosos pelo conceito de *vulnerabilidade*, o qual acarreta passar para o centro de nossa atenção clínica as possibilidades políticas, sociais e individuais expressas pelos indivíduos e pela coletividade nas suas relações com o mundo, nos diferentes contextos de vida. Logo, falar em vulnerabilidades forçosamente remete os profissionais aos contextos singulares dos indivíduos e coletivos envolvidos (conforme Oliveira, 2008).

3. O termo "consulente" já era empregado por Freud (1913), que o utilizava para caracterizar os sujeitos que estivessem em suas consultas preliminares,

antes que eles houvessem vivido uma implicação subjetiva que daria início a uma neurose de transferência e, consequentemente, ao processo analítico. Com esse início, os sujeitos passavam a ser os *analisandos*. Por sua vez, Carl Jung (1966, CW 16, § 431), partindo das próprias proposições de Freud segundo as quais ao buscar um psicanalista o sujeito já estaria em vínculo transferencial com o profissional, julgou não haver motivo para distinguir o *consulente* do *analisando*. Assim, Jung empregava o termo "consulente" em todas as circunstâncias do processo analítico. O termo "consulente" também era empregado por psiquiatras fenomenólogos e por psicólogos de orientação fenomenológico-existencial. Para eles, *consulente* é todo sujeito capaz de assumir o protagonismo de seu próprio processo clínico – protagonismo este que os profissionais deveriam poder exortar. Nesse sentido, conforme Emílio Romero, na obra *O inquilino do imaginário – Formas de alienação e psicopatologia* (1997, p. 16), "o consulente é cliente e coagente", e a "responsabilidade da mudança reside no próprio coagente". Na presente obra, tentamos estabelecer uma aproximação entre os termos "consulente e usuário" – este último extraído das cartilhas de humanização do sistema SUS (Brasil, 2010a, 2010b). Conforme já dissemos noutros lugares (Müller-Granzotto e Müller-Granzotto, 2007, 2012), *consulente* é aquele sujeito que vem ao nosso consultório fazer uma consulta sobre algo que se passa consigo, na esperança de que possamos intervir em seu favor. O clínico gestáltico, à sua vez, não é aquele que responde, mas alguém que se deixa desviar pela "forma" implicada na consulta. Não corresponde a uma prestação de serviço (sugestão) a um *cliente* nem a uma intervenção (de cuidado) em benefício de alguém que abre mão de sua autonomia para se tornar nosso *paciente*. Ao se deixar desviar pela forma da consulta, o clínico gestáltico procura envolver o *consulente* em sua própria produção.

4. Gostaríamos de destacar a obra *Do self e da ipseidade. Uma proposta conceitual em Gestalt-terapia*, de Jorge Ponciano Ribeiro (2005), e o artigo "Do *self* ao *selfing*: o estrutural e o processual na emergência da subjetividade", de Cláudia Távora (2005). No primeiro texto, o autor diz (Ribeiro, 2005, p. 10-1) que, "para dar ao *self* uma base epistemologicamente consistente, fui buscar na Psicologia da Gestalt, na teoria do campo e na teoria holística de Smuts essa fundamentação, de tal modo que, sem querer teorizar, tentei,

pura e simplesmente, fazer pontes que pudessem descrever consistentemente como utilizar esse conceito em termos fenomenológicos. À medida que fui escrevendo o texto, fui percebendo que o conceito de *self*, do ponto de vista dessas três teorias, responde, mas não de maneira idealmente conceitual, ao que se pretende dele. *Self* é um conceito mais fenomênico que fenomenológico, mais palavra que um construto que defina sua realidade processual e nos permita vê-lo com uma unidade de sentido. Fui então buscar uma palavra mais nossa, embora estranha aos nossos ouvidos e encontrei "ipseidade", termo usado por Duns Scot para indicar a singularidade da coisa individual. No meu pensar, ipseidade, como definia Duns Scot, abrange tudo aquilo que temos atribuído ao *self* e o transcende, acolhendo, no seu bojo teórico o que as teorias de base da Gestalt-terapia esperam que um conceito seja". Trata-se de um esforço louvável, coerente com o estilo claro e erudito que fez das obras de Jorge Ponciano as mais conhecidas entre os leitores de Gestalt-terapia no Brasil, contribuindo para a difusão dessa abordagem, inclusive no ambiente acadêmico. Mas esse recurso a Duns Scott, como se sua noção de ipseidade contemplasse, em seu bojo teórico, o que as "teorias de base" da Gestalt-terapia tentaram formular, precisa ainda ser aprofundado, pois não esclarece em que sentido a singularidade pode estar relacionada à conservação e à mudança, ou em que sentido pode haver para a ipseidade uma alteridade. Ademais, Ponciano precisaria articular a noção de ipseidade à teoria fenomenológica do tempo vivido, explicitamente mencionada por PHG, bem como ao matiz pragmatista que Paul Goodman imprimiu à fenomenologia, em especial no tratamento do conceito de self, que Goodman admitiu haver tomado de William James.

No caso do artigo de Távora, não obstante sua acertada compreensão acerca da centralidade da noção de tempo para compreender o self como um processo (como um sistema de contatos, prefeririam os fundadores da Gestalt-terapia), a autora ignorou a explícita referência de Paul Goodman à teoria fenomenológica do tempo. Essa omissão a impediu de perceber em que medida estão vinculadas entre si as noções de tempo e espaço. Segundo o comentário de Merleau-Ponty (1945, p. 112) a respeito da noção husserliana de espacialidade, seja ela considerada em um plano natural ou em um plano transcendental, ela é tão somente o sistema de "possibilidades" em torno de cada ato intencional, o que é o mesmo que dizer que, para uma acepção fenomenológica, o espaço está ele próprio estruturado segundo o tempo. Ou, ainda, que o espaço é a copresença do hábito e da perspectiva em torno de cada ato intencional. E o tempo (vivido), por seu turno, não é mais que o caráter intencional da experiência espacial. Se tivesse levado em conta esse detalhe, talvez Távora não precisasse apresentar a teoria do self nos termos da dicotomia "estrutura × processo". Mesmo compreendendo o fundamental nessa teoria – a saber, que o termo self designa a própria gênese intencional da subjetividade a partir do meio –, a autora parece não dar importância ao fato de que o intencional é o próprio tempo e que, portanto, não faz sentido inferi-lo daquilo que já o pressupõe. Isso, ademais, torna supérflua a tentativa de traduzir a noção de self por *selfing*, como se assim estivesse assegurada a unidade processual/estrutural. Para PHG, seja ela considerada do ponto de vista fenomenológico, ou do ponto de vista pragmatista, a noção de self já designa essa unidade (*Gestalt*).

5. Fazemos aqui uma referência à carta que Goodman endereçou a Wolfgang Köhler em protesto contra a recusa deste em prefaciar o livro *Gestalt-terapia* (1951) e em que assumiu a autoria da terceira parte do segundo volume da obra, além de mencionar o livro em que se inspirou para arquitetar a teoria do self, *Ideias* (1913), de Edmund Husserl (ver Stoehr, 1994, p. 80), o qual, por sua vez, também não foi devidamente considerado pela literatura de comentadores da Gestalt-terapia no Brasil e exterior.

6. A esse respeito, o filósofo brasileiro Bento Prado Júnior, a convite de Thèrèse Tellegen, proferiu em 1975 uma conferência, depois publicada na revista *Discurso*, da Universidade de São Paulo (Prado Jr., 1977), em que denuncia, nas frases extraídas da obra de Erving e Miriam Polster, *Gestalt-terapia integrada* (1973), a vigência de um neo-humanismo psicologista. Conforme a análise de Prado Jr., a pretensão desse neo-humanismo seria expandir, para o campo amplo das nossas relações sociais, os ideais libertários promulgados pelos movimentos de contracultura nos Estados Unidos e supostamente salvaguardados pelas práticas clínicas gestálticas. "A terapia é boa demais para ficar limitada aos doentes" (Polster e Polster, 1973, p. 40). E ainda que nós, admiradores da obra dos Polster, não concordemos com a interpretação de Bento Prado sobre o trecho citado, não podemos ignorar que a popularidade alcançada por Fritz Perls nos anos 1960 lamentavelmente aproximou a Gestalt-terapia de uma "filosofia de vida". Da mesma forma, a "comunidade gestáltica" proposta por Perls no Canadá corroborou essa associação entre a Gestalt-terapia e as formas de vida alternativas à cultura dominante, fazendo sombra para as formas clínicas da Gestalt-terapia e para as elaborações teóricas que as tentam pensar.

7. Para dar um exemplo apenas, citamos o texto do argentino radicado nos Estados Unidos Claudio Naranjo, *La vieja y novíssima Gestalt: actitud y práctica*. Escrito logo após a morte de Fritz Perls – com quem Naranjo conviveu e de quem afirma haver herdado os motivos para pensar uma psicoterapia gestáltica –, o livro (1989, p. 10) se propõe: "menos ambiciosa que essa extensa empresa [proposta por Perls] e ainda mais relevante que o intento de Paul Goodman em meados da década de 1950 (a 'teoria gestáltica' abraçada pela emergente ortodoxia gestáltica de hoje em dia), seria uma 'teoria da terapia gestáltica' – uma empresa comparável à teoria da terapia psicanalítica da mente. Neste livro trato disto sem deixá-lo em primeiro plano; e meu ponto de vista se pode resumir na seguinte fórmula: terapia gestáltica = Consciência/Naturalidade + Apoio/Confrontação. Ou noutras palavras? O processo terapêutico descansa, por parte do paciente, nos dois fatores transpessoais da tomada de consciência e espontaneidade, enquanto que o terapeuta contribui nisto [...] com o estímulo e apoio da expressão genuína e reforço negativo ('redução do ego') do patológico". Ora, trata-se aqui de um explícito descarte da teoria do self pensada por Goodman, em proveito de uma nova leitura da "psicologia do ego", à qual, no final da vida, Fritz Perls parece haver retornado. A consequência mais grave dessa "novíssima" leitura, segundo nosso entendimento, é a interpretação que Naranjo deu à noção de "aqui-agora", como se ela fosse uma concentração exclusiva no presente, a despeito da orientação adquirida no passado e das expectativas em relação ao futuro. Para a crítica de Frank Stammler (2000), essa forma de compreender o "aqui-agora" proposta por Naranjo foi responsável em grande medida pelas confusões e descréditos teóricos da Gestalt-terapia no mundo inteiro.

8. Já em meados dos anos 1980, em artigo publicado no *The Gestalt Journal* com o título "*Culture bias of Gestalt-therapy: made-in-USA*", Raymond

Sanner (1984), gestaltista europeu, denunciava a forte ligação das técnicas e formulações teóricas tardias da Gestalt-terapia à cultura individualista norte-americana, o que limitou as possibilidades de ampliação dos horizontes clínicos da abordagem fundada por Fritz Perls, Laura Perls e Paul Goodman.

9. Pensamos aqui na obra recentemente traduzida para o português com o título *O self desdobrado* (1997), em que Jean-Marie Robine aprofunda a perspectiva de campo em Gestalt-terapia viabilizada pela teoria do self.

10. Referimo-nos aqui à obra *La Gestalt reconsiderada* (Wheeler, 2002), em que seu autor se ocupa de resgatar o que chamou de modelo de Goodman e Perls para repensar as noções de contato e resistência.

11. Algumas passagens dos capítulos a seguir retomarão – quase literalmente – temas já desenvolvidos em Müller-Granzotto e Müller-Granzotto (2007). Mas as modificações estilísticas e, sobretudo, a articulação inédita que propomos para eles justificam a ausência de ostensivas citações ou referências.

CAPÍTULO 1

1. Para Husserl (1936, § 46, p. 144), o "mundo é mundo temporal, espacial, no qual cada coisa tem a sua extensão corpórea e duração e, em relação a estas, por sua vez, a sua posição no tempo universal e no espaço. O mundo permanece então sempre consciente na consciência desperta, em validade como horizonte universal. A percepção refere-se somente ao *presente*. Mas é de antemão visado que este presente tem atrás de si um *passado* infinito, e à sua frente um *futuro* aberto. Depressa se vê que é necessária a análise intencional da recordação, dos modos originais da consciência do passado, mas também que uma tal análise pressupõe, por princípio, a análise da percepção, posto que o ter-percepcionado está implicado manifestamente na recordação".

2. Ver excelente estudo de Etiènne Gilson (1955) sobre a obra de Franz Brentano.

3. A distinção que aqui evocamos foi estabelecida pelo próprio Freud. De acordo com o comentário de Merleau-Ponty (1968, p. 179) sobre essa diferença, há, por um lado, *o inconsciente do recalque*, o qual deve ser entendido como "uma formação secundária, contemporânea das formas percepção--consciência"; e, por outro, "o inconsciente primordial, o deixar ser, o sim inicial, a indivisão do sentir".

4. A carta de Goodman a Wolfgang Köhler é de dezembro de 1951, e o original encontra-se na Biblioteca Houghton.

5. A respeito de Merleau-Ponty, Goodman diz que, com ele, "frequentemente concorda", em especial quando o francês afirma que "a comunicação começa com o corpo" (Goodman, 2011, p. 208) e que "a fala é como um ser" (Goodman, 2011, p. 198-9).

6. O progresso científico e tecnológico, acredita Dewey (1922), gerou um efeito colateral indesejável, precisamente, uma profunda crise ético-social na sociedade contemporânea. Essa crise está fundada no fato de a ciência e a tecnologia desprezarem os valores humanos que se constituem na vida cotidiana em proveito de verdades que subsistiriam nas coisas em si. A solução para essa crise, entretanto, nós a podemos encontrar na própria prática científica, acredita Dewey. Em suas práticas crítico-experimentais, os cientistas sempre partem de experiências não cognitivas, ante as quais e para as quais procuram antecipar consequências. Por meio da ciência e da tecnologia, ocupam-se de melhorar as condições de vida da humanidade. Nesse sentido, os cientistas jamais abandonam o campo dos valores. Eis por que, a despeito das teorias formalistas, Dewey propõe uma teoria do conhecimento, cuja finalidade é restituir, no campo das discussões epistemológicas, a inexorabilidade das razões pragmáticas do cientista.

7. Husserl (1900-1b).

8. No segundo capítulo da obra *Psicose e sofrimento* (Müller-Granzotto e Müller-Granzotto, 2012), propomos um estudo sobre a maneira como Lacan formaliza a escuta psicanalítica às psicoses. Distinguimos dois momentos ou estilos do ensino lacaniano e, no primeiro deles (também conhecido como primeira clínica ou clínica do Nome-do-Pai), encontramos as teorias com que Lacan pensa a formação do sujeito do inconsciente (ou seja, o sujeito simbólico), a da alienação e a da separação. Nesta última, especificamente, Lacan faz menção ao *objet a*, entendido como retorno do "real da pulsão" ao campo simbólico, retorno do real como causa do desejo.

9. Goldstein nunca se considerou um fenomenólogo, muito embora, em sua autobiografia (1967), publicada postumamente, admitisse que suas principais teses eram bem semelhantes às de Husserl.

10. É essencial não confundirmos: a) as possibilidades, que são representações estabelecidas na atualidade com respeito ao futuro; e b) a virtualidade (ou inatualidade) daquilo que pudéssemos buscar como horizonte indeterminado de futuro. Como veremos a seguir, para a Gestalt-terapia a inatualidade do horizonte virtual corresponde aos objetos do desejo, correlatos dos objetos intencionais (sejam eles intuitivos ou noemáticos) propostos pela fenomenologia husserliana.

11. Mas, poderíamos nos perguntar, por que substituir o significante "intencionalidade" por *awareness*? Tal substituição supostamente evita a polissemia que recai sobre o termo "intencionalidade". Assim, enquanto para os falantes da linguagem comum "intencionalidade" tem relação com um juízo da vontade, os fenomenólogos empregam-na para designar os tipos formais de correlação que originam essa *Gestalt* denominada experiência do tempo. A "retenção", a "síntese passiva", a "protensão" e a "síntese de transição" – que já foram mencionadas, porém merecerão maior aprofundamento em nosso capítulo quarto – são formas de correlação, denominadas por Husserl (1900-1a) de intencionalidades operativas, porquanto dispensam os juízos de reflexão (com os quais, à sua vez, formulamos nossas intenções). Por sua parte, o termo *awareness* também admite um emprego muito variado. Ainda assim, ele tem uma forma de utilização predominante: por seu intermédio, os falantes da língua inglesa querem designar uma espécie de implicação subjetiva vivida pelo agente no curso de sua própria ação que, nesse sentido, se antecipa e até dispensa os juízos com os quais ele se representaria sua unidade. Dessa feita, *awareness* significa uma forma de tino, de autorreferência que, diferentemente do termo *consciousness*, não acarreta a necessária presença de uma representação intelectual de si. Ao contrário, ela é um tipo de atenção desfocada, vaga, indistinta (*fuzzy attention*), tal qual a "consciência durante o estado de ressuscitação" (*Aware*), o que a aproxima dos processos intencionais operativos descritos pela fenomenologia. De toda sorte, independentemente do êxito ou não dessa substituição, o fato é que o emprego da noção de *awareness* sensomotora (sensorial e motórico-deliberada) tornou claro, para nós leitores, que aquilo que os autores do livro *Gestalt-terapia* querem descrever fenomenologicamente diz respeito aos meios irreflexivos (ou operativos) pelos quais o contato propriamente se estabelece. Quando querem designar a apercepção reflexiva, eles empregam a expressão *awareness* reflexiva ou consciente (PHG, 1951, p. 44), sobre a qual dissertaremos um pouco adiante, neste livro.

12. Conforme Herder (1959, p. 140), ainda que não possam ser equiparadas aos nossos pensamentos e ao simbolismo com que a *alma* se representa um objeto exterior, as "sensações" visuais, por exemplo, não são qualidades *mortas e sem valor*, que se fixam em nosso olho, atingindo de pronto o nosso cérebro. No âmbito de nossa experiência primitiva da natureza, sensações visuais são *entidades espirituais* inexoravelmente vinculadas aos nossos sentimentos de prazer e desprazer, assim como às nossas orientações motoras e motivações pragmáticas. Elas consistem em uma forma primitiva de conhecimento, que independe do pensamento e às quais podemos também chamar de paixões.

13. Mais uma vez vale esclarecer a diferença entre as possibilidades – que são da ordem das ações estabelecidas por um sujeito de atos na atualidade da situação – e a virtualidade dos objetos almejados por tal sujeito de atos. Diferentemente dos primeiros, os objetos virtuais não estão inscritos na realidade, tratando-se antes de fantasias, cuja característica dominante é sua indeterminação. Mesmo assim, tais fantasias têm uma finalidade, que é a unificação presuntiva da experiência, em especial dos excitamentos e das possibilidades de ação. Como isso nunca é o caso, todas as fantasias (ou todos os objetos presuntivos) são inconsistentes, embora muito interessantes. Na mesma tradição de Brentano e Husserl, PHG chamam de *Gestalten* a esses objetos virtuais.

14. No Capítulo 3 apresentamos um estudo detalhado sobre o entendimento husserliano acerca das noções de intencionalidade operativa e de ato, bem como sobre as leituras que esse entendimento recebeu da parte de Merleau-Ponty e, por extensão, de Paul Goodman.

15. A noção de outro social é introduzida aqui como equivalente da noção gestáltica de "função personalidade", e entendida como a função mediante a qual os atos de um corpo haveriam de ser reunidos em uma identidade objetiva que lhes valesse responsabilidade e moralidade. A justificativa para esse uso tem relação com nossa preocupação de evitar que a noção de função personalidade seja confundida – como é corrente nas interpretações que a teoria do self mereceu em diversas épocas – com uma instância psíquica ou substância individual apartada das relações sociais. Cremos que a adoção da terminologia inspirada em Lacan (1964) e em Merleau-Ponty (1969) assegura a correta compreensão das intenções de PHG.

CAPÍTULO 2

1. Aqui precisamos firmar nossa posição de apoio à tradução que Jean-Marie Robine estabeleceu para o termo *creative adjustment*. Diferentemente do tradutor brasileiro, que traduziu *creative* como "criativo", seguimos Robine (PHG, 1951, p. 247), para quem *creative* é criador (*créateur*). Assim, doravante, empregaremos sempre que possível a expressão "ajustamento criador". Nas citações ao texto de PHG, contudo, mantivemos os termos da edição brasileira.

2. Referência à análise de um sonho do próprio Freud, descrito no segundo capítulo de *A interpretação dos sonhos* (1900), que diz respeito a Irma, uma paciente dele que, no sonho, sofre de uma doença atribuída a uma injeção (imprópria e/ou anti-higiênica) de trimetilamina, aplicada por um amigo de Freud, Otto.

3. Nesta obra, em verdade, vamos nos dedicar mais especificamente aos ajustamentos de busca (psicoses) e de inclusão (em virtude do sofrimento ético-político e antropológico). Os ajustamentos de evitação (neuroses) foram tratados em nosso livro *Fenomenologia e Gestalt-terapia* (Müller-Granzotto e Müller-Granzotto, 2007).

4. Lacan (1972, p. 128) denominava essa inexorabilidade do real, que o simbólico vem bordar, de "*a*", errância que nunca se deixa estabilizar em uma questão ou saber. No segundo capítulo da obra *Psicose e sofrimento* (Müller-Granzotto e Müller-Granzotto, 2012), dedicamos um breve estudo às duas importantes formulações clínicas desse autor a respeito da gênese e do tratamento das psicoses.

5. É preciso, juntamente com Jean-Marie Robine (2004, p. 43-5), rejeitar o modelo individualista ou intrapsíquico que, por vezes, orientou a leitura que se fez da noção gestáltica de ego. O ego não é um indivíduo, tampouco uma faculdade ou característica de alguém. Ele é uma função do self, o qual, por sua vez, não é alguém localizado no espaço e no tempo objetivos, e sim o sistema de contatos.

6. É de extrema importância evocarmos aqui o modo especial, baseado no pragmatismo de William James e John Dewey, com o qual os autores do *Gestalt-terapia* empregam a noção de consciência. Para PHG (1951, p. 44), "o que se denomina 'consciência' parece ser um tipo especial de *awareness*, uma função-contato em que há dificuldades e demoras de ajustamento" (grifo dos autores).

CAPÍTULO 3

1. Quanto mais uma retenção se "modifica", mais ela se "distancia", não só quanto à impressão inicial (que lhe deu origem), mas também quanto à impressão inicial atual de que ela é um horizonte. No esquema gráfico da Figura 2, podemos perceber que as linhas transversais (retenções) cruzam as linhas verticais (*continuum* dos "agora" vistos a partir de cada "agora" específico) em um ponto cada vez mais afastado do que representa, para cada uma destas, a impressão inicial atual. Ora, quanto mais afastadas, menos elas importam para a constituição do objeto intencional que define a atualidade, o passado próximo e o porvir imediato da consciência. É nesse sentido que se fala aqui em "esquecimento".

2. Husserl ilustra sua concepção de intencionalidade retencional e protensional por meio de um objeto ele-próprio temporal, a saber, a melodia. Segundo ele (1893, § 11 e 12), para apreender uma melodia é necessário que eu apreenda cada som particular em sua duração temporal (o que requer uma intencionalidade transversal), assim como em sua unidade no interior do *continuum* (o que requer uma intencionalidade longitudinal). Para que eu compreenda a progressão harmônica dos sons produzidos por um violino, é preciso que em cada "agora" eu não apenas apreenda o som emitido

pelo instrumento, como protenda-o em direção ao próximo som que, uma vez reconhecido, encontrará no primeiro um horizonte de passado, viabilizando assim a síntese de identificação que minha intencionalidade de ato realizará. O som retido e protendido não é aqui uma reverberação, um eco que se acrescenta em retardo ao próprio som que o originou. Trata-se do próprio som emitido, modificado em intenção na imanência da consciência, portanto sem qualquer conotação física.
3. O esquema a que Merleau-Ponty se refere pode ser encontrado na seguinte passagem das obras completas de Husserl (1893, p. 230).
4. Nossa apresentação e interpretação do esquema gráfico veiculado por Merleau-Ponty acompanha as apresentações e interpretações realizadas primeiramente por Lyotard (1979, p. 91-2) e por Moura (1980, p. 249). Ainda que não sejam idênticos ao esquema apresentado por Husserl nos *Textos complementares*, tais apresentações correspondem às indicações que o próprio Merleau-Ponty sugere no texto, fazendo que a linha horizontal represente a série dos "agora" (presentes em sentido restrito). As linhas oblíquas inferiores representam os perfis dos "agora" vistos de um agora "ulterior": trata-se, nesse sentido, de perfis retidos. As linhas oblíquas superiores representam os perfis de um "agora" visto de um "agora" anterior ou, simplesmente, representam os perfis protendidos. As linhas oblíquas inteiras representam cada qual um campo de presença atual. As linhas verticais, superiores e inferiores, representam os perfis sucessivos de um mesmo "agora".
5. Noutro trabalho, intitulado *Merleau-Ponty acerca da expressão* (Müller-Granzotto, M. J., 2001), o leitor pode encontrar um estudo aprofundado sobre a teoria merleau-pontyana da expressão.
6. Segundo Merleau-Ponty, Leibniz (1714) tinha razão em afirmar que as várias perspectivas de nossa experiência guardam entre si (e para com as perspectivas dos outros) uma relação de familiaridade, sem, contudo, perder sua singularidade. Nessa direção, Merleau-Ponty considera que – para significar essa familiaridade – o conceito de expressão está aí bem empregado; porém, tal não significa para ele que a delimitação desse conceito (como propriedade atribuída, por Deus, a cada substância, e segundo uma lei de harmonia formulada por esse mesmo Deus) devesse ser admitida como apropriada. Pelo contrário, ela deve ser refutada, uma vez que, ao

restabelecer a figura de um princípio interior em que o sentido estaria como que antecipado, essa delimitação faz cair por terra tudo que de novo o conceito de expressão traz para o problema da relação entre as partes e o todo. Por essa razão Merleau-Ponty decidiu retomar o conceito de expressão, introduzindo nele modificações que o livrariam da ontoteologia leibniziana. Logo, em vez de falar em expressão como "representação particular de um em-si", Merleau-Ponty fala da expressão como manifestação de um fenômeno em estado bruto, em formação. Por outras palavras, a expressão é o movimento de indivisão não coincidente entre as partes de nossa experiência, o surgimento de um "Ser Bruto". Ou, então, tratar-se-ia do movimento de reversibilidade mediante o qual as partes de nossa experiência haveriam de aparecer ora como dimensão visível, ora como dimensão vidente; às vezes figura, outras fundo. Nas palavras de Merleau-Ponty (1964a, p. 276), a "relação do *In der Welt Sein* vai manter o lugar ocupado, em Leibniz, pela relação de expressão recíproca das perspectivas tomadas sobre o mundo e, portanto, por Deus como único autor destas diversas perspectivas que dele emanam como se fossem pensamentos. Certamente que o Ser assim descoberto não é o Deus de Leibniz, a 'monadologia' assim desvelada não é o sistema das mônadas – substâncias – mas certas descrições leibnizianas – que cada um dos pontos de vista sobre o mundo é um mundo à parte, que contudo 'aquilo que é particular para um seja público para todos', que as mônadas estejam entre si e com o mundo numa relação de expressão, que se distingam entre elas e do mundo como perspectivas, – [IDEM] devem ser conservadas integralmente, retomadas no Ser bruto e separadas da elaboração substancialista e ontoteológica por que L. [Leibniz] as fez passar". Para mais detalhes sobre essa leitura merleau-pontyana de Leibniz, consultar Müller-Granzotto, M. J. (2006).

7. Antoine Laurent Lavoisier (1743-1794) foi um químico francês que em 1785 descobriu a *Lei de conservação das massas*, que recebeu o nome de *Lei de Lavoisier* em homenagem ao seu criador. Considerado o pai da química moderna, sua lei baseia-se em experiências nas quais ele pesava as substâncias participantes antes e depois da reação. Lavoisier verificou que a massa total do sistema permanecia inalterada quando a reação ocorria em um sistema fechado, concluindo assim que a soma total das massas das

espécies envolvidas na reação (reagentes) é igual à soma total das massas das substâncias produzidas pela reação (produtos), ou seja, em um sistema fechado a massa total permanece constante. Essa lei também pode ser enunciada pela famosa frase: "Na natureza nada se cria e nada se perde, tudo se transforma".

8. "Em cada movimento de fixação", diz Merleau-Ponty (1945, p. 276-7), "meu corpo ata em conjunto um presente, um passado e um futuro, ele secreta tempo, ou antes torna-se esse lugar da natureza em que, pela primeira vez, os acontecimentos, em lugar de impelirem-se uns aos outros no ser, projetam em torno do presente um duplo horizonte de passado e de futuro e recebem uma orientação histórica."

9. Queremos registrar nosso agradecimento ao colaborador Marcus Cézar Belmino por sua diligente pesquisa em torno do *corpus* de Paul Goodman, a qual nos rendeu localizar as referências do autor da teoria do self a Merleau-Ponty.

CAPÍTULO 4

1. Garcia-Roza (1995, p. 67), por exemplo, lembra que, nos *Três ensaios sobre a sexualidade* (1905d), ao definir a pulsão como "desvio", Freud nos autoriza a recorrer à história da filosofia, na qual encontraremos outros usos semelhantes para a noção de "desvio". Garcia-Roza (2003, p. 18) tem aqui em vista a noção de *clinamen* empregada por Lucrécio segundo Epicuro.

2. Garcia-Roza (1995, p. 69) diz que "não faria nenhuma restrição a que se pensasse a pulsão como desvio, contanto que se definisse previamente como esse desvio está sendo definido. Uma coisa é definirmos o desvio como *desvio da ordem,* isto é, como secundário em relação a uma ordem que é primeira; outra coisa é definirmos o desvio como sendo primeiro, *desvio original.* A filosofia nos oferece um excelente exemplo dessa diferença: a diferença entre as filosofias de Epicuro e de Lucrécio. Em ambas a noção de desvio é fundamental – *parênklises* para Epicuro e *clinamen* para Lucrécio". Para Garcia-Roza, a noção freudiana de pulsão está relacionada à segunda acepção de desvio, como veremos a seguir.

3. Conforme Ilya Prigogine (2005, p. 9), Lacan, em sua obra tardia, também se serve do significante *clinamen* para designar uma espécie de emergência flutuante da letra como aquilo que produz desvio na cadeia simbólica. Mas outros pensadores, como Gilles Deleuze e Michel Serres, recorreram a essa noção com propósitos e usos distintos. Em um anexo da *Lógica do sentido*, Deleuze (1969) emprega a noção de *clinamen* com o objetivo de sublinhar que o pensamento é tão veloz como o *quantum minimum* de tempo. Michel Serres (1977), por sua vez, faz uso dessa mesma noção para fazer frente à hegemonia da mecânica (dos sólidos) na razão ocidental, a qual é isomórfica à violência antropológica que caracteriza a história. Interessa a Michel Serres mostrar que já em Lucrécio podemos localizar a ideia de um turbilhão que, qual pré-ordem, constitui o mundo de maneira não teleológica.

4. Para Batista (2007), "Tito Lucrécio Caro (95-54 a.C.) é conhecido por ter escrito aquele que é, talvez, o maior poema filosófico da Antiguidade: o *De rerum natura* (Sobre a natureza das coisas). A partir de uma tradição de pensamento que remonta a Leucipo e Demócrito e, sobretudo, a Epicuro, Lucrécio retoma e aprofunda as teses atomistas que afirmam o acaso como força criadora de todas as coisas. Assim, o pensamento de Lucrécio é, pois, um naturalismo ocupado em pensar a natureza não como uma potência exterior que informa a matéria, mas como a natureza *das coisas* (*rerum*) em sua existência dispersa. Mas o naturalismo de Lucrécio é também uma ética que afirma o prazer como bem máximo e identificado à imperturbabilidade dos deuses (*tranquilla pax*; *placida pax*; *summa pax*). É através desse caminho que o tema do comportamento regular da natureza reaparece no poema: o conhecimento da natureza é a condição necessária para a identificação do falso e dos temores que dele decorrem. Vale dizer, deste modo, que o pensamento de Lucrécio não prescinde da afirmação de um tipo de necessidade natural. Assim, pode-se afirmar que a articulação entre os temas aparentemente divergentes de um acaso soberano e de uma necessidade natural é o *leitmotiv* do *De rerum natura*. Lucrécio pensa a estabilidade e o equilíbrio não como formas primeiras que antecedem a fundação da natureza das coisas, mas como efeitos solidários de um movimento universal que comporta em uma mesma medida o instável e o desequilíbrio".

5. Para alguns pesquisadores, como Motta Pessanha (1988), o termo "desvio"/*clinamen* já está presente nas formulações de Epicuro, não obstante tantos outros, como Rosset (1989) e Vernant (1986), defenderem tratar-se de uma leitura que Lucrécio fez a respeito do desvio/*parênklisis*, este, sim, presente em Epicuro. De todo modo, sob a forma de *clinamen* ou *parênklisis*, em Epicuro, a noção de "desvio" traduz a maneira como em sua física os átomos divergem de sua própria orientação natural, o que lhes propicia o encontro e a aglomeração. Afastando-se do rígido mecanicismo da física dos primeiros atomistas, Epicuro (de acordo com Pessanha, 1988, p. XI) afirma que, sem nenhuma razão mecânica, os átomos, em qualquer momento de suas trajetórias verticais, podem se desviar e se chocar. O desvio aparece, então, como a introdução do arbítrio e do imponderável em um jogo de forças estritamente mecânico. Ainda conforme José Américo Motta Pessanha (1988, p. XI), a noção de desvio está assegurada pela teoria do conhecimento (ou canônica) de Epicuro: a evidência imediata revela que existe um ser – o homem – que, embora constituído de átomos (como todos os seres do universo), manifesta a possibilidade de arbítrio, pelo qual altera os rumos de sua vida ou, pelo menos, pode modificar sua atitude interior diante dos acontecimentos. A doutrina do desvio serve, assim, para fundamentar, dentro de um universo de coisas regido pelo fatalismo e pela necessidade mecânica, a espontaneidade da alma, a autonomia da vontade, a liberdade humana.

6. Para Garcia-Roza, "tanto *parênklisis* quanto *clinamen* podem ser traduzidos por 'desvio', mas o modo pelo qual Epicuro e Lucrécio o concebem é radicalmente diferente. Enquanto em Epicuro o desvio/*parênklisis* é postulado como a finalidade moral de explicar as condutas desviantes ou a liberdade no interior da ordem (o que vem a dar no mesmo), o desvio/*clinamen* de Lucrécio não é uma alteração da ordem, mas, sim, ausência de qualquer ordem. Pode parecer estranha a concepção de um desvio original, de um desvio de nada, um desvio como princípio do diverso (ou como negação de qualquer princípio). No entanto, esta é a impressionante compreensão lucreciana do movimento dos átomos. O *clinamen* não é o movimento oblíquo dos átomos a partir de movimentos verticais paralelamente ordenados (isto é, *parênklisis*), mas um desvio presente *desde o começo* determinando

os encontros, ao acaso, dos átomos. Toda ordem será secundária em relação a este desvio primeiro". Garcia-Roza (1990) aprofunda esse ponto de vista na obra intitulada *O mal radical em Freud*.

7. Por exemplo, em 1911, quando faz um estudo teórico da paranoia no caso Schreber, Freud (1911, p. 99) define a pulsão "como sendo o conceito sobre a fronteira entre o somático e o mental [...] o representante psíquico de forças orgânicas. Ademais, aceitamos a distinção popular entre pulsões do ego e pulsão sexual, pois tal distinção parece concordar com a concepção biológica de que o indivíduo possui dupla orientação, visando por um lado a autopreservação e, por outro, a preservação das espécies". Em 1915, na terceira edição dos *Três ensaios sobre a teoria da sexualidade* (1905d, p. 171), Freud faz alguns acréscimos, decorrentes de suas investigações, e entre eles um que se refere à definição de pulsão, em que expressa que: "Por 'pulsão' deve-se entender provisoriamente o representante psíquico de uma fonte endossomática e contínua de excitação em contraste com um 'estímulo', que é estabelecido por excitação simples vinda de fora. O conceito de pulsão é assim um dos que se situa na fronteira entre o psíquico e o somático. A mais simples e mais provável suposição sobre a natureza das pulsões pareceria ser que, em si, uma pulsão não tem qualidade, e no que concerne à vida psíquica deve ser considerada apenas como uma medida de exigência de trabalho feita à mente. O que distingue as pulsões uma da outra e as dota de qualidades específicas é sua relação com as fontes somáticas e com seus objetivos. A fonte de uma pulsão é um processo de excitação que ocorre num órgão, e o objetivo imediato da pulsão consiste na eliminação deste estímulo orgânico". Noutro texto traduzido como *Os instintos e suas vicissitudes*, Freud (1915b, p. 142) diz que: "se agora nos dedicarmos a considerar a vida mental de um ponto de vista biológico, uma 'pulsão' nos aparecerá como sendo um conceito situado na fronteira entre o mental e o somático, como o representante psíquico dos estímulos que se originam dentro do organismo e alcançam a mente, como uma medida de exigência feita à mente no sentido de trabalhar em consequência de sua ligação com o corpo".

8. Brentano (1874, § 9º, p. 135 no original) serve-se do significante "Unidade ou *Gestalt*" para se referir aos fenômenos psíquicos em oposição aos fenômenos físicos. Para ele (1874, § 5º, p. 125), "todo fenômeno psíqui-

co contém em si mesmo qualquer coisa a título de objeto [...], essa presença intencional pertence exclusivamente aos fenômenos psíquicos. Podemos pois definir os fenômenos psíquicos como fenômenos que contêm intencionalmente um objeto". Ou, então (1874, § 9º, p. 137 no original): "recapitulando, para concluir [...], nós definimos [...] os fenômenos psíquicos como *representações* cujos objetos repousam sobre as próprias *representações* [...]. Nós, em seguida, encontramos, como particularidade distintiva de todos os fenômenos psíquicos, *a inexistência intencional*, a relação a qualquer coisa a título de objeto. [...] Nós [também] definimos os fenômenos psíquicos como sendo exclusivamente objetos da percepção interna; somente eles são, por consequência, percebidos com evidência imediata; eles são, no sentido rigoroso da palavra, os únicos propriamente percebidos (*wahrgenommenen*). Em consequência disso, acrescentamos que poderíamos defini-los como os únicos fenômenos que possuem, mais além da existência intencional, uma existência efetiva. Nós, por fim, sublinhamos como característica distintiva que, malgrado toda sua multiplicidade, nós percebemos os fenômenos psíquicos sempre como unidade (*Gestalt*), ao passo que os fenômenos físicos, percebidos ao mesmo tempo, nos aparecem todos, de modo diferente, como fenômenos parciais de um único fenômeno" (tradução e grifos nossos).

9. Segundo o autor da obra *Critique des fondements de la psychologie* (1912, p. 209), "a psicanálise apresenta uma dualidade essencial. Ela anuncia, pelos problemas que se coloca e pela maneira pela qual orienta suas investigações, uma psicologia concreta, mas ela a desmente em seguida pelo caráter abstrato das noções que emprega, ou que cria, e pelos esquemas de que se serve. E podemos dizer sem paradoxo que Freud é tão espantosamente abstrato em suas teorias quanto concreto em suas descobertas".

10. Como mostramos noutro lugar (Müller-Granzotto, M. J., 2008), nos anos 1940, Merleau-Ponty estava engajado na investigação de um motivo extraído de Husserl – que consistia na aceitação de que, aquém de nossa maneira representada de compreender a existência, haveria um domínio primitivo, denominado por Husserl (1936, § 51, p. 187) de "*Lebenswelt*", no qual encontraríamos a própria pré-história de nossas representações. Tratar-se-ia de uma camada de experiências pré-lógicas que, na interpretação de Merleau-Ponty, já estaria investida de um sentido, razão pela qual seria fundante em relação ao conhecimento científico (1945, p. 419). E a tarefa da filosofia seria, então, restituir esse domínio. Algo que a psicanálise não podia fazer, ao menos enquanto permanecesse limitada a reproduzir, em um sistema objetivo, a ligação econômica entre o domínio físico e o domínio psíquico. A crítica que, nesse momento, Merleau-Ponty dirige a Freud, está toda ela alicerçada em Politzer. Mas essa avaliação não nos deveria levar a crer que Merleau-Ponty tivesse aderido ao programa de consecução de uma psicologia concreta, que recusasse toda sorte de recurso ao "profundo" em proveito daquilo que efetivamente se formulasse na "atualidade" de nossos atos, fosse isso uma intenção significativa ou uma intenção prática. Para ele, do fato de não se poder aceitar que o inconsciente fosse um conjunto de representações de primeira ordem em oposição dialética às nossas representações conscientes não se segue que nossa singularidade se limitaria às intenções significativas e às intenções práticas reveladas, respectivamente, na estrutura dramática de nossos relatos e na teleologia de nossas ações individuais em situação social, como acreditava Politzer. Tão problemático quanto dizer que minha individualidade já estaria determinada no passado seria dizer que ela se reduziria àquilo que eu haveria de desempenhar no presente, como um conteúdo manifesto. Para Merleau-Ponty, se é verdade que a dramaticidade revelada por nossos relatos na atualidade da situação clínica exprime nossa existência subjetiva, se é verdade, ademais, que o sentido dessa existência nós o vivemos em cada ação desempenhada no convívio social, daí não advém que nossa subjetividade esteja toda aí. Ela comporta mais do que nossa atualidade. O que não quer dizer que, para Merleau-Ponty e conforme a censura politzeriana dirigida a Freud, esse "a maior" seja determinado como um em-si independente de nossa inserção pragmática e discursiva no presente. Eis por que Merleau--Ponty (1945, p. 239) refere-se à subjetividade como a "unidade expressiva" de um corpo que, tanto quanto aos gestos atuais que desempenha no mundo e perante o outro, dispõe de um sistema de possibilidades assegurado não por uma lei, mas por um hábito, por um corpo habitual que não se confunde com o primeiro, mas se oferece a ele como uma camada segunda, inatual. No dizer de Merleau-Ponty (1945, p. 97), o corpo parece comportar

"como que duas camadas distintas, a do corpo habitual e a do corpo atual. Na primeira, figuram os gestos de manuseio que desaparecem na segunda".
11. Nos termos de Laura Perls (1991, p. 10), "sem sua [de Goodman] contribuição não existiria nenhuma teoria coerente de Gestalt-terapia que merecesse uma séria consideração".
12. Na obra *Ego, fome e agressão*, Perls (1942) já se ocupa de integrar a teoria freudiana das pulsões em uma forma mais ampla de ler as *Gestalten*. Para tanto, serve-se do que havia aprendido nos cursos ministrados pelo amigo e filósofo Salomon Friedlaender (1918), na Escola Bauhaus, a respeito do funcionamento psíquico, a saber: que os comportamentos não são o efeito quase mecânico do passado sobre o presente, mas a "expressão" de uma dialética espontânea que, a seu modo, Friedlaender denominou de "indiferença criativa". Perls, em algum sentido, achou que a noção de indiferença criativa poderia esclarecer a maneira como as diferentes dimensões de um todo (*Gestalt*) poderiam estar integradas, o que inclui as pulsões. Eis em que sentido Perls (1942, p. 44) pôde propor, não ainda como uma clínica gestáltica, e sim uma espécie de "terceira tópica", uma psicanálise reformada que pudesse, entre outras coisas, "aplicar o pensamento diferencial, baseado na 'Indiferença criativa' de S. Friedlaender".
13. Conforme nota 1 do Capítulo 9 do livro *Psicose e sofrimento* (Müller-Granzotto e Müller-Granzotto, 2012), na visão de Diógenes Laêrtios (trad. 1977, VII, p. § 20), Diógenes era "filho do banqueiro Iquêsios, nasceu em Sínope. Diclés revela que ele viveu no exílio porque seu pai, a quem fora confiado o dinheiro do Estado, adulterou a moeda corrente. Entretanto, Eubulides, em seu livro sobre Diógenes, afirma que o próprio Diógenes agiu dessa maneira e foi forçado a deixar a terra natal com seu pai. Diógenes, aliás, em sua obra *Pôrdalos*, confessa a adulteração da moeda. Dizem alguns autores que, tendo sido nomeado superintendente, deixou-se persuadir pelos operários e foi a Delfos ou ao oráculo Délio na pátria de Apolo perguntar se deveria fazer aquilo a que desejavam induzi-lo. O deus deu-lhe permissão para alterar as instituições políticas, porém ele não entendeu e adulterou a moeda. Descoberto, segundo alguns autores foi exilado, e segundo outros deixou a cidade espontaneamente". Em terra estrangeira (Atenas), Diógenes defendia, "em relação às leis, [...], não é

possível a existência de um Estado sem elas". Ademais, Diógenes "afirma que sem uma cidade a própria civilização não tem utilidade alguma; a cidade é uma comunidade civilizada e organizada; sem a cidade as leis não têm utilidade; logo, a lei é a civilização". Por isso, "Diógenes ridicularizava a nobreza de nascimento, a fama e similares, chamando-as de ornamento ostentatório do vício" (Diógenes Laêrtios, trad. 1977, VII, p. § 72). Porém, "Diógenes nada via de estranho em roubar qualquer coisa de um templo ou em comer a carne de qualquer animal, nem via qualquer impiedade em comer a carne humana, como faziam sabidamente alguns povos estrangeiros. De acordo com a reta razão ele dizia que todos os elementos estão contidos em todas as coisas e impregnam todas as coisas; sendo assim, no pão há carne e nas verduras há pão; e todos os outros corpos, por meio de certos condutos e partículas invisíveis, também encontram o seu caminho para todas as substâncias e se unem a elas sob a forma de vapor [...]" (Diógenes Laêrtios, trad. 1977, VII, § 73). Ainda conforme Diógenes Laêrtios (trad. 1977, VII, § 71), Diógenes "de fato, adulterou moeda corrente porque atribuía importância menor às prescrições das leis que às da natureza, e afirmava que sua maneira de viver era a de Heraclés, que preferia a liberdade a tudo mais". De onde se infere a ideia fundamental do cinismo grego, segundo o qual, importa viver de modo civilizado na cidade, obedecendo às leis, mas tolerando as múltiplas formas de compreendê-las, o que inclui a contradição e as idiossincrasias. Só não se pode tolerar a intolerância, a qual deve sempre ser denunciada por um dito tolerante, que não elimina a possibilidade da reconsideração, como é o caso dos ditos pantomímicos, sarcásticos, os quais constituem a *parresia* ou dito verdadeiro. De onde se segue haver, para os cínicos, uma espécie de ética, a qual não tem que ver com a autossuficiência, mas sim com o autocontrole, fruto do desdém saudável pelos prazeres e sofrimentos próprios, e sobretudo da impaciência para com as convenções e hierarquias de uma sociedade presumivelmente corrupta.

14. Segundo o que tentamos mostrar na obra *Psicose e sofrimento* (Müller-Granzotto e Müller-Granzotto, 2012), PHG não falam em vulnerabilidade e, sim, em comprometimento. Por um lado, esse termo chama a atenção para o caráter político das relações sociais em que, pelo caráter totalitário

de uma demanda, estabelece-se a limitação na liberdade de criação de respostas. Mas, por outro lado, essa noção está bem próxima à noção de sintoma como "formação de compromisso", tal como nós a conhecemos a partir de Freud (1895). E para ressaltar a primeira acepção, bem como para estreitar nossa comunicação com as políticas de humanização do Sistema Único de Saúde (SUS) brasileiro (Brasil, 2009), decidimos adotar a expressão sugerida por Ayres, precisamente: "vulnerabilidade". Conforme Ayres (Ayres et al., 2003), vulnerabilidade é um conceito que procura substituir as categorias psicopatológicas para descrever os sujeitos evolvidos em ajustamentos conflituosos. Tal conceito implica focar as possibilidades políticas, sociais e individuais expressas pelos indivíduos e pela coletividade nas suas relações com o mundo, nos diferentes contextos de vida. Desse modo, a consideração sobre as vulnerabilidades necessariamente remete os profissionais aos contextos singulares dos indivíduos e coletivos envolvidos (conforme Oliveira, 2008).

15. Com o propósito de esclarecer melhor nossa compreensão sobre o caráter impessoal da função id, propomos uma equivalência entre esta noção e o termo outrem, o qual, à sua vez, está inspirado, por um lado, no debate estabelecido por Merleau-Ponty (1969) em torno da filosofia da intersubjetividade de Husserl (1930) e, por outro, no debate promovido por Lacan (1964) sobre a noção merleau-pontyana de outro da percepção (Merleau-Ponty, 1969). Nesse sentido, tal como já o dissemos (Müller-Granzotto e Müller-Granzotto, 2012), para PHG (1951), a função id (que reúne o fundo de formas assimiladas nos eventos passados como repertório de hábitos que retornariam, no evento atual, qual fonte de excitamentos) não diz respeito a um tipo de interioridade mental, anímica, enfim, psíquica, que habitaria cada pessoa individualmente. Ao contrário, por não podermos retornar à origem das formas que geram excitamento, não podemos dizer se elas pertencem a nós ou a outrem. Melhor dizer que elas são impessoais, como se fosse outro que, à diferença do outro tal como nós o conhecemos na cultura (outro social), não está determinado, motivo pelo qual o denominamos de outrem. Nossa esperança com essa manobra semântica é poupar a Gestalt-terapia de uma leitura psicologista. Por outras palavras, queremos evitar que se leia, nas descrições da função id, alguma coisa como um interior. Segundo nosso entendimento, a função id é uma alteridade não determinada. Por isso a denominaremos de outrem. Logo, doravante, quando empregarmos os termos "função id", "id da situação", "fundo de formas", "fundo de hábitos", "fundo de excitamentos" e outrem, todos eles serão compreendidos como sinônimos.

16. Alguns parágrafos do item que segue foram integralmente extraídos, com mínimas modificações, da obra *Psicose e sofrimento* (Müller-Granzotto e Müller-Granzotto, 2012), de sorte a favorecer a uniformidade no tratamento conceitual ao significante "política".

17. Tal como no caso do item anterior, alguns parágrafos do item que segue foram integralmente extraídos, com mínimas modificações, da obra *Psicose e sofrimento* (Müller-Granzotto e Müller-Granzotto, 2012), com o objetivo de assegurar a uniformidade no tratamento conceitual ao significante "antropologia".

CAPÍTULO 5

1. Poderíamos inclusive dizer que, em torno das demandas por representação social, há outras duas demandas: por excitamento (ou afeto) e por desejo (ou falta). Mas, porquanto o excitamento e o desejo costumam estar articulados entre si – o que não significa que sejam a mesma coisa –, decidimos referirmo-nos às demandas por ambos como uma só demanda.

2. Nos Capítulos 1 e 2 da obra *Sofrimento e psicose* (Müller-Granzotto e Müller-Granzotto, 2012), estabelecemos dois estudos sobre as fenomenologias psiquiátricas e as clínicas lacanianas para pensar as psicoses.

3. Aqui é importante relembrarmos de outra distinção que fizemos na obra *Psicose e sofrimento* (Müller-Granzotto e Müller-Granzotto, 2012) entre "sentimento", como uma representação social objetiva que podemos aprender e ensinar, porquanto constituída em torno e na forma de um objeto da realidade, e o "afeto", compreendido como efeito da repetição de uma perda, que assim retornou como excitamento indecifrável, impossível de ser vinculada a qualquer objeto da realidade. Se me pedem para dizer se tenho orgulho de ser brasileiro, o sorriso (como expressão do sentimento) vem associado a uma série de imagens, como a de Machado de Assis, Guimarães Rosa, Vinícius de Moraes, Edson Arantes do Nascimento (Pelé)... Eis aqui um sentimento. Mas a razão pela qual a vermelhidão coloriu meu rosto enquanto respondia à pergunta de meu interlocutor, tal razão é para mim insondável, não sei se tem relação comigo, com ele ou com um terceiro. A vermelhidão, nesse caso, é desprovida de qualquer imagem: trata-se de um afeto.

4. Conforme já mencionamos em nota ao segundo capítulo, embora seja verdadeiro que muitos setores da ciência contemporânea ainda sejam afetados por teorias do conhecimento que só se interessam por objetos puros, desvinculados de nossas experiências não cognitivas, para Dewey (1922), o próprio cientista sabe da importância dos elementos não cognitivos na condução de sua prática científica. De certa forma, a prática científica é uma resposta aos problemas vividos pelas comunidades nas quais os próprios cientistas se incluem. É em função da solução desses problemas que as teorias científicas ganham credibilidade e consistência.

5. O neologismo "evitação" – extraído da obra de PHG (1951, p. 235) – designa o ajustamento criador característico dos comportamentos denominados de neuróticos.

6. Para maiores informações consulte nosso livro *Fenomenologia e Gestalt-terapia* (2007), sobretudo os Capítulos 7, 8 e 9.

7. No uso cotidiano da língua inglesa, *gadget* designa objetos ou dispositivos eletrônicos, que têm função específica, são de uso fácil e, por vezes, representam a capacidade econômica das pessoas que os utilizam. São comumente chamados de *gadgets* dispositivos eletrônicos portáteis como PDAs, celulares, smartphones, leitores de mp3, entre outros. Em outras palavras, é uma "geringonça" eletrônica. Porém, Jacques Lacan serviu-se dessa expressão para designar os objetos de consumo produzidos e ofertados pelo saber científico e pelas tecnologias em geral como se fossem verdadeiros "objetos de desejo". Trata-se aqui de uma apropriação do desejo pela lógica capitalista. Essa apropriação chega ao ponto de incluir os próprios sujeitos, os quais, em verdade, deixam de ser sujeitos para se transformar em objetos, ou melhor, "sujeitos-mercadoria". Eles se tornam, assim, objetos que podem ser desejados, isto é, consumidos, pelos outros sujeitos-mercadoria. Não há mais "laço social" propriamente dito entre

esses sujeitos, apenas relação de consumo. Ver os comentários de Lacan (1974) sobre o discurso capitalista e os comentários de Quinet (2006, p. 22) sobre o tema.

8. Agradecemos a assessoria que recebemos da pesquisadora Patrícia Rosa, que desenvolve tese de doutorado sobre a obra de Hannah Arendt sob orientação do prof. dr. Celso Reni Braida no programa de pós-graduação em Filosofia da Universidade Federal de Santa Catarina (UFSC).

9. Eichmann foi o principal executor da chamada Solução Final para o problema judeu, o eufemismo que escondeu o Holocausto. A mando de Göring e Heydrich organizou a conferência de Wannsee na qual se planificou o extermínio do povo judeu. Assistiu a execuções experimentais em massa. Distribuiu o gás letal pelos campos. Gabou-se de ter na consciência cinco milhões de mortos. No fim da guerra, disfarçado de soldado, rendeu-se aos americanos. Fugiu duas vezes de campos de detenção sempre sob falsas identidades e apoios. Amparado pela organização Odessa, acabou na Argentina com o passaporte de um tal Ricardo Klement. Uma antiga vítima, um cego por sequelas de tortura, que no início da guerra fugira para a Argentina, localizou-o por acaso. A Mossad acabou por prendê-lo levando-o secretamente para Israel onde foi julgado e executado.

10. Para a pesquisadora Sônia Maria Schio (2006, p. 149), Hannah Arendt não propôs a noção de "banalidade do mal" como um conceito. A própria Hannah Arendt (1978, p. 13) esclarece em *A vida do espírito* (1978, p. 13) que, com a expressão "banalidade do mal" ela não queria propor "nenhuma tese ou doutrina, apesar de estar vagamente consciente do fato de que ela ia contra a nossa tradição de pensamento – literária, teológica ou filosófica – acerca do fenômeno do mal". Já no texto "Pensamento e considerações morais", incluído na obra *Responsabilidade e julgamento,* a autora (1970, p. 228) surpreende ao admitir que: "Para empregar a linguagem kantiana, depois de ter sido atingida por um fenômeno – a *quaestio facti* – que, querendo ou não, 'me colocou na posse de um conceito' (a banalidade do mal), eu não poderia deixar de propor a *quaestio juris* e perguntei a mim mesma 'com que direito eu a possuía e utilizava'".

11. No texto "Culpa organizada e responsabilidade universal", incluso em *Compreender: formação, exílio e totalitarismo* (Arendt, 1973, p. 154), ao tratar da questão da responsabilidade do povo alemão no Holocausto judeu do século XX, a autora se pergunta: "Quem ousaria tachar todas essas damas e cavalheiros da alta sociedade como criminosos de guerra? E na verdade eles nem merecem esse título. Demonstraram de maneira irrefutável sua incapacidade de julgar as organizações políticas modernas, alguns porque consideravam todos os princípios da política como bobagens moralistas, outros porque alimentavam uma predileção romântica por bandidos, confundindo-os com os piratas de antigamente. Mas essas pessoas, que em sentido amplo foram corresponsáveis pelos crimes de Hitler, não incorreram em nenhuma culpa em sentido estrito. Esses indivíduos, que foram os primeiros cúmplices e melhores assistentes dos nazistas, de fato não sabiam o que estavam fazendo, nem com quem estavam lidando".

12. É preciso aqui lembrar a diferença que PHG (1951, p. 148) fazem entre destruição e aniquilação: "Comecemos diferenciando a aniquilação da destruição. Aniquilar é transformar em nada, rejeitar o objeto e suprimir sua existência. Destruir (desestruturar) é a demolição de um todo em fragmentos, para assimilá-los como partes num novo todo. Primordialmente, a aniquilação é uma resposta defensiva à dor, à invasão do corpo ou ao perigo".

CAPÍTULO 6

1. Cabe aqui retomar uma nota apresentada no Capítulo 4, na passagem em que discutimos a ética das clínicas gestálticas para esclarecer em que sentido o "outro" visado por essa clínica é, não exclusiva, mas prioritariamente o "outro como função id". Para tal introduzimos o termo outrem, buscando diferenciar o "outro como função id" do "outro como função personalidade" (denominado então de outro social). Segundo aquela nota, a noção de outrem está inspirada, por um lado, no debate estabelecido por Merleau-Ponty (1969) em torno da filosofia da intersubjetividade de Husserl (1930) e, por outro, no debate promovido por Lacan (1964) em torno da noção merleau-pontyana de outro da percepção (Merleau-Ponty, 1969). Com ela, recordemos aqui, queremos salientar, segundo nossa leitura da teoria do self (PHG, 1951), que a função id (que reúne o fundo de formas assimiladas nos eventos passados como repertório de hábitos que retornariam, no evento atual, como fonte de excitamentos) não faz referência a uma espécie de interioridade mental, anímica, enfim, psíquica, que habitaria cada pessoa em sua individualidade.Diferentemente disso, por não podermos retornar à origem das formas que geram excitamento, não temos como afirmar se elas pertencem a nós ou a outrem, sendo preferível dizer que são impessoais, como se fosse o outro que, à diferença do outro tal como nós o conhecemos na cultura (outro social), não está determinado. Essa é a razão pela qual o denominamos de outrem. Salientemos que nossa expectativa com essa manobra semântica é poupar a Gestalt-terapia de uma leitura psicologista, ou seja, queremos evitar que se leia, nas descrições da função id, algo como um interior. Para nós, a função id é uma alteridade não determinada, por isso a denominaremos de outrem. Logo, é importante ter em mente que, quando empregarmos os termos "função id", "fundo de formas", "fundo de hábitos", "fundo de excitamentos" e "outrem", estaremos compreendendo-os como sinônimos. Ademais, e de acordo com a nota 10 da Introdução à Primeira Parte da obra *Psicose e sofrimento* (Müller-Granzotto e Müller-Granzotto, 2012), é preciso considerar que são termos distintos, advindos de diferentes semânticas, no entanto destinados ao mesmo fenômeno, que é o advento do fundo (seja ele entendido como excitamento, pulsão, hábito ou, simplesmente, outrem) na experiência de contato. Preferimos manter aqueles diferentes significantes, alternando seu uso sempre que possível, para assim possibilitar a interlocução crítica com as outras abordagens.

2. Propomos aqui, tal como já o fizemos no segundo capítulo deste livro, um nivelamento entre as noções de "outro social" e "função personalidade". A primeira origina-se da maneira como Lacan (1964), em uma das versões de seu ensino, ocupou-se de caracterizar o conjunto de instituições, valores, pensamentos e significantes a partir dos quais os corpos impessoais haveriam de adquirir algum tipo de identidade social (ou imaginário, segundo o próprio Lacan). A nosso ver, a noção de outro social corresponde exatamente àquilo que PHG (1951), na teoria do self, denominam de função personalidade – entendendo-se por ela a função por meio da qual os atos de um corpo haveriam de ser reunidos em uma identidade objetiva, que

lhes valesse responsabilidade e moralidade. A justificativa que apresentamos para esse nivelamento refere-se à nossa preocupação de evitar que a noção de função personalidade seja confundida – como é corrente nas interpretações que a teoria do self mereceu em diversas épocas – com uma instância psíquica ou substância individual apartada das relações sociais. Cremos que a adoção da terminologia inspirada em Lacan assegura a correta compreensão das intenções de PHG.

REFERÊNCIAS BIBLIOGRÁFICAS*

AGAMBEN, G. 1995. *Homo sacer: o poder soberano e a vida nua I*. Belo Horizonte: UFMG, 2004.

AGUIAR, L. *Gestalt-terapia com crianças – Teoria e prática*. Campinas: Livro Pleno, 2005.

ANTONY, S. (org.). *A clínica gestáltica com crianças. Caminhos de crescimento*. São Paulo: Summus, 2010.

_____. 2010. "Um caminho terapêutico na clínica gestáltica com crianças". In: ANTONY, S. (org.). 2010. *A clínica gestáltica com crianças. Caminhos de crescimento*. São Paulo: Summus.

_____. 2004. "A criança hiperativa que tem vento nos pés e o olho maior que a barriga: um enfoque da Gestalt-terapia". *Revista do X Encontro Goiano da Abordagem Gestáltica*, n. 10.

ANTONY, S.; BRITO, M. X. de. 2010. "A família como parceira no atendimento infantil". In: ANTONY, Sheila (org.). 2010. *A clínica gestáltica com crianças. Caminhos de crescimento*. São Paulo: Summus.

ARENDT, H. 1963. *Eichmann em Jerusalém – Um relato sobre a banalidade do mal*. São Paulo: Companhia das Letras, 1999.

_____. 1970. *Responsabilidade e julgamento*. São Paulo: Companhia das Letras, 2004.

_____. 1973. *Compreender: formação, exílio, totalitarismo (ensaios)*. São Paulo: Companhia das Letras, 2008.

_____. 1975. *O que é a política?* Rio de Janeiro: Bertrand Brasil, 1998.

_____. 1978. *A vida do espírito. O pensar/O querer/O julgar*. Rio de Janeiro: Relume Dumará, 1995.

AYRES, J. R. C. M. et al. 2003. "O conceito de vulnerabilidade e as práticas de saúde: novas perspectivas e desafios". In: CZERESNIA, D.; FREITAS, C. M. (orgs.). *Promoção da saúde: conceitos, reflexões, tendências*. Rio de Janeiro: Fiocruz, p. 117-40.

BATISTA, R. S. 2007. *Lucrécio e a natureza das coisas: entre o acaso e a necessidade*. 203 p. 2007. Tese (Doutorado). Departamento de Filosofia, Pontifícia Universidade Católica do Rio de Janeiro, Rio de Janeiro.

---

* Na presente obra, optou se por um sistema de citação de fontes que privilegia o nome do(s) autor(es), a data da primeira edição e a paginação da obra consultada no decorrer do texto, sendo que aqui, nas Referências bibliográficas, as fontes estão completas. Essa forma de citar procura reforçar o estilo genético de apresentação das ideias, o qual sempre parte do uso originário dos conceitos para então mapear seus desdobramentos ulteriores. Dessa feita, a citação da data da primeira publicação facilita uma leitura historiográfica que desejamos.

Brasil. 2009. Ministério da Saúde. Secretaria de Atenção à Saúde. *Política Nacional de Humanização da Atenção e Gestão do SUS. Clínica ampliada e compartilhada*/Ministério da Saúde, Secretaria de Atenção à Saúde, Política Nacional de Humanização da Atenção e Gestão do SUS. Brasília: Ministério da Saúde. 64 p.: il. color. (Série B. Textos Básicos de Saúde).

_____. 2010a. Ministério da Saúde. Secretaria de Atenção à Saúde. Núcleo Técnico da Política Nacional de Humanização. *Acolhimento nas práticas de produção de saúde*/Ministério da Saúde, Secretaria de Atenção à Saúde, Núcleo Técnico da Política Nacional de Humanização. 2. ed., 5. reimp. Brasília: Editora do Ministério da Saúde.

_____. 2010b. Ministério da Saúde. Secretaria de Atenção à Saúde. *Política Nacional de Humanização. Atenção Básica*/Ministério da Saúde, Secretaria de Atenção à Saúde, Política Nacional de Humanização. Brasília: Ministério da Saúde, 256 p.: il. (Série B. Textos Básicos de Saúde) (Cadernos Humaniza SUS, v. 2).

_____. 2011. Lei nº 12.403/2011, de 4/5/2011. Altera dispositivos do Decreto-Lei nº 3.689, de 3 de outubro de 1941 – Código de Processo Penal, relativos à prisão processual, fiança, liberdade provisória, demais medidas cautelares, e dá outras providências. *Diário Oficial da União*, Brasília, DF, 5 de maio de 2011. Disponível em: <http://www.planalto.gov.br/ccivil_03/_ato2011-2014/2011/lei/l12403.htm>. Acesso em: 22 jun. 2011.

Brentano, F. 1874. *Psychologie du point de vue empirique*. Trad. Maurice de Gandillac. Rev. Jean-François Courtine. Paris: Vrin, 2008.

Buber, M. 1923. *Eu e tu*. Trad. Newton Aquiles Von Zuben. 2. ed. São Paulo: Cortez e Morais, 1979.

Caldin, C. F. 2010. *Biblioterapia: um cuidado com o ser*. São Paulo: Porto de Ideias.

Canguilhem. 1943. *O normal e o patológico*. Rio de Janeiro: Forense Universitária, 1995.

Caponi, S. 2012. *Loucos e degenerados. Uma genealogia da psiquiatria ampliada*. Rio de Janeiro: Fiocruz, 2012. 210 p.

Deleuze, G. 1969. *Logique du sens*. Paris: Minuit.

Derrida, J. 2004. *Papel-máquina*. São Paulo: Estação Liberdade, 2004.

Dewey, J. 1922. *Human nature and conduct: an introduction to social psychology*. Amherst, Nova York: Prometheus Books, 2002.

_____. 1938. *Lógica: a teoria da investigação*. Trad. Murilo R. O. Paes Leme. São Paulo: Abril, 1980. (Coleção Os Pensadores)

Diamond, R. J. 1998. *Psicofarmacología para todos*. Trad. Elena Olivos. Santiago de Chile: Cuatro Vientos, 2003.

Diógenes L. (tradução de 1977). *Vidas e doutrinas dos filósofos ilustres*. Trad. Mário da Gama Kury. 2. ed. Brasília: UnB.

Dobbs, D. 2009. *Hard science or technicolor phrenology? The controversy over fMRI. Scientific American Mind*. 2009. Disponível em: <http://daviddobbs.

net/articles/factor-phrenology-medical-imaging-forces-the-debate-over-wk. html. Acesso em: 25 maio 2012.

DONEDA, D. 2009. "O rumo das ações voltadas à redução de danos e à abstinência". *Diálogos*, ano 6, n. 6, p. 28-30, nov. 2009.

DUTRA, J. S. 1998. *Mediar, medicar, remediar: aspectos da terapêutica na medicina ocidental*. Rio de Janeiro: Editora da Uerj.

FEDERN, P. 1949. "Mental hygiene of the psychotic ego". *American Journal of Psychotherapy*. p. 356-71, jul. 1949.

FERENCZI, S. 1909. "Introjection and transference". In: _____. *Contributions to Psychoanalysis*. Boston: Badger, 1916.

FERNANDES, M. B. 1992. "Reflexões sobre atendimento infantil em Gestalt-terapia". *Gestalt-terapia Jornal*. V, n. 1, Curitiba.

_____. 1995. "Gestalt e crianças: crescimento". *Revista de Gestalt*, n. 4.

_____. 1996. "Trabalho com crianças adolescentes e famílias em Gestalt-terapia". *Revista do II Encontro Goiano de Gestalt-terapia*, II, n. 2.

_____. 2010. "A família como parceira no atendimento gestáltico infantil". In: ANTONY, S. (org.). 2010. *A clínica gestáltica com crianças. Caminhos de crescimento*. São Paulo: Summus.

FERNANDES, M. B. et al. 1998. "A gênese da construção da identidade e da expansão de fronteiras na criança". *Revista de Gestalt*, n. 7.

FERRAZ, M. S. A. 2009. *Fenomenologia e ontologia em Merleau-Ponty*. Campinas: Papirus.

FOUCAULT, M. 1963. *O nascimento da clínica*. Trad. Antônio Ramos Rosa. Rio de Janeiro: Forense Universitária, 1998.

FOUCAULT, M. 1979. *Microfísica do poder*. Trad. Roberto Machado. São Paulo: Graal, 2008.

FREUD, A. 1946. *The ego and the mechanisms of defense*. Nova York: International Universities Press.

FREUD, S. 1900. *A interpretação dos sonhos*. Trad. Walderedo Ismael de Oliveira. Rio de Janeiro: Imago, 1999.

_____. 1976. Edição Standard Brasileira das obras psicológicas completas de Sigmund Freud. Estabelecida por James Strachey e Anna Freud. Trad. José Otávio de Aguiar Abreu. São Paulo: Imago.

_____. 1895. "Projeto de uma psicologia científica". In: _____. 1976. *Op. cit.*, v. I.

_____. 1905d. "Três ensaios sobre a sexualidade". In: _____.1976. *Op. cit.*, v. VII.

_____. 1911. "Notas psicanalíticas sobre um relato autobiográfico de um caso de paranoia". In: _____. 1976. *Op. cit.*, v. XII.

_____. 1912b. Recomendações aos médicos que exercem a psicanálise. In: _____. 1976. *Op. cit.*, v. XII.

_____. 1913. "Sobre o início do tratamento" (Novas recomendações sobre a técnica da psicanálise" I). In: _____. 1976. *Op. cit.*, v. XII.

_____. 1914g. "Recordar, repetir e elaborar". In: _____. 1976. *Op. cit.*, v. XII.

_____. 1915b. "Os instintos e suas vicissitudes". In: _____. 1976. *Op. cit.*, v. XIV.

_____. 1920. "Mais além do princípio do prazer". In: _____. 1976. *Op. cit.*, v. XV.

_____. 1923b. "O id e o ego". In: _____. 1976. *Op. cit.*, v. XIX.

_____. 1924a. "A perda da realidade na neurose e na psicose". In: _____. 1976. *Op. cit.*, v. XIX.

_____. 1924b. "O problema econômico do masoquismo". In: _____. 1976. *Op. cit.*, v. XIX.

_____. 1939. "Moisés e o monoteísmo: três ensaios". In: _____. 1976. *Op. cit.*, v. XXIII.

FRIEDLAENDER, S. (Mynona). 1918. *Schöpferische Indifferenz*. Frankfurt: Verlag, 2001.

GARCIA-ROZA, L. A. 1990. *O mal radical em Freud*. Rio de Janeiro: Zahar.

_____. 1995. "Pulsão – *parénklisis* ou *clinamen*". In: MOURA, A. H. (org.). *As pulsões*. São Paulo: Escuta/Educ. (Coleção Linhas de Fuga)

_____. 2003. *Acaso e repetição em psicanálise. Uma introdução à teoria das pulsões em Freud*. 7. ed. Rio de Janeiro: Zahar.

GILSON, E. 1955. *La psychologie descriptive selon Franz Brentano*. Paris: Vrin.

GOLDSTEIN, K. 1933. "Analyse de l'aphasie et étude de l'essence". *Journal de Psychologie*. Paris: Minuit, p. 257-345, 1987.

_____. 1967. In: BORING, E. G.; LINDZEY, G. (eds.). *A history of psychology in autobiography*. Nova York: Appleton-Century-Crofts.

GOODMAN, P. 1951. *The Empire City*. Indianápolis/Nova York: Julian Press.

_____. 2011. *The Paul Goodman Reader* (by Sally Goodman). Introdução de Taylor Stoehr. Oakland: PM Press.

HEGEL, F. G. 1808. *Fenomenologia do espírito*. Trad. Paulo Menezes. Petrópolis: Vozes, 2 vols., 1992.

HERDER, J. G. 1959. *Ideas para una filosofía de la historia de la humanidad*. Trad. J. Rovira Armengol. Buenos Aires: Losada.

HUSSERL, E. 1893. *Lições para uma fenomenologia da consciência interna do tempo*. Trad. Pedro M. S. Alves. Lisboa: Imprensa Nacional – Casa da Moeda, [s.d.].

_____. 1900-1a. *Logische Unterschungen – Erster Band, Prolegomena zur reinen Logik*. Husserliana, Band XVIII, Martinus Nijhoff Publishers, The Hague, 1975. Versão em português: *Investigações lógicas*. Primeiro volume – Prolegômenos à lógica pura. Trad. Diogo Ferrer. Aprovada pelos Arquivos Husserl de Lovaina. Lisboa: Centro de Filosofia da Universidade de Lisboa, 2008. [Versão em espanhol: *Investigaciones lógicas*. Trad. Jose Gaos, 2. ed. Madri: Alianza, [s.d.], v. I.]

_____. 1900-1b. *Logische Unterschungen – Zweiter Band I. Teil: Untersuchungen zur Phänomenologie und Theorie der Erkenntnis* Husserliana, Band XIX/I. Versão em português: *Investigações lógicas*. Segundo volume, Parte I. Trad. Pedro Alves e Carlos Aurélio Morujão. Aprovada pelos Arquivos Husserl de Lovaina. Lisboa: Centro de Filosofia da Universidade de Lisboa. 2008. [Versão em espanhol: *Investigaciones lógicas*. Trad. Jose Gaos, 2. ed. Madri: Alianza, [s.d.], v. II.]

_____. 1913. *Ideias relativas a uma fenomenologia pura e a uma filosofia fenomenológica*. Prefácio C. A. Moura. Trad. Márcio Suzuki. São Paulo: Ideias e Letras, 2006. (Coleção subjetividade contemporânea) [Versão em espanhol: *Ideas relativas a una fenomenologia pura e una filosofía fenomenologica I*. Trad. José Gaos. 3. ed. México: Fondo de Cultura Económica, 1986.]

_____. 1924. *Formal and transcendental logic*. Trad. Dorian Cairns. – The Hague: Martinus Nijhoff, 1969.

_____. 1930. *Meditações cartesianas: introdução à fenomenologia*. Trad. Maria Gorete Lopes e Souza. Porto: Rés.

_____. 1936. *A crise das ciências europeias e a fenomenologia transcendental – Uma introdução à filosofia fenomenológica*. Trad. Diogo Falcão Ferrer. Lisboa: Centro de Filosofia da Universidade de Lisboa. 2008. (Coleção Pahinomenon – Clássicos de Fenomenologia) [Original: *Die Krisis der europäischen Wissenschaftten und die Transzendentale Phänomenologie. Ein Einleitung in die phänomenologische Philosophie*. Husserliana Band VI. Maratinus Nijhoff Publischers, The Hague, 1954.]

JAMES, W. 1904. *Ensaios em empirismo radical*. Trad. P. R. Mariconda. São Paulo: Abril Cultural, 1974. (Coleção Pensadores, V. 40)

JONES, E. 1960. *Vida e obra de Sigmund Freud*. Rio de Janeiro: Zahar, 1979.

JUNG, C. G. 1966. "The practice of psychotherapy". In: _____. *Collected Works of C. G. Jung*. Por Sir Robert Read, Michael Fordham, Gerhard Adler e William McGuire. Trad. RFC Hull. Nova York: Princeton University Press, 1953-76. (Bollingen Series XX)

KÖHLER, W. 1927. *L'Intelligence des singes supérieurs*. Paris: PUF – CEPL, 1973.

KÖHLER, E. 1926. "Die Persönlichkeit des dreijärigen Kindes". *Psychologie monographies*. Ed. K. Bühler.

LACAN, J. 1949. "Le stade du miroir comme formateur de la fonction du Je". *Revue Française de Psychanalyse*, n. 4 , out.-dec. 1949.

_____. 1959-60. *O seminário*. Livro 7: A ética da psicanálise. Versão de M. D. Magno. 2. ed. Rio de Janeiro: Zahar, 1986.

_____. 1964. *O seminário*. Livro 11: Os quatro conceitos fundamentais da psicanálise. Texto estabelecido por Jacques-Alain Miller. Trad. M. D. Magno. 2. ed. Rio de Janeiro: Zahar, 1998.

_____. 1972. *O seminário*. Livro 20: Mais, ainda. Texto estabelecido por Jacques-Alain Miller. Trad. M. D. Magno. 2. ed. Rio de Janeiro: Zahar, 1985.

LAPLANCHE, J.; PONTALIS, J. B. 1970. *Vocabulário da psicanálise*. Lisboa: Martins Fontes.

LEIBNIZ. 1714. *Princípios de filosofia ou monadologia*. Trad. Luís Martins. Lisboa: Imprensa Nacional/Casa da Moeda, s.d.

LELOUP, J.-Y. 1998. *Cuidar do ser – Fílon e os terapeutas de Alexandria*. Petrópolis: Vozes.

LÍZIAS, S. 2010. "Epistemologia gestáltica e a prática clínica com crianças". In: ANTONY, Sheila (org.). 2010. *A clínica gestáltica com crianças. Caminhos de crescimento*. São Paulo: Summus.

LÖWENSTEIN, R.; HARTMANN, H.; KRISS, E. 1956. *Organization and pathology of thought*. Columbia: Columbia University Press.

LUCRÉCIO. (tradução de 1988). "Antologia de textos". In: *Epicuro, Lucrécio, Sêneca e Marco Aurélio*. São Paulo: Abril Cultural.

LYOTARD, J.-F. 1979. *A fenomenologia*. Trad. Armindo Rodrigues. Lisboa: Edições 70.

MERLEAU-PONTY, M. 1945. *Phénoménologie de la perception*. Paris: Gallimard. Tradução utilizada: *Fenomenologia da percepção*. Trad. C. A. R. de Moura. São Paulo: Martins Fontes, 1994.

_____. 1949. *Psicologia e pedagogia da criança*. Trad. Ivone C. Benedetti. São Paulo: Martins Fontes, 2006.

_____. 1959. *La nature*. Resume du course au Collège de France. Établi par Domenique Séglard. Seuil, 1989.

_____. 1960. *Signes*. Paris: Gallimard. Tradução utilizada: *Signos*. Trad. Maria Ermantina Galvão Gomes Pereira. São Paulo: Martins Fontes, 1991.

_____. 1964a. *Le visible et l'invisible*. Paris: Gallimard. Tradução utilizada: *O visível e o invisível*. Trad. J. A. Gianotti. São Paulo: Perspectiva, 1992.

_____. 1968. *Résumés de cours*. Collège de France 1952-1960. Paris: Gallimard.

_____. 1969. *La prose du monde*. Paris: Gallimard.

MILLER, M. V. 1997. Prefácio à edição brasileira do livro *Gestalt-terapia*. In: PERLS, F.; HEFFERLINE, R.; GOODMAN, P. 1951. *Gestalt-terapia*. Trad. Fernando Rosa Ribeiro. São Paulo: Summus, 1997.

_____. 1999. *La Poétique de la Gestalt-thérapie*. Trad. Jean-Marie Robine e Brigitt Lapeyronnie. Bordeaux: L'exprimerie, 2002.

MOURA, C. A. R. de. 1980. "A cera e o abelhudo – Expressão e percepção em Merleau-Ponty". *Revista Latinoamericana de Filosofia*, v. VI, n. 3, p. 235-53.

_____. 1989. *Crítica da razão na fenomenologia*. São Paulo: Nova Stella/ Edusp.

_____. 2001. *Racionalidade e crise: estudos de história da filosofia moderna e contemporânea*. Curitiba/São Paulo: Discurso/UFPR.

MOUTINHO, L. D. 2004. "Tempo e sujeito – O transcendental e o empírico na fenomenologia de Merleau-Ponty". *Dois pontos*, v. 1, n. 1, p. 11-58.

MÜLLER-GRANZOTTO, M. J. 2001. *Merleau-Ponty acerca da expressão*. Porto Alegre: EDIPUCRS.

_____. 2002. "Privilégio e astúcia da fala segundo Merleau-Ponty". *Revista Portuguesa de Filosofia*, v. 58, f. 1, p. 117-37, jan.-mar. 2002.

_____. 2006. "Expressão e reversibilidade: Merleau-Ponty leitor de Leibniz". In: PINTO, D. C. M.; MARQUES, R. V. *A fenomenologia da experiência*. Goiânia: UFG.

_____. 2009. "Gênese das funções e dos modos de ajustamento no universo infantil à luz da teoria do *self*". In: XII Encontro da Abordagem e IX

Congresso Nacional de Gestalt-Terapia, Vitória-ES. Gestalt-Terapia na contemporaneidade, 2009.

_____. 2010. "Clínica de los ajustes psicóticos. Una propuesta a partir de la terapia gestáltica". *Revista de Terapia Gestalt de la Associación Española de Terapia Gestalt*, n. 30, p. 92-7, janeiro de 2010.

MÜLLER-GRANZOTTO, R. L. 2005. *Gênese e construção de uma "filosofia da gestalt" na Gestalt-terapia*. 2005. Dissertação (Mestrado). Departamento de Filosofia, UFSC, Santa Catarina.

_____. 2010. "La clínica gestáltica de la aflicción y los ajustes ético-políticos". *Revista de Terapia Gestalt de la Associación Española de Terapia Gestalt*. n. 30, p. 98-105, janeiro de 2010.

MÜLLER-GRANZOTTO, M. J.; MÜLLER-GRANZOTTO, R. L. 2004. "*Self* e temporalidade". *Revista do X Encontro Goiano da Abordagem Gestáltica*, n. 10, p. 83-98, 2004.

_____. 2007. *Fenomenologia e Gestalt-terapia*. São Paulo: Summus.

_____. 2008. "Clínica dos ajustamentos psicóticos: uma proposta a partir da Gestalt-terapia". *IGT na rede*, v. 5, p. 8-34.

_____. 2009a. *Fenomenologia y terapia Gestalt*. Santiago: Cuatro Vientos.

_____. 2009b. Temporalité dans le champ clinique: phénoménologie du self. *Les Cahiers de Gestalt-thérapie*, v. 1, p. 39-82, 2009.

_____. 2012. *Psicose e sofrimento*. São Paulo: Summus.

NARANJO, C. 1989. *La vieja y novisima gestalt: actitud y práctica*. Trad. Francisco Huneeeus. 3.ed. Santiago: Cuatro Vientos, 1990.

OLIVEIRA, G. N. 2008. "O projeto terapêutico singular". In: GUERREIRO, A. P.; CAMPOS, G. W. S. (orgs.). *Manual de práticas de atenção básica à saúde ampliada e compartilhada*. São Paulo: Hucitec, v. 1, 2008, p. 283-97.

[PHG] PERLS, F.; HEFFERLINE, R.; GOODMAN, P. 1951. *Gestalt therapy: excitement and growth in the human personality*. 2. ed. Nova York: Delta Book, 1965. [Versão brasileira: *Gestalt-terapia*. Trad. Fernando Rosa Ribeiro. São Paulo: Summus, 1997. Versão francesa: *Gestalt thérapie*. Trad. Jean-Marine Robine. Bordeaux: L'Exprimerie, 2001.]

PERLS, F. 1942. *Ego, fome e agressão*. Trad. Georges Boris. São Paulo: Summus, 2002.

_____. 1969. *Escarafunchando Fritz dentro e fora da lata de lixo*. Trad. George Schlesinger. São Paulo: Summus, 1979.

PERLS, L. 1991. *Viviendo en los limites*. Trad. Carol Sykes. Valência: Promolibro, 1994.

PESSANHA, J. A. 1988. "Consultoria". In: Epicuro, Lucrécio, Cícero, Sêneca, Marco Aurélio. *Seleção de textos*. São Paulo: Nova Cultural. (Coleção Os Pensadores)

PHILIPPI, M. M. 2010. "Da intenção à ação: Gestalt-terapia, ética e prática profissional com crianças e adolescentes". In: ANTONY, Sheila (org.). 2010. *A clínica gestáltica com crianças. Caminhos de crescimento*. São Paulo: Summus.

PLATÃO. (tradução de 1975). *Fedro*. Trad. Carlos Alberto Nunes. Belém: Editora da Universidade Federal do Pará, 1975.
POLITZER, G. 1912. *Critique des fondements de la psychologie*. Paris: Rieder, 1967.
POLSTER, E.; POLSTER, M. 1973. *Gestalt-terapia integrada*. Prefácio Rosane L. Granzotto. São Paulo: Summus, 2001.
PRADO Jr., B. 1985. *Alguns ensaios*. São Paulo: Max Limonad.
_____. 1977. O neopsicologismo humanista. Disponível em: <http://www.fflch.usp.br/df/site/publicacoes/discurso/pdf/D13_O_neopsicologismo_humanista.pdf>. Acesso em: junho 2012.
PRIGOGINE, I. 2005. "Time, chaos, and the new laws of nature". *Lacanian Compass. Psychoanalytic Newsletter of Lacanian Orientation*. April 4, 2005, Volume 1, Issue 40. Disponível em: <http://www.wapol.org/publicaciones/lacanian_compass/LacanianCompass-004.pdf>. Acesso em: junho 2012.
PROUST, M. 1913. *Em busca do tempo perdido. No caminho de Swann*. Trad. Mário Quintana. 15. ed. São Paulo: Globo, 1993.
QUINET, A. 2006. *Psicose e laço social – Esquizofrenia, paranoia e melancolia*. Rio de Janeiro: Jorge Zahar.
RANALDI, C. 2010. "O árduo caminho do crescimento para a criança tímida". In: ANTONY, Sheila (org.). 2010. *A clínica gestáltica com crianças. Caminhos de crescimento*. São Paulo: Summus.
RIBEIRO, J. P. 2005. *Do self e da ipseidade. Uma proposta conceitual em Gestalt--terapia*. São Paulo: Summus.
ROBINE, J-M. 1997. *Pli et déplis du self*. Bordeaux: Institut Français de Gestalt--thérapie. Versão em português: *O self desdobrado*. Trad. Sônia Augusto. São Paulo: Summus, 2006.
_____. 2004. *S'apparaittre à l'occasion d'un autre? Études pour la psychothérapie*. Boudeaux: L'exprimerie.
ROMERO, E. 1997. *O inquilino do imaginário. Formas de alienação e psicopatologia*. 2. ed. São Paulo: Lemos.
ROSSET, C. 1989. *Lógica do pior*. Rio de Janeiro: Espaço e Tempo.
SANNER, R. 1984. "Culture bias of Gestalt-therapy: made-in-U.S.A". *The Gestalt Journal*, v. 6, n. 2, junho 1984; reimpresso em *Gestalt Journal*, outono 1989.
SARTRE, J-P. 1942. *O ser e o nada*. Trad. Paulo Perdigão. Petrópolis: Vozes, 1997.
_____. 1966. "J.-Paul Sartre répond". *L'Arc*, n. 30, 1966.
SCHIO, S. M. 2006. "A atualidade do mal através da perspectiva arentdiana". In: CESCON, E.; NODARI, P. C. (orgs.). *O mistério do mal: urgência da educação para o bem*. Caxias do Sul: EDUCS.
SERRES, M. 1977. *La naissance de la physique dans le texte de Lucrèce*. Paris: Minuit.
SPIEGELBERG, H. 1960. *The phenomenological movement*. Boston: Martinus Nijhoff, 1984, 2 vols.
STAMMLER, F. 2000. Das Hier und Jetzt ist auch nicht mehr das, was es mal war – Komentenschweif, Janus-Kopf und die Unendlichkeit der Möglichkeiten

(2000). *Gestalt-Publikationen* 33 (Würzburg: Zentrum für Gestalttherapie). Versão em português: O aqui-e-agora não é mais o que costumava ser – A cauda do cometa, a face de Janus e a infinidade de possibilidades. *Revista de Gestalt*, n. 12, p. 7-29, 2003.

STOEHR, T. 1994. *Aquí, ahora y lo que viene: Paul Goodman y la psicoterapia Gestalt en tiempos de crisis mundial*. Trad. Renato Valenzuela. Santiago: Cuatro Vientos.

TÁVORA, C. 2005. "Do *self* ao *selfing*: o estrutural e o processual na emergência da subjetividade". In: HOLANDA, A. F.; FARIA, N. J. *Gestalt-terapia e contemporaneidade. Contribuições para uma construção epistemológica da teoria e da prática gestáltica*. Campinas: Livro Pleno.

UTTAL, W. *The limits of localizing cognitive processes in the brain. Brain and Mind.* 2002. v. 3. P. 221-8.

VERNANT, J.-P. 1986. *As origens do pensamento grego*. Trad. Ísis Borges B. da Fonseca. 5. ed. São Paulo: Difel.

WALLON, H. 1945. *Les origins du caractére chez l'infant.* Paris: PUF, 1973.

WHEELER, G. 2002. "Compulsion and curiosity: A Gestalt approach to OCD". In: MC CONVILLE, M.; WHEELER, G. *The heart of development: Gestalt approaches to working with children, adolescents and their worlds*. v. 1, Nova Jersey: Gestalt Press.

_____. 1998. "Towards a Gestalt development model". *British Gestalt Journal*, v. 7, n. 2.

_____. 2002. *La Gestalt reconsiderada*. Un nuevo enfoque del contacto y de las resistencias. Trad. Paul Kelly e Maria Cruz García de Enterría. Madri: CIP.

ZANELLA, R. 1992. *Contatuando com figura e fundo: uma contribuição a psicoterapia infantil na abordagem gestáltica em psicoterapia*. 1992. Dissertação (Mestrado). Departamento de Psicologia, Universidade Metodista de São Paulo, São Bernardo do Campo.

_____. 2010. "A criança que chega até nós". In: ANTONY, Sheila (org.). 2010. *A clínica gestáltica com crianças. Caminhos de crescimento*. São Paulo: Summus.

www.gruposummus.com.br